JN095482

聖書の動物
よもやま話

Horiuchi Akira
堀内昭［著］

教文館

上段・モザイク壁画「聖アポリナリス」(サンタポリナーレ・イン・クラッセ聖堂, ラヴェンナ)
下段・ヒツジ(小岩井農場にて、著者撮影)

上段・木版画「キリストのエルサレム入場」（16 世紀、ドイツ）
下段・アジアロバ（那須南ヶ丘牧場にて、著者撮影）

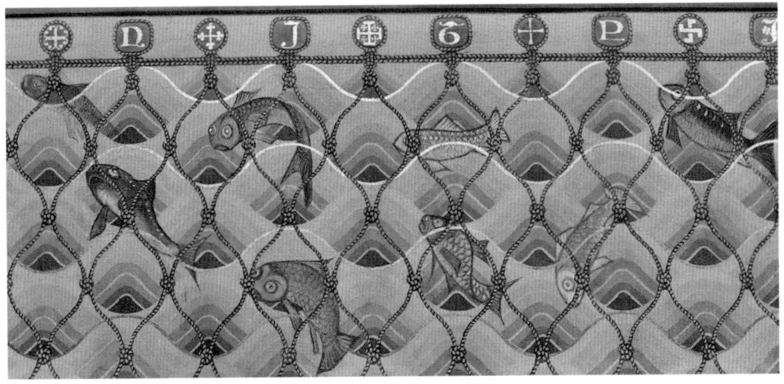

上段・モザイク壁画「奇跡の魚獲り」（サンタポリナーレ・ヌオーヴォ教会，ラヴェンナ）
下段・壁画「捕獲された 153 匹の魚」（聖ペテロ教会，英国サリー州ハスコム）

シナゴーグ床モザイク「黄道十二宮」(6 世紀、ベトアルファ、イスラエル、1928 年発見)
中央・戦車に乗る太陽神ヘリオス。頂点より左回りに・蟹座、獅子座、乙女座、天秤座、蠍座、射手座、山羊座（欠損）、水瓶座、魚座、牡羊座、牡牛座、双子座。
（ヒュッテンマイスター／ブレードホルン『古代のシナゴーグ』山野貴彦訳、教文館、2012 年）

上段・切り絵「福蛙胎内十二支」(田部隆幸作)
下段・十二支の動物たち(すべて著者撮影)
　左から、狛ネズミ(大阪大国主神社)、アムールトラ(多摩動物園にて)、狛ヘビ(大豊神社)

十二支の動物たち（すべて著者撮影）
上段・彫刻「三猿」（日光東照宮、神厩舎、作者不明）
下段左・ニワトリ（高知大神宮にて）　下段右・笑う狛犬（戸越八幡神社）

はじめに

キリスト教を建学の精神とする立教大学に、筆者は理学部の教員として40年間勤務することができた。在職中は、多くのチャプレン（学院出向牧師）に出会い、学生諸君とキリスト教関係の交わりのなかで、聖書をひもとく機会にも恵まれた。

化学科の1年生を対象とした「基礎化学ゼミナール」で数回、その後学生部長に任命され、女子学生寮「ミッチェル館」館長も兼任させられたので、月例のミーティングの中で聖書に出てくる植物や動物成分の香と日常生活の関係も話した。

聖書は、生活の書として学ぶことが多く、さらに専門の有機化学にも関わりのある記述も多くある。55歳を過ぎた頃から、聖書の中から化学と日常生活の関係のある「キーワード」を拾い出し、まとめて見ようと考えた。しかしながら、在職中は多忙であった。定年後の「サンデー毎日」を期待していたがかなわず、暫くしてから、ようやく取り組むことが出来た。植物から始まり、動物、鉱物、環境、微生物等、興味のある箇所の情報を収集し、実際に見に行けるものは写真を撮りに行くなどして文章を書いてみた。そうしているうちに、すっかり聖書にはまってしまった。さすが世界のベストセラーであると実感した次第である。

聖書に出てくる動物たちも聖書が書かれた時代の人間の生活と密接に結びついている。聖書の記述からその動物との距離感が伝わってくる。

「クジラ」といえば、旧約聖書のヨナの話が有名だ。筆者にとっては、少年時代に魚屋の店頭に並んでいたクジラの肉が思い出される。当時、クジラは日本人の貴重なタンパク源であった。筆者より若い世代の方から、学校給食でクジラの煮つけやステーキが出たと聞いているが、筆者の小学校時代にはなかった。戦後のドサクサで、進駐軍の支援物資のミルクだけが印象に残っている。大学に就職してから、渋谷道玄坂の「くじら屋」で赤味の刺身を食べたよい思い出がある。店を閉めたと噂に聞いて調べたら、すっかり改装され、当時の面影は何処へやら。

旧約聖書の出エジプト記に出てくる「カエル」や「イナゴ」にも思い出がある。少年時代、6月頃に田植えの時期にカエルの合唱が始まり、一晩中聴いたことが昨日のことのように思い出される。物資の無い時代、食用蛙（ウシガエル）も大変美味しかった。まだ独身時代に池袋東口の三越裏にあった呑み屋で食べた食用蛙の足も忘れられない。田圃で捕まえたイナゴは、鍋で蒸し焼きにして醤油と砂糖で佃煮にして食べた。最近話題の昆虫食を少年時代に実践していたと言える。テレビやゲームはもちろん、玩具も本も食べ物も十分になかったが、今から思えば環境にやさしい時代であった。こうしてみると、筆者にとって生き物たちは、常に懐かしい「味」とともに記憶に深く刻まれているようだ。

本書では、聖書に登場する動物たちを「天地創造」の記事に従って4つに分類して紹介している。日本人にとって身近な「十二支」も取り上げ、聖書と対比させながら、仏教や神道との関わりについても述べる。〈よもやま話〉として、なるべくやさしく、楽しい身の回りの事柄を中心に取り上げて記述した。筆者は動物学者ではないため、用語などの間違いもあるかと思われるが、おゆるし願いたい。本書をお読みいただき、人間と動物との関係を知り、聖書をひもといていただければ幸いである。

なお、本文中の引用では『聖書　聖書協会共同訳』（日本聖書協会、2018年）を使用し、それ以外の聖書は下記のように訳ごとに略記している。

口語訳
　『聖書』（旧約聖書1955年改訳、新約聖書1954年改訳）日本聖書協会、1990年
新共同訳
　『聖書　新共同訳』（1987年改訳）日本聖書協会、1991年
新改訳
　『聖書　新改訳2017』新日本聖書刊行会訳、いのちのことば社、2017年
欽定訳
　The Holy Bible King James Version: 1611 Edition, Hendrickson Publishers, 2003.

『聖書の動物よもやま話』 目次

装丁　田宮俊和

1

家畜・人間のそばにいるもの

モザイク「神の小羊」
（6 世紀、サンヴィターレ聖堂，ラヴェンナ）

ヒツジ

Sheep

主は私の羊飼い。／私は乏しいことがない。主は私を緑の野に伏させ／憩いの汀に伴われる。 （詩編 23：1–2）

羊飼い

キリスト教の牧師のことは英語で pastor という。これはもともとラテン語で「羊飼い」を意味する。牧師さんが羊飼いで、信徒はヒツジ。ヨハネによる福音書 10 章 11 節には「わたしは良い羊飼いである。良い羊飼いは羊のために命を捨てる」と記されている。

イエスの誕生に際して、天使が羊飼いにそれを伝える場面がある。

> その地方で羊飼いたちが野宿をしながら、夜通し羊の群れの番をしていた。すると主の天使が近づき、主の栄光が周りを照らしたので、彼らは非常に恐れた。天使は言った。「恐れるな。わたしは、民全体に与えられる大きな喜びを告げる。今日ダビデの町で、あなたがたのために救い主がお生まれになった。この方こそ主メシアである。……」。
> 「いと高きところには栄光、神にあれ、地には平和、御心に適う人にあれ」。天使たちが離れて天に去ったとき、羊飼いたちは「さあ、ベツレヘムへ行こう。主が知らせてくださったその出来事を見ようではないか」と話し合った。 （ルカによる福音書 2 章 8–15 節）

福音書の記述などを検討すると、イエスが生まれたのはヘロデ王が死ぬ前の紀元前 4 年であったらしい。西暦がイエスの生まれた年を基準としているとするなら、4 年プラスしなければいけないことになる。

聖書ではヒツジは善いものとされていて、「すべての国の民がその前に集められると、羊飼いが羊と山羊を分けるように、彼らをより分け、

ヒツジの原種ムフロン
（多摩動物公園）

羊を右に、山羊を左に置く」（マタイによる福音書25章32–33節）とあるように、羊を善人に、山羊を悪人と表現している。

「迷い出た羊」のたとえはよく知られているだろう。

あなたがたはどう思うか。ある人が羊を百匹持っていて、その一匹が迷い出たとすれば、九十九匹を山に残しておいて、迷い出た一匹を捜しに行かないだろうか。はっきり言っておくが、もし、それを見つけたら、迷わずにいた九十九匹より、その一匹のことを喜ぶだろう。

（マタイによる福音書18章12–13節、ルカによる福音書15章4–6節）

食物のタブー

レビ記11章1節以下に「清いものと汚れたものに関する規定」が述べられている。

主はモーセとアロンにこう仰せになった。イスラエルの民に告げてこう言いなさい。地上のあらゆる動物のうちで、あなたたちの食べてよい生き物は、ひずめが分かれ、完全に割れており、しかも反すうするものである。従って反すうするだけか、あるいは、ひずめが分かれただけの生き物は食べてはならない。らくだは反すうするが、ひずめが分れていないから、汚れたものである。岩狸は反すうするが、ひずめが分れていないから、汚れたものである。

蹄(ひずめ)が分かれているか否か、反芻(はんすう)するか否かが浄不浄の判断基準になっている。申命記14章3節以下にも「清い動物と汚れた動物」の分類が述べられている。まとめると、以下のようになる。

1. 食べてよい動物＝蹄が分れていて、反芻する動物
   ○　牛、羊、山羊、鹿、ガゼル、のろじか、野山羊、羚羊、かもしか、野羊
   ×　らくだ、野うさぎ、岩狸、豚
2. 食べてよい水に棲む生物＝ヒレとウロコのあるもの
   ×　エビ、タコ、うなぎ、あなご、なまず、蛙、貝類
3. 食べてよい鳥＝清い鳥
   ×　猛禽類、カラス、かもめ、みさご、こうのとり、こうもり

この箇所の最後に書かれている「子山羊を母の乳で煮てはならない」という掟が拡大解釈され、肉と乳製品を同時に食べることも禁止されている。そのため、ユダヤ教の戒めを守るレストランにはチーズバーガーや豚のハムはない。敬虔な信者は肉料理を食べたときにはデザートのコーヒーに乳を原料とするミルクを入れない（コーヒーフレッシュはよい）。イスラム教で豚を食べないのも、この聖書の一節が関係しているようである。ユダヤ教では親子を同時に食べると、その種を絶滅させる危険があるという理由なのか、親子丼や鮭・イクラ丼などは食べないというが、もちろん信仰の深浅で違うだろう。

レビ記7章26節には「鳥類および動物の血は決して食用に供してはならない」とある。牛や羊の肉も食べるときには血を抜かなければならず、血のしたたるステーキなどありえないことになる。命の源である血を食べてはならないという戒律は原初の物語に書かれており、そもそも肉食はノアの洪水の後に許されたとされる（創世記9章4–5節）。

羊神社（名古屋市北区辻町）

ヒツジは聖書の中での記述が多く、聖書語句事典によると179回を数える。羊飼いや関連する語句を含めるとさらに多くなる。創世記4章のカインとアベルの物語では「アベルは羊を飼う者となり、カインは土を耕す者となった」とある。また、アブラハムが最愛の子、イサクを神に献げる話（創世記22章8–13節）では、木の茂みに角をとられていた雄羊がイサクの代わりに焼き尽くす献げ物とされた。

雅歌には「あなたの歯は、洗い場から上がって来て、毛を刈られる雌羊の群れのよう」（4章2節、6章6節）という表現がある。女性の歯並びの美しさが羊に喩えられている。漢字の「美」は「羊」の字から造られた。どういった美しさをヒツジに見ていたのだろう。

＊　＊　＊

羊はウシ科ヤギ亜科ヒツジ属、学名は *Ovis aries* である。反芻動物としては、体は比較的小さいが、体長や体重は品種によって異なり、雌は45～100 kg、雄は一回り大きく45～160 kgである。角は側頭部に螺旋形に生えている。品種によっては角をもたないものもいる。雌雄両方にある種、雄だけにある種もいる。羊毛は毛糸として利用される。同じヤギ亜科の山羊は木の芽や木の皮も食べるが、羊が食べるのは草だけである。群れを作り、先に行くものの後をついていく性質があるので、家畜化されやすかった。古代メソポタミアでは前7000～前6000年頃に羊を

さっぽろ羊ヶ丘展望台のヒツジ

家畜化し、中国では紀元前6000年頃から飼育されていたとされる。家畜化された羊はモンゴルからインド、西アジアから地中海沿岸地方に分布していた。

日本には推古天皇の頃、599年9月、百済から2頭が来たと『日本書紀』に紹介されている。平安時代にも朝鮮半島や中国大陸から来たといわれている。ヒツジという日本語の呼び名は、十二支を時にあてはめると、太陽が頂点に達する時刻が「午」で、その次の「未」で日が西に下る。「日(ひ)が西へさがる辻(つじ)」ということで未がヒツジになったと貝原益軒『日本釈名(にほんしゃくみょう)』(1699年) などに説明されている。

羊乳、羊毛、羊皮紙

羊乳は脂肪とたんぱく質に富み、加工に適し、伝統的にチーズやヨーグルトに加工されている。羊よりも遅く家畜化された牛の方が収量に優れているため、牛の飼育できる地域では羊乳は主流ではなくなった。山岳、砂漠や乾燥地帯に住む遊牧民にとって羊乳は重要な栄養源である。

皮革などは山羊の方が優れていたが、脂肪と毛は羊の方が優れている。野生の羊は外側が太く粗い毛で覆われ、内側に短く柔らかい毛 (ウール) が生えているが、家畜化されてから外側の粗い毛を退化させ、内側の短い柔らかい毛を発達させた。前2000年頃、バビロニアはウールと穀物 (麦) と植物油 (オリーブ油) の三大産物によって栄えた。

理想的なウールを産するメリノ種は、スペインの王家が国費を投じて

羊乳アイス

飼育した。品種にもよるが、羊1頭から1年間で4～7kgとれ、この量は背広1着分に相当する。外交手段として数頭が国外へ贈呈される以外は門外不出とされた。18世紀にヨーロッパ諸国がスペインへ入り込み、メリノ種を持ち去るまで、スペインの羊毛生産の優位は続いた。羊皮紙は古くから利用されていたが、前2世紀頃、現在のトルコで本格的な加工が始まった。

ヒツジ料理

日本ではジンギスカンがヒツジ料理として知られている。札幌のビール園でビールのジョッキを傾けながらマトンやトウモロコシを食べるのは楽しいものである。ヒツジの肉は生後1年未満の仔羊の肉をラムといい、臭みがなくステーキ、ロースト、しゃぶしゃぶなどに用いられる。欧米では羊の肉といえば、ラムのことを指す。ジンギスカンに使われるマトンは生後1年以上経ったもので、タレに漬けて用いる。

仔羊の丸焼きも有名だ。モロッコ料理でメシュウイと言い、皮は北京ダックのようにパリパリとして大変おいしく、なかでも腿のつけ根の肉が最高であるといわれている。トルコ料理には冷製オードブルとして仔羊の脳があり、料理に使われる白チーズは羊のミルクから作られたものである。またケバブに代表される肉料理は羊の肉である。

羊羹(ようかん)といえば甘い和菓子だが、中国では羊の羹(あつもの)とは、羊肉を入れたスープのことである。中国で日本の羊羹と似た食べ物に、羊の肝に似せた小豆と砂糖で作る蒸し餅の「羊肝餅」がある。日本では古くは、中国の製法通り蒸したものであったが、茶道の繁栄によって現在の羊羹になった。

唐代の長安を舞台にした森福都の小説『長安牡丹花異聞』の中に、西域にあったという「羊頭羹（ようとうこう）」と呼ばれる滋養豊かな強壮食が出てくる。羊の頭の毛を抜き、とろけるほど煮てから骨を取り、口内の固い皮を剝ぎ、目玉は黒いところを用い、脳の肉はさいころ大に切り、雌鳥の出汁でこれを煮る。さらに魚翅（ぎょし）、あわび、貝柱、火腿（ハム）、豚、鴨、筍、椎茸、山芋、棗（なつめ）を加えて煮詰め、仕上げにらくだの乳を足し、米の粉でとろみをつける、と紹介されている。羹とはスープのこと。はるか昔の西域ロマンが感じられる食べ物だと思う。どんな味なのだろうか。

最後に、ゴルフのルーツは羊飼いたちが手に持った棒でウサギの巣穴に小石を打ち込んで遊んだのが始まりとされている。

ロバ、ウマ

Ass, Donkey, Horse

娘シオンよ、大いに喜べ。娘エルサレムよ、喜び叫べ。あなたの王があなたのところに来る。彼は正しき者であって、勝利を得る者。へりくだって、ろばに乗って来る。雌ろばの子、子ろばに乗って。

（ゼカリヤ書９：９）

聖書の中のロバ

ロバは聖書にウマとほぼ同じ程度の頻度で登場する。そのほとんどが使役される動物としてである。例外は野生のロバについて記した「野ろばは青草の上で鳴くだろうか」（ヨブ記６章５節）くらいである。また、民数記22章21節以下に登場する雌ロバは預言者バラムを乗せて歩くが、聖書の中で唯一、言葉を話す動物である。

聖書の中でロバは主に荷物の運搬（創世記42章26節、45章23節、サムエル記上16章20節、25章18節、列王記下７章7、10節）や農作業（イザヤ書30章24節）に用いられる。生活の中では粉ひきにすでに用いられていたことが「ろばの挽く石臼」（マタイによる福音書18章６節）からわかる。

乗用とされる場合には、イサクが捧げられそうになる話（創世記22章3節）やモーセのエジプト帰還（出エジプト記４章20節）など、印象的な場面に登場するが、高貴で尊敬される人物はロバに乗ってくるという習わしについても語られている。

見よ、お前の王がお前のところにおいでになる、
柔和な方で、ろばに乗り、
荷を負うろばの子、子ろばに乗って

（マタイによる福音書21章２節）

イエスはウマを用いず、ロバに乗ってエルサレムに入城したが、これはイエスの謙虚さを示すのではなく、戦争を象徴するウマではなく、ロバは平和をもたらすメシアの乗り物であるというユダヤの伝統にしたがったのである（ゼカリヤ書9章9節参照）。

ロ　バ

ロバは極暑地から寒冷地まで適応でき、粗食にも耐えられるという便利な家畜である。力は強く、記憶力もよいが、頑固で気分次第で動かなくなるという融通の利かなさがある。騎士はウマに騎乗し、富農は牛馬を育て、貧農がロバを育てた。ロバは各地で「馬鹿」「愚か者」の譬喩として用いられる。

イソップの寓話に「騾馬（らば）」についての話がある。母親がウマなので走りなら負けないと勇んで走り出したが、父親がロバであることを思い出して、立ち止まってうな垂れるという話である。母親がロバで、父親がウマの場合はケッティという。

世界のロバの3分の1が中国で飼育されているという。日本でも古くから知られていたが、ウシ、ウマのように普及しなかった。『日本書紀』巻二二推古天皇紀に「七年（599年）秋九月に百済が駱駝一匹、驢一匹、羊二頭、白い雉（きじ）一羽をたてまつった」とあり、百済からラクダ、ヒツジ、キジといっしょに贈られている。ロバは「うさぎうま」（兎馬）と呼ばれ、漢語では驢であった。平安時代にも日本に渡来した記録がある。さらに江戸時代にもオランダや中国から移入された記録もある。「ばちウマ」という呼び名も記されている。

中国の華北地方では、老いて輸送などの労務が難しくなったロバが食用にされている。肉は固く、煮込み料理や、肉まんの具、ミンチ肉料理に用いられ、「上有龍肉、下有驢肉」（天には龍の肉があり、地にはロバの肉がある）といわれている。ロバを使った料理としては、臘驢肉（ラーリューロウ）（中国山西省長治市の名物。ロバ肉の塩漬けを燻製したもの）、肉火焼（中国河北省保定市の名物料理で、ロバ肉を使ったハンバーガー風の軽食）、肴驢肉（ヤオリューロウ）（中国山東省広饒県の名物。ロバ肉を煮込んでから冷やして煮凝りにしスライスして食べる）などが知られる。

漢方の「阿膠（あきょう）」はロバの皮から毛を取り、煮詰めて取る膠（にかわ）。主成分はコラーゲンで、造血、止血の作用がある。出血を伴う症状や、貧血、産後の栄養補給、強壮、皮膚の改善を目的とする。

聖書の中のウマ

ウマは聖書の中に138回登場する。もっぱら戦争との関連で、通常の運搬や農耕に使われたという記述は「穀物はいつまでも打穀して砕くことはない。打穀車の車輪と馬がその上を回っても　砕き尽くすことはない」（イザヤ書28章28節）のみである。

戦争との関わりでは「ファラオはその戦車に馬をつなぎ、その軍勢を率い、六百台のえり抜きの戦車とエジプトの全戦車を集め、そのすべてに補佐官を配備した」（出エジプト記14章6節）などのように、ウマは戦車をひくために用いられている。列王記上5章6–8節では「ソロモンは、戦車用の廏舎四万と騎兵一万二千を持っていた。知事たちは、ソロモン王とソロモン王の食卓に連なるすべての人々のために、それぞれ一月分の食料を調達し、何の不足もないようにした。また、それぞれ割り当てに従って、馬と早馬のための大麦とわらを所定の場所に納めた」とあり、軍備の中でウマの占める重要性が垣間見える。

戦車の数については「ソロモンは戦車と騎兵を集め、戦車千四百、騎兵一万二千を保有した」（列王記上10章26節、歴代誌下1章14節）という記述から、列王記上5章の「廏舎四万」は誤りでないかという指摘がある。当時、戦車1台にウマ2頭をあてていたようである。予備の1頭を加えると、戦車1400台に必要なウマの数は4200頭で、ほぼ4000頭となり、ちょうど1桁違う。また、列王記上10章28–29節には「ソロモンの馬は、エジプトとクエから輸入されたものであった。……それらは王の御用商人を通して、ヘト人やアラム人のあらゆる王侯に輸出された」とあり、ソロモン王が中継貿易で利益を得ていたこともわかる。

馬に騎乗する習慣はメソポタミアでは前3000年頃からあったとされるが、戦場での使用が普及するのはかなり後のこととされる。イスラエル民族のウマの利用は遅かったようだ。エジプトを脱出したイスラエルの民は40年の荒野の放浪を経てカナンに定着したが、その後も長くウマを使用しなかった。カナン北部の王たちとの戦いでは、カナン軍は大量の戦車や軍馬を使用したが、イスラエルはウマや戦車を全くもたなかった。そればかりか、神の命令にしたがって、戦利品となるはずの敵の「馬の足の筋を切り、戦車を火で焼き払った」(ヨシュア記11章9節)。前1000年頃、王国が成立した後も、ダビデ王はシリアのツォバの王ハダドエゼルとの戦いで、ヨシュアと同じように、「騎兵千七百、歩兵二万を奪った。戦車の馬は、百頭を残して、ほかはすべて足の筋を切った」(サムエル記下8章4節)。百頭だけを残したのは戦勝記念のためか、小規模な戦車部隊をもつためであったのかは明らかでない。ウマや戦車を積極的に導入したのはダビデの後継者ソロモンで、首都エルサレムおよび地方の主要都市に配備した。

ヨブ記には戦いにおけるウマの様子を活き活きと描いている。

あなたは馬に力を与え
その首をたてがみで装わせ
ばったのように跳びはねさせることができるか。
その鼻息の威力は恐ろしく
谷間で土を蹴って、喜び勇み
武器に立ち向かおうと出て行く。
馬は恐怖を嘲笑ってひるまず
剣の前から退かない。
その上では矢筒が音を立て
槍と投げ槍がきらめく。
馬は、たけり立って
うなり声が地を呑み込むときも
角笛の音にじっとしていられない。
角笛が鳴る度にいななき
遠くから戦いの臭いを嗅ぎつけ
将軍の怒号と鬨の声を聞きつける。　(ヨブ記39章19–25節)

人間が起こす残酷な戦争に利用されているとしても、神の被造物として勇猛果敢に戦場を駆け回る軍馬たちに敬意が払われている。

ウマの進化と利用

ウマ（Equus ferus caballus）は奇蹄目ウマ科に属す。現存するウマ科の動物はごくわずかだが、奇蹄目（蹄の数が奇数の哺乳類）そのものも少ない。約 2500 万年前に奇蹄類の種は減少し、現在ではウマやロバなどのウマ科の他、バク科、サイ科が生き残っている。ウマ科は奇蹄類の中で唯一、偶蹄類と比較できる機動性とスピード性を備えている。駆ける速さは平均時速 60 km、競技用のサラブレッドなら最高 87 km を出すことができる。因みにチーターの速度は 100 km から 110 km である。シマウマの機動性が高いのは四肢が比較的長いからであろう。機動性の高さは奇蹄類が衰退した後もウマが長きにわたって栄えた理由のひとつである。前 1675 年頃にはエジプトへ広がり、さらに北アフリカの大部分、また、東方の中国北西部にも同じ頃に広がったとされる。

草食動物としての奇蹄類の胃は単純な構造をしている。食物の吸収をする後腸に原生動物とバクテリアからなる高密度の生物相があり、それらの微生物がセルロースを分解している。糞を分析すると、シマウマ、ウマやロバの糞は未消化の草でつながっている。反芻をする動物に比べて、植物を消化してたんぱく質に再構成する能力が劣っているため、衰退したと考えられる。

乗馬術はカザフスタン北部のボタイ文化で出現した。ウマの家畜化の最初期段階では、野生のウマを少し管理するだけであったが、草原地域において乗馬術に磨きをかけ、完成させた。ヒツジやウシを飼う地域からは遠く離れていたので、馬肉にかなり頼っていたが、ウマをそのまま食肉にするのではなく、食肉用のウマを獲得する手段として乗馬を価値あるものとしていった。ボタイ族には馬乳、特に発酵させた馬乳酒（クミス）の供給源としても重要であった。放牧もウマに乗ってするようになり、効率は格段に向上した。

戦闘に使われるウマで引く戦車は当初、円盤状の車輪だったが、スポークの車輪が発明され、全体の軽量化が進んだ。組織化された騎馬部隊が有力な役割を果たすようになったのは約 3000 年前からとされる。

走る馬の背から正確に射出できる短弓の発明と騎馬隊の出現によって、戦争の形は大きく変化した。

中国のウマ

中国にも古くからウマがいた。『史記』では黄帝や顓頊（せんぎょく）などの伝説時代にも騎兵隊があり、帝堯（ぎょう）は赤い戦車を白馬に牽かせていたとされる。600万年前のウマの祖先、三趾馬（さんしば）（各脚指が3本ある馬の総称）の化石が2015年に内モンゴル中部で発見された。主としてユーラシア大陸北部に分布していた原始的な種で、この発見で山西省南東部とモンゴルの分布エリアがつながった。モンゴルの野生ウマ（モウコノウマ）は、ユーラシアの野生ウマ（タルパン）と同様、ずんぐりとした体型で家畜化された子孫と比べ短足である。頭部は大きめで首が太い。ユーラシアの寒温帯の草原に生息している野生ウマは、背筋から尾の付け根まで鰻線（まんせん）と呼ばれる濃い色の筋が走っている。たてがみが暗色でブラシのような剛毛からなり、家畜ウマの長くうねるようなたてがみとは異なる。これは地球上に生息する唯一の野生馬で、ウイグル・ジュンガル盆地の北塔山と甘粛（かんしゅく）省粛北モンゴル自治県の一帯に2000頭生息している。

日本の在来種

現存する日本の在来種のウマは8種とされる。「道産子」の俗称で知られる北海道和種以外の飼育頭数は少ない。在来種には小型、中型のポニー、蒙古馬系に属す比較的大型のポニーがある。大型在来馬である南部馬などは絶滅した。日本馬事協会によると、2019年の時点で、北海道和種馬、木曽馬、野間馬、対州馬、御崎馬、トカラ馬、宮古馬、与那国馬が飼育されている。

ウマの語源

ウマは古語では「マ」といい、上古の時代から日本にあった言葉であるという。ウマの「ウ」は発語で、意味はない。素戔嗚尊（すさのおのみこと）（須佐之男命）が逆剝ぎで皮を剝いだ天斑馬（あまのふちこま）を天照大神の織屋に投げ込んだという話が『古事記』にあるが、この「こま」は「子馬」、つまり小型のウマであろ

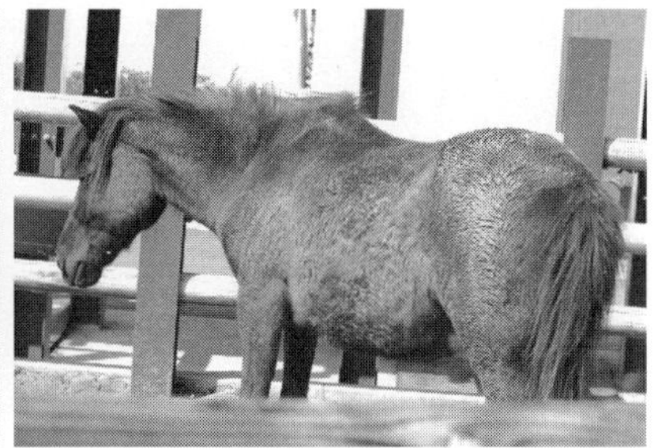

モウコノウマ（左、多摩動物公園）とニホンウマ（右、上野動物園）

う。そうであれば、高天原（たかまがはら）神話にはウマが登場しているということになる。

古代のウマは小馬（こま）（駒）であったが、その後に来た大型のウマが「大馬（おほま）」と呼ばれ、それが「ウマ」という語につながったという説がある。また、人の使うものはみな「ウツ」といったので、「人が使うマ」が転じて「ウマ」になったという説もある。

縄文時代の貝塚や弥生時代の遺跡から馬骨や馬歯が出土しているが、それが飼育されていたのかについては決め手がない。古墳時代後期の遺跡から馬具、馬形埴輪、石製馬、土製馬などが出土していることから、ウマの伝来は4、5世紀ではないかといわれている。『魏志倭人伝』が日本にはウシもウマもいないとしていること、『古事記』や『日本書紀』に百済王がウマを献上したという記述も根拠になっている。

サラブレッド

競走馬として使われているサラブレッドは18世紀初頭、イギリスで在来馬にアラブ、トルコ、バルブウマなどを交配して改良し、その後、改良馬同士の交配を続けて走力抜群のウマとして完成させたウマである。1791年以来、サラブレッドには厳格な血統登録が行われており、1頭1頭に必ず血統書がついている。サラブレッドにはバイアリーターク、ダーレーアラビアン、ゴドルフィンアラビアンという三大始祖と呼ばれる3頭のウマがいる。サラブレッドとして登録されていないウマとの交配が禁じられてきたので、現在のサラブレッドはすべて、これらの三大始祖に辿りつくとされている。

ウマと神道

神話では、ウマはウシとともに保食神という神の頭から生まれたと語られている。この保食神は五穀、カイコの起源神でもある（『日本書紀』神代上第五段の第十一の一）。明治初めの神仏分離の際、津軽地方を中心に東日本では、馬頭観音など仏教系のウマの守護神に対して、保食神が神道の牛馬の守護神として祀られ、保食神社として継承され、山形県の庄内一帯では、荒倉神社（鶴岡市）が信仰を集めた。津軽藩の津軽坂牧場（青森市鶴ヶ坂）は江戸時代に200年間、ウマの育成が行われ、惣染堂（馬頭観音）が歴代藩主崇拝の「惣染宮」とされてきたが、神仏分離で保食神社となった。同県平川市大光寺の保食神社の参道には２体の石馬が「狛馬」として奉納されている。

武芸と神事が結びついた日本伝統の「競馬・流鏑馬」は896年、宇多天皇が源能有に命じて制定された。馬上における実践的な弓術のひとつとして平安時代から行われ、その後、武勇、武芸を重んじた鎌倉武士の間で、神事の武技とされるようになり、源頼朝が鶴岡八幡宮に奉納して以降、各地に広まった。流鏑馬は毎年９月に鶴岡八幡宮例祭にあわせて行われる。神奈川県の寒川神社では、流鏑馬による天下泰平と五穀豊穣の祈念が込められ、神職も射手として奉仕するという。

競馬については、『日本書紀』天武天皇８年（679年）にウマの走り比べの記述がある。平安時代には毎年５月、端午の節句の行事として上賀茂神社の競馬や大阪市住吉大社の「白馬神事」が行われる。

馬頭観音

木曽馬の産地、長野県伊那市での石造文化財調査によると、馬頭観音が圧倒的に多く、文化文政年間（1804–29年）に増え始めたとされる。馬頭観音は観音菩薩が変化観音で、馬の頭に宝冠をつけた姿をしている。ウマと人がともに暮らしていた時代、ウマは家族の一員であり、大切な財産であった。「火事の時は仏様の次にウマを出せ」といわれていたし、子馬が生まれると、人の子と同じように７日目におこわを蒸し、子馬を連れて観音様にお参りしたという。

普通、農家の厩は家の中にあり、土間を挟んだ反対側が家族の居間になっていた。囲炉裏端から馬栓棒から顔を出すウマを見ながら暮らしていたのである。農馬は春の耕作から刈敷の運搬と家族の一員となって働いた。馬子、馬方はウマの働きによって生計を立てていたので、ウマとの間に情愛が通じ、ウマは大事にされた。

ウマに関することば、故事

「韋駄天が自ら馬に乗って小便をひょぐるよう」という諺がある。足が早いことで知られる韋駄天が釈迦の仏舎利から歯が盗まれたときに、自らウマで追いかけて歯を取り戻した。「ひょぐる」は「勢いよく出す」という意味で、ウマが勢いよく走ったと言っている。「走り馬にも鞭」といい、すでによいものをさらによくすること、ますます勢いを増すことに喩えられる。

「老馬の智」は老いたウマは独自の知恵をもっていて、迷うことがないということに喩えて、経験を積んだ人は正しい道を心得ているということをいう。「馬の止動、狐の困快」は物事が正反対であることの喩え。ウマは「止々」という声で走り、「動々」という声で止まる。キツネは「困々」と鳴くと、よいことがあり、「快々」と鳴くと、よくないことが起こるという。「馬も買わずに鞍を買う」も同じ。

「犬馬の心」はイヌやウマのように主君の意のままに仕え、忠義を尽くそうとする心をいう。「一言すでに出ずれば駟馬も追い難し」――駟は4頭立ての馬車のこと。いったん口から出た言葉は取り返しがつかないほど速く広まるので、発言は慎重にせよという『論語』の中の教え。

「麒麟の衰うるや駑馬之に先だつ」――足の速い名馬でも一旦衰えがくると、足ののろい駄馬にさえ先を越されるという意味。「騏驥は日に千里を馳するも、鞭捶其の背を去らず」という言葉もある。名馬は一日に千里を走るというが、それでも背には鞭を打たれている。みだりに才能をあらわすと、さらにその上を求められて苦しめられるという喩え。

馬　肉

ウマの肉を食べることは民族によってはタブーとされる。食材としている国はフランス語圏の国の他、オーストリア、イタリア、スイス、ベルギー、ルーマニア、アイスランド、マルタ、オランダ、ノルウェー、スロベニア、スウェーデン、カザフスタン、モンゴル、日本、カナダなどである。日本の馬肉は主としてカナダから輸入されている。

獣肉食が宗教上、忌避されていた江戸時代には九州の一部と彦根藩を除いて馬肉を食べることは一般的でなかった。廃用となった役用家畜の肉を公然と食べることは憚られたが、貴重なたんぱく源であった。

馬肉は「桜肉」とも呼ばれる。なぜ「桜」なのかについては、赤身部分にヘモグロビンやミオグロビンが多く、それが空気に触れると桜色になるからだとか、馬肉の切身が桜の花びらを想像させるからとか、諸説ある。江戸時代、千葉県の佐倉に幕府直轄の牧場があり、「ウマといえば佐倉（さくら）」からきているという説もある。純国産桜肉を食べさせる店では創業明治38年「桜なべ中江」（三ノ輪）が有名である。

ウマは消化能力が低いため、食肉としてはウシやブタよりも生産コストがかかる。それゆえ、馬刺しなどにする場合の食用肉は比較的高価である。また、需要も大きくないため、廃用乗用馬などの馬肉は安価な食肉として、主にソーセージやランチョンミートのつなぎなどの加工食品原料や動物園の猛獣の餌、ペットフードに利用されている。

馬肉は牛肉、豚肉、鶏肉よりも栄養価が優れ、滋養強壮、薬膳料理に利用される。その利点をまとめると以下の通り。①低カロリー、低脂肪、低コレステロール、低飽和脂肪酸、高たんぱく質。②アミノ酸が20種類含まれる。③ミネラル分が豊富で、カルシウムは牛肉、豚肉、鶏肉の3倍、鉄分（ヘム鉄）はホウレン草、ヒジキより多く、豚肉の4倍、鶏肉の10倍を含有。④ビタミンが多種含まれ、含有量も多い。豚肉の3倍、牛肉の20倍。ビタミンB_1が牛肉の4倍、ビタミンAやEも多い。⑤グリコーゲンは牛肉の3倍以上。

ウシ

Bull, Cow

家畜が呻き、牛の群れがさまようのはなぜか。牧場がどこにもないからだ。
（ヨエル書1：18）

創世記の天地創造の物語では、第５の日に「神は地の獣をそれぞれの種類に従って、家畜をそれぞれの種類に従って、地を這うあらゆるものをそれぞれの種類に従って造られた」（創世記１章25節）とあり、家畜が天地創造の時から現れている。創世記13章５節には「アブラムと一緒に行ったロトもまた、羊の群れと牛の群れと多くの天幕を持っていた」とあり、老妻のサラに男の子が生まれると告げるために現れた主のために、「アブラハムは牛の群れのところへ走って行き、柔らかくておいしそうな子牛を選んで僕に渡した。……アブラハムは凝乳と乳、そして調理された子牛を運んで来て、彼らの前に出した」（18章7–8節）。

新約聖書の「放蕩息子のたとえ」では、息子が戻ってきたのを喜んだ父親は「肥えた子牛を引いて来て屠りなさい。食べて祝おう」といって祝宴を準備させている（ルカによる福音書15章23節）。一時期、「おもてなし」が流行語になったが、聖書時代の最大の「おもてなし」は子牛料理であったようである。また、「自分の息子か牛が井戸に落ちたら、安息日だからといって、すぐに引き上げてやらない者がいるだろうか」（ルカによる福音書14章５節）というイエスの言葉では、ウシと人間が同格に扱われている。当時から、ウシは大事な動物であった。

筆者の少年時代、農家では農耕や運搬のためにウシを飼い、牛に与える草を刈り、世話をするのは子どもの仕事だった。そのせいか、ウシに対する愛情は一入（ひとしお）だ。旧約聖書の時代にもウシは物資の運搬や農耕に使われていた。「一行がナコンの麦打ち場にさしかかったときである。牛がよろめいたので、ウザは神の箱の方に手を伸ばし、箱を押さえた」（サムエル記下６章６節）、「エリシャは十二軛（くびき）の牛を前に畑を耕していたが、彼は十二番目の牛と共にいた。エリヤはそのそばを通り過ぎるとき、自分の外套をエリシャに投げかけた」(列王記上 19 章 19–20 節)、「小麦粉や干しいちじく、干しぶどう、ぶどう酒やオリーブ油、牛や羊の肉など多くの食料を、ろばやらくだ、らばや牛に積んで運んで来た」(歴代誌上 12 章 41 節) など、ウシが荷を運ぶ場面や畑を耕す場面に登場する。

また、放牧の様子も語られている。「あなたの家畜は広い牧場で草を食む。地を耕す牛やろばは／シャベルや箕でふるい分けられて／発酵した飼い葉を食べる」(イザヤ書 30 章 23–24 節)、「家畜が呻き、牛の群れがさまようのはなぜか。／牧場がどこにもないからだ」(ヨエル書 1 章 18 節)。ヨブ記 39 章 9–12 節には野牛のことも記されている。「野牛が喜んであなたに仕え／あなたの飼い葉桶の傍らで夜を過ごすだろうか。あなたは野牛に縄をかけて／畝を行かせることができるか。／それがあなたに従って谷間を耕すだろうか。その力が強いからといって／あなたはそれを頼りにし／あなたの仕事を任せることができるか。あなたは、野牛があなたの穀物を持ち帰り／打ち場に集めてくれると信じるのか」。

ウシという名の由来

英語では年齢や雌雄によってウシの呼び方が変わる。雄牛は bull、雌牛は cow、仔牛（子牛）は calf と呼ばれる。また、飼育条件によって「畜牛」は cattle、「去勢牛」は雄の場合 ox（複数 oxen)、雌の場合は steer である。「乳牛」は dairy cattle、出産を経験していない雌牛は「未経産牛」heifer、出産の経験のある雌牛は「経産牛」delivered cow と呼ばれている。

ウシという名の由来には諸説ある。新井白石『東雅』には「牛の義祥ならず。牛をウといふは漢語の方言とこそ見えたり」とある。中村浩の『動物名由来』では「ウシ」という名はやはり大和言葉に由来する。『日本釈名』の「牛うるさし也。うらめしき意。その形おそろしく、うらめしきものなり。うらめしきをうしといふ」は全く納得がいかない。大槻文彦は「ウシ、大獣（おおしし）の約。大（ウ）は大（オホ）のつまる語。シシは獣なり」としているが、この説明も苦しい。服部宜『名言通』にはウッシの略としている。「ウッ」とは「人の使うもの」をいい、「打ち使う」という意味に解釈し、「シ」の方はおそらく獣のこととして、「ウシ」は「打ち使う獣」、使役獣の意と解釈される。

のんびり水浴びをする水牛（西表島由布島）

家畜牛

家畜種のウシの学名はBos taurusという。ウシ属の総称はBosで、広義にはウシ亜科（反芻亜目）Bovinaeの総称となる。3800万年前から2500万年前にかけてアジアに現れ、現在はユーラシア、アフリカ、北アメリカに約43属123種以上の野生種が分布している。原始の洞窟壁画によく描かれ、スペインのアルタミラ洞窟にはバイソンが、フランスのラスコー洞窟には家畜牛の祖先にあたる原牛が描かれている。広く分布していたヨーロッパバイソンは1929年に絶滅したが、動物園で飼育されていた45頭がポーランドの森に放たれ、コーカサスにも移入され、1998年には1500頭まで回復したという。5000万頭以上いたアメリカバイソンも移民開拓以来減少し、1902年には25頭にまで減少した。その後、保護の対象になり約5万頭まで回復した。家畜牛の最古の痕跡はトルコのアナトリア高原の6000年前の遺跡で発見されている。

家畜化されたウシは牛肉や牛脂など食用の肉牛（ショートホーン種、シャロレー種、黒毛和種、赤毛和種）、牛乳を採るための乳牛（ホルスタイン種、ジャージ種、ガーンジー種）、農耕や運搬に利用される役牛に分けられる。人間が牛乳を飲むようになったのは前5000〜前4000年のメソポタミアやエジプトであったといわれている。

家畜牛の生殖

牧場でのんびりと牧草を食べ、モオーッという鳴き声に野の響きが感じられるウシの姿は、なんとも言えない光景である。ウシのように暮らしたいと思っている人もいるかもしれない。しかし、実際はそう楽ではないようだ。

種ウシは他のウシよりも、からだつきが頑丈で、太く短い猪首で肩の筋肉も隆々とし、鋭い眼光をしている。発情期になると腹の底から声を絞り出し、周囲の動物を脅すような声になる。種ウシは優秀な精液をとるために、良質の餌をたっぷり与えられるエリート中のエリートではあるのだろうが、精液をとる過程は以下のとおり。発情期の真っ盛りには擬牝台（ぎひんだい）というものが用意される。ウシの背丈に合わせて作られた木の台で、その上に牛皮を被せ、そこに発情期に牝ウシが出す膣液をなすりつけておく。種ウシはこの匂いに誘われて、台の上にのる。その時、傍にいる人間が回りにお湯を入れて温かくした魔法瓶を差し出し、種牛のマスターベーションの手伝いをし、精液を絞り出し、各牧場の牝ウシに人工授精をするという。その他の雄牛は肉づきをよくする女性ホルモンだけを分泌させるために、睾丸を取られて男性ホルモンの分泌を抑えられ、去勢された肉牛として育てられる。

そうした肉牛から、かつて牛海綿状脳症（BSE. Bovine Spongiform Encephalo-pathy）が発生した。牛の脳の組織がスポンジ状になり、異常行動、運動失調を示し、死亡するという症状だった。BSE に感染したウシの脳や脊髄などを原料とした餌が他のウシに与えられたのが原因で、英国などを中心に感染が拡がり、日本でも 2001 年 9 月から 2009 年 1 月までの間に 36 頭の感染牛が見つかった。全世界でウシの脳や脊髄などの組織を家畜の餌に混ぜないといった規制が行われた結果、ピーク時の 1992 年に世界に約 37000 頭いた感染牛も 2011 年には 29 頭にまで減少した。日本では 2003 年以降に産まれたウシからは BSE は確認されていない。

牛車（ぎっしゃ）

重い荷物を運ぶ荷車につける車輪はメソポタミアで見つかった前 2500 年頃のものが最古で、人類史上の偉大な発明のひとつであるといわれている。シュメール人が牛車や牛を農耕に使うことによって、農作物の生産は増えた。当時は戦車も牛が引いていたという。その後、戦場では牛よりも速い馬が用いられるようになった。

竹富島の水牛車

日本では4〜6世紀に高句麗(こうくり)からの渡来人が車輪を伝えたとされる。高句麗の古墳の壁画に残っている牛車の構造は平安時代の牛車の構造に似ている。『日本書紀』の履中(りちゅう)天皇5年(404年)に天皇の車が作られ、運用されていたことや「車持君(くるまもちのきみ)」や「車持部(くるまもちべ)」などの記述がある。長岡京(784–794年)からは輪木の外輪と鉄製の釭(かりも)が各1点、平城京からは外輪が5点、釭が3点出土している。

東大寺、興福寺などの大きな寺は献納や買得によって車を所有し、物資の輸送に用いていた。正倉院の文書に「運車17輌、庭銭680文」、「車3輌、1輌あたり90文で借り、雇人5人、仕丁(しちょう)1人、綱丁(こうちょう)1人」などと記されており、賃貸の「雇車」の記述もある。

8世紀後半の『万葉集』には車を詠んだ歌がある。

恋草を　力車(ちからぐるま)に七車(ななぐるま)　積みて恋ふらく　我が心から

(巻四、六九四番)

この頃には牛車は高貴な女性の乗り物になっていた。『続日本紀』には「薬師寺の僧良勝が女性の車に同乗した事由で、種子島に流された」との記述がある。島流しの刑とは驚きである。この僧は20年後に赦されて都に戻っている。

牛車を引くのは牛飼童(うしかいわらわ)で、手に手綱と鞭をもって、牛車に乗る人を快適に運ばなければならない。牛飼童は童子といっても、若者から老齢者まで様々で、貴族などに仕えて、雑用、雑役をする身分の低い人であった。

『枕草子』五三段には「牛飼いは、大きにて、髪あららかなるが、顔

聖なる牛と知人（インドにて）

赤みて、かどかどしげなる」としてある。三〇六段では、車をよそから借りた折、持ち主は気持ちよく貸してくれたのに、牛飼童が牛を鞭で打って車をひどく走らせ、車副（くるまぞい）の従者たちも面倒がっていたので、乗る人への心づかいのしつけができていないところからは、もう借りたくないと断言している。

平安時代、公家は他家の牛車と自分の牛車を間違えないように目印をつけた。これが「家紋」の起源といわれている。動物や植物などをもとにした文様が代々受け継がれ、定着したようである。その後、武士が戦場で敵味方を識別する旗や幟（のぼり）に使われるようになった。現在、家紋の数は3万を超えるという。

牛の神聖視

人間は古くからウシから恩恵を受けてきた。祈雨や豊穣祈願のときに人間にとって重要な動物が捧げられるのが常であり、文化によって様々だが、ウシが選ばれることも多い。世界各地でウシが神聖視されているのはそうした事情も関係しているだろう。

メソポタミアでは前3500年頃の神殿から「瑠璃の髭をつけた牡牛の頭部の金製の像」が発見されている。前2000～前1400年にクレタ島で栄えたミノス文明では、2本の牛角の「聖なる角」が信仰のシンボルとされた。ギリシア神話では、大神ゼウスが白い牡ウシとなってフェニキア王の娘エウロペに近づき、娘を背に乗せてクレタ島に渡り、後のクレタ王ミノスらを生ませた。ミノスは海神ポセイドンに祈り、「犠牲（生贄）」として牡牛タウロスを海底から送ってもらい、王となったが、この立派な牡ウシを自分のものとして、別の牡ウシを犠牲に捧げた。ポセイドンはこれに怒って牡ウシを猛悪にし、王妃パシファエが恋するように仕向け、人身牛頭のミノタウロスが生まれる。王はミノタウロスを閉じ込めたが、アテナイの王子テセウスに殺される。

中国の神話で民に鍬や鋤の使用を教えた農業神、炎帝神農氏は人身牛首であった。草木を嘗めて薬草を探し、『神農本草経』四巻を著したともいわれている。

古代にはウシの骨を焼いて、生ずるひび割れで占いが行われていた。前1700～前1100年頃の殷の時代に「干支表」という中国最古の甲骨文が作られた。十干十二支を組み合わせたものである。「十干」とは「甲、乙、丙、丁、戊、己、庚、辛、壬、癸」、「十二支」は「子（ネ）、丑（ウシ）、寅（トラ）、卯（ウ）、辰（タツ）、巳（ミ）、午（ウマ）、未（ヒツジ）、申（サル）、酉（トリ）、戌（イヌ）、亥（イ）」である。干と支を「甲子（かっし）、乙丑（いっちゅう）、丙寅（へいいん）……」と組み合わせていくと、60でひとまわりして、再び「甲子」に還る。つまり、暦が60年でひと回りして元に還るから「還暦」である。一昔前、60歳になると、赤いちゃんちゃんこを着て長寿を祝った。これを還暦の祝いというが、平均寿命が70歳代後半になった昨今では、長寿の祝いは喜寿、米寿に移った。

儒教の経典『礼記』では、天子は犠牛、諸侯は肥牛、大夫は牽牛、士は羊豕を犠牲に用いるとされ、ウシは高位の者が捧げる犠牲とされている。

インドでウシが神聖視されていることは比較的知られている。ウシはどこで立ち止まっても鞭で叩かれて追われることはない。インドには世界の6分の1の人間と、世界のウシの10分の1がいて、ウシを殺すことは多くの州で禁じられている。1970年代はじめにカシミール地方でウシ1頭を殺して死刑になった例があるという。ヒンドゥー教では、1頭のウシには3億3000万の男神女神が宿るといわれていて、牛肉を食べるなど、とんでもない話なのである。

インドではウシは卓越した役割をもつ。ヒンドゥー教徒にとっては生命の母である。広く親しまれている神、クリシュナはウシ飼いの間で成長したとされ、「ウシの番をする者」という異名を持っている。

ヒンドゥー教の宗教風習の多くはウシから得られる様々な産物なしに

は考えられない。寺院の立像には毎日牛乳が注がれ、灯りは牛乳から作られるギーという純粋なバターを燃やして灯される。病気の子どもは聖水と称されるウシの尿に浸され、祝日には司祭たちがウシの糞をこねてクリシュナ像を作る。

ウシは非常に多くのものを提供してくれる。ウシがいて農耕が初めて可能になった。インドのある公務員が書いた論文の中に次のような一節がある。

> ウシは唯一不思議な動物である。（中略）彼は自身、神のようだ、ヒンドゥー教徒にとっては神聖で、人間の役に立つ。（中略）全身が何かに役立ち、利用される。さらにミルクだ。これにできないものがあろうか。様々なギー、バター、生クリーム、カッテージチーズ、乳精、ミルク菓子、コンデンスミルクなど。彼はまた靴屋にも、消防団にも、人間一般に役に立つ。彼の動きはとてもゆったりしている。それは嵩張っているせいだ。彼のするその他の運動は、花や植物にも、そして火を熾すのにも役立つ。それは、人の手によって平たいケーキ状の塊にされて、陽に乾かして、完成する。
>
> （フロリアン・ヴェルナー『牛の文化史』より）

ウシの糞は燃料にもなる。毎年７億ｔの利用可能な排泄物が出され、その半分が肥料として、残りの半分は乾燥させ、燃料として消費される。インドの各家庭で利用される燃料の半分以上がウシの糞である。熱量に換算すると、8500万ｔの木材、6400万ｔの石炭に相当する。

日本の牛・丑

『魏志倭人伝』ではウシもウマもいなかったとされていることから、日本にウシが来たのは４、５世紀との見方もあるが、すでに弥生時代の遺跡からウシの骨や歯が出土している。『日本書紀』には642年７月、村々の祝部（神主）の教えで雨乞いのため「牛を殺して、諸の社の神を祀る」ことと記されている。『続日本紀』には791年９月、伊勢・尾張・近江・美濃・若狭・越前・紀伊などの人民にウシを殺して漢神を祀ることを禁じたと記されている。これらの話から一方は祈雨、他はたたりに対して犠牲を神に捧げて祀る儀礼が行われていたことがわかる。

京都市北野天満宮の撫ぜ牛

菅原道真を祀った北野天満宮はウシを聖視し、天神の使獣（つかわしじゅう）としている。動物の頭は知恵、指導性、人格の意味が含まれ、京都の八坂神社は半人半獣神の牛頭（ごず）天王が祭神である。その形は頂頭に黄牛の面をもち、2本の角、憤怒相をしている。もともとは祇園精舎の守護神であるが、疫病を防ぐ神として祀られている。

菅原道真がなぜウシと結びつけられたのだろうか。道真は承知12(845）年6月25日の生まれとされるが、この日が丑年丑の日で、なおかつ、生まれたのが丑の刻であったという。彼はウシを愛し、大宰府に下る途中、ウシによって身の危機が救われたという説話もある。道真は大宰府で903年に死んだが、遺言に「自分の亡き骸を牛の車に乗せて、人に引かせず、その牛の行くところにとどめよ」と語ったという。遺言どおり、棺を墓所に葬るために、牛車に乗せたが、ウシが途中で動かなくなり、やむを得ず、その地（安楽寺）に埋葬したという。

十二支では丑は2番目、3番目は寅。丑寅（東北）の方角は陰陽道では神霊や鬼の訪れる方向、「鬼門」と呼ばれ、この方角に玄関、便所、風呂場を造ることを忌み嫌う考えがあった。「丑の刻参り」「丑の時参り」は真夜中（午前2時頃）に社寺に7日間参詣し、恨む相手の死を祈願して、藁人形に釘を打ち込んで相手を呪い殺そうとする。このような丑の刻参りは鎌倉時代後期に書かれた『平家物語』にも登場する。

江戸時代にはウシの坐像の自分の病気と同じ場所を撫ぜるとその病気が治るという「撫牛信仰」が京都の北野天満宮、亀戸天神、大宰府天満宮などに芽生えた。向島の牛嶋神社の撫牛は、堀辰雄の自伝的作品『幼年時代』にも書かれている。「撫ぜ牛」は俳句にも出てくる。

梅原猛『仏教の心』の中に禅の話がある。

> 禅は一切の偶像を否定する。わが心が仏である。心以外には仏はない。一切の偶像を否定する禅が、なぜ達磨の画を大切にするのか。それは心の比喩、象徴として禅僧の描いたのが達磨の画である。曰く言い難い禅の心を、比喩により、象徴によって表現しようとしたところに、「達磨図」があり、「十牛図（じゅうぎゅうず）」があり、すべての禅芸術がある。

牧童がウシを探し捕らえるまでの過程を描く「十牛図」は禅宗では代表的な画題のひとつで、ウシが心理、本来の自己、仏教における悟りを象徴している。ウシを得ようとする「十牛図」は（1）尋牛（じんぎゅう）、（2）見跡（けんじゃく）、（3）見牛（けんぎゅう）、（4）得牛（とくぎゅう）、（5）牧牛（ぼくご）、（6）騎牛帰家（きぎゅうきか）、（7）忘牛存人（ぼうぎゅうそんにん）、（8）人牛倶忘（じんぎゅうぐぼう）、（9）返本還源（へんぽんげんげん）、（10）入（にゅう）てん垂手（すいしゅ）となっていて、本来の自己を探し求める旅、悟りへの道程とされる。

胆　汁

ウマとクジラ以外の動物には胆嚢があり、植物由来の脂肪を可溶化し、リパーゼによる加水分解を容易にして腸からの吸収を促進する。グリシンが抱合したグリコ胆汁酸は哺乳動物のみに見出されるが、植物を常食とする兎やテンジクネズミなどの場合を除き、一般にタウリンが抱合したタウロコール酸の方が普通である。種々の動物のもつ胆汁酸の種類は、それぞれの動物進化の歴史に関係があるとされている。牛の胆汁にはコール酸（3α,7α,12α-トリヒドロキシ体）、デオキシコール酸（3α,12α-ジヒドロキシ体）、ケノデソキシコール酸（3α,7α-ジヒドロキシ体）などが含まれる（『聖書のかがく散歩』聖公会出版）。

ウシや水牛の胆嚢、胆管または胆管中の結石は「牛黄（ごおう）」と呼ばれ、漢方薬では貴重な物質である。完全なものは卵形、方円形あるいは三角形で、直径 0.5～3.0 cm。表面の色は黄金色または黄褐色、濃淡はまちまちで、きめは細かく、やや光沢がある。外側に黒く光る薄い膜があることもある。ウシの胆石が人の病気を治す物質として用いられたのは当然、ウシの家畜化以後のことだろう。牛黄についての記録は秦から漢の時代の間に書かれた最古の薬物書『神農本草経』が最初である。日本では『続日本紀』に文武天皇2年（698年）正月に、牛黄が土佐の国や下総の国から献上されたという記録がある。

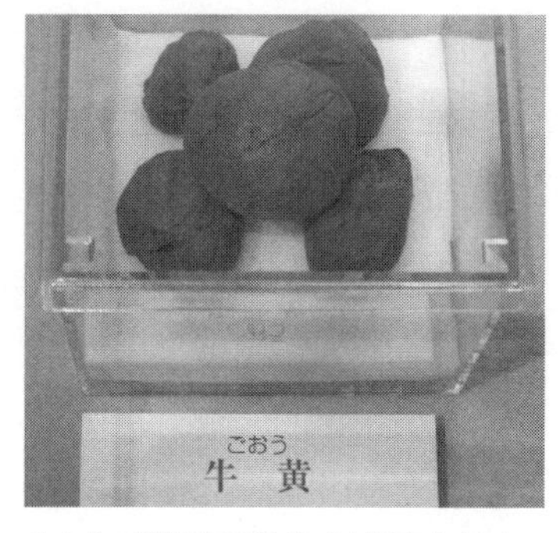

くすりの道修町資料館（大阪市中央区道修町）

この牛黄は霊効があるというので、牛玉宝印の朱肉にまぜて捺印された。この牛玉宝印は寺院や神社から発行される護摩の一種で、東大寺から発行された最古の1266年のものには「二月堂牛玉宝印・南無頂上仏面除疫病・南無最上仏面願満足」と記され、二月堂本尊の十一面観音の宝印が押されている。

牛黄の成分は水分3.28〜6.92％、コール酸5.57〜10.66％、デオキシコール酸1.96〜2.29％、コレステロール0.56〜1.66％および胆汁色素、エルゴステロール、ビタミンD、ナトリウム、カルシウム、マグネシウム、亜鉛、鉄、銅、リンなどを含む。他にカロチノイド、アラニン、グリシン、タウリン、アスパラギン酸、アルギニン、ロイシン、メチオニンなどを含んでいる。

『第十五改正日本薬局方解説書』によると、薬理作用として、血圧降下作用、解熱作用、低酸素性脳障害保護作用、鎮痛作用、鎮静作用、強心作用、利胆作用、鎮痙作用、抗炎症作用、抗血管内凝固作用などが記載されている。動悸による不安感の鎮静、暑気当たりに対する苦味清涼、のどの痛みの緩解に粉末にしたものを頓服とする。

ラクダ

Camel

お飲みください。らくだにも飲ませてあげましょうと答えれば、彼女こそ、あなたが僕イサクのために定められた者としてください。
（創世記 24：14）

アブラハムの家の僕（しもべ）がイサクの花嫁としてリベカを見つける有名な場面にラクダが登場する。

> 私が一人の娘に、「水がめを傾けて、水を飲ませてください」と願い、彼女が、「お飲みください。らくだにも飲ませてあげましょう」と答えれば、彼女こそ、あなたが僕イサクのために定められた者としてください。そうすれば私は、あなたが主人に慈しみを示されたと分かるでしょう。

創世記 24 章には「らくだ」という語が 17 回も出てくる。ラクダは反芻はするが、蹄が分れていないので、レビ記 11 章の規定では汚れたものに分類されるが、これはらくだが忌み嫌われていたということではなく、祭儀の規定上、犠牲とはされず、また食べてはならないものという意味である。

「金持ちが神の国に入るよりも、らくだが針の穴を通るほうがまだ易しい」（マタイによる福音書 19 章 24 節、マルコによる福音書 10 章 25 節）というイエスの喩えは大袈裟なことを言って、相手に印象づけるユダヤのレトリックとされる。金持ちに神の国には入れないと絶望させてしまうのでは意味がない。

らくだはもちろん大事な財産でもあった。「その夜、ヤコブはそこに野宿して、自分の持ち物の中から兄エサウへの贈り物を選んだ。それは、雌山羊二百匹、雄山羊二十匹、雌羊二百匹、雄羊二十匹、乳らくだ三十頭とその子ども……」（創世記32章14–16節）。「奪った家畜は、らくだ五万頭、羊二十五万匹、ろば二千頭、人は十万人に及び……」（歴代誌上5章21節）、「羊七千匹、らくだ三千頭、牛五百くびき、雌ろば五百頭の財産があり、使用人も非常に多かった。彼は東一番の富豪であった」（ヨブ記1章3節）。

らくだの特徴

らくだはラクダ科ラクダ属（*Camelus*）の総称である。西アジア原産の背中にこぶが1つのヒトコブラクダ（*Camelus dromedarius*）と、中央アジア原産のこぶが2つあるフタコブラクダ（*Camelus ferus*）の2種類がいる。

ラクダの背中のこぶには脂肪が入っており、エネルギーを蓄えるだけでなく、断熱材としても働いている。ラクダは汗をほとんどかかないので、日射によって体温が上昇するのも防いでいる。砂漠で生活するラクダは、昼間には萎れて1%しか水を含まない草を夜間に水分が42%まで増えるのを待って食べる。わずかな草だけで、5日から10日近く水なしで生きられる。背中のこぶには1つあたり約30 kgの脂肪が詰まっている。この脂肪は40 kg以上の水に変えることができる。砂漠の夜、急激に気温が下ったときには、昼間に貯め込んだ熱を効率よく放出する。また、尿細管が長く、血液の10倍も濃い尿を放出し、水を節約してもいる。砂が入り込まないように鼻の穴も閉じることができ、呼気からの水分の蒸発も防いでいる。

ラクダは80 Lから140 Lもの水を一気に摂取することができる。この水はどこに蓄えられるのかについては、こぶ、あるいは特別な袋や胃に蓄えられているとかつては考えられていたが、いずれも正しくはなく、血液中に吸収して血液として循環させている。水の摂取しにくい環境で、通常34～38℃の体温を40℃ぐらいに上げ、極力水分の排泄を防ぐ。

コーランのラクダの恩恵

コーランの88章17–20節に次のような文言がある。

ヒトコブラクダ（盛岡動物園）

かれらは駱駝に就いて、如何に創られたかを考えてみないのか。
また天に就いて、如何に高く掲げられたか、
また山々に就いて、如何に据え付けられているか、
また大地に就いて、如何に広げられているかを。
（日本ムスリム協会『日亜対訳・注解　聖クルアーン』より）

「らくだ」「天」「山々」「大地」のキーワードは砂漠の自然を表している。順序は「天」「大地」「山々」「らくだ」だが、「らくだ」が最初にきていることについて、鈴木紘司氏は次のように解説している。

砂漠に生きる人間がもっとも恩恵を受け、日常生活で何よりも必要とするのはらくだである。物資が少ない砂漠での衣食住は、すべてがらくだで賄われる。のどが渇いたときは乳を、飢えにはかけがえのない食糧源となる。らくだの毛皮から身にまとう衣類ができるし、また住居となる天幕の素材となり暴風や砂塵から守る。広大な砂原を移動するときは荷物を運ぶ役目を担い、日陰のない砂海の中でらくだがつくる陰が癒しの場となる。その排泄物ですら乾燥して燃料に使えるから、砂漠の生活に不可欠ならくだが最初にうたわれ

たという。人々の関心は常にらくだの飼育にあり、草と水の確保にいつも心をくだかねばならない。それらは大空（天）から降る雨に依拠するので、大空（天）が次の順位にきて、慈雨を祈願することになる。また草と水を探し求めるとき、はるか遠くにある山々のふもと近くに湧き出る泉や緑草が期待できることで、その次に山がきたという。そして最後に人々は、眼前に広がる大地を踏みしめて移動していく。

阿刀田高氏の『コーランを知っていますか』にも次のように述べられている。

造物主のすばらしさを語っている。空も山も大地も、あの雄大な存在は皆神の御業なのだ。雄大な大自然と一緒に（まず初めに）らくだが置かれているのはスケールが小さくて唐突な感じがするけれど、砂漠の民にとって、らくだは本当にすばらしい動物なのだ。成長したらくだは 100 リットルの水を飲んだあとは 1 滴の水の補給がなくても 10 日を超える長旅に充分に耐えられる。5 人分の荷物を背負って、1 日に 50 キロメートルくらい平気で歩く。ほかの家畜と比べて、桁外れの持久力。砂漠の奇跡と考えてふさわしい。らくだを例に出されたら遊牧民は——まいった、まいった、まったく神様の御恵みだぜ——と納得したくなる。雄大な空、山、大地に勝るとも劣らない。らくだのような卑近な存在も、めくるめく雄大な世界もみんな神のつくりたもうもの、とコーランは告げている。

砂漠でのラクダの存在感

ラクダなしで地中海沿岸と西アフリカ間の交易は困難であった。ヒトコブラクダのキャラバン隊は、隊ひとつ 1000 頭のラクダからなるが、大きい隊では 1 万頭にもおよぶ隊もあったようである。このキャラバンには砂漠に詳しく、隊の通行の安全のためにベルベル人が高い報酬でガイドを務めた。すべての旅程に必要な水を運んで行くことはできないため、オアシスを探して水を確保せねばならなかった。ラクダが家畜化される前はサハラ砂漠の縦断は困難であった。ベルベル人がラクダを家畜化したのは3世紀で、これによってサハラ砂漠は定期的に縦断することができるようになった。

子どもの頃、加藤まさを作詞、佐々木すぐる作曲の「月の沙漠」を歌ったことを思い出す。

月の沙漠をはるばると
旅のらくだがゆきました
金と銀との鞍置いて
二つならんでゆきました
金の鞍には銀の甕(かめ)
銀の鞍には金の甕

この歌詞は独特の雰囲気をもち、異国情緒をかきたてられる。作詞した加藤まさをが学生時代、結核を患って保養のために訪れた千葉県の御宿海岸の風景から連想したといわれている。御宿海岸の近くには「月の沙漠記念館」が建てられている。

ラクダでの旅については、古代のキャラバンに倣い、古代シルクロードのメインルートを84人の隊員と120頭のラクダとともに辿った大旅行や、ラクダ22頭、荷物の総重量2tで各750kgを徒歩で踏破した西燉(あつし)氏による1996年の調査が知られる。ラクダ1頭を連れて7400km、徒歩で487日間「サハラ横断砂の巡礼」を実行した前島幹雄氏の記録もある。

モンゴルの昔話

モンゴルの昔話に「らくだが角なしになったわけ」というのがある。

むかし、らくだには12本に枝分かれしたりっぱな角があり、りっぱなしっぽもあったそうです。そのころ、シカには角がなく頭はツルツルで、馬にはしっぽがなく、くるんとしたほんの短い毛があるだけでした。それでらくだは、堂々としたりっぱな角があることを得意がり、みんなにじまんしていました。

ある日、湖の岸にやってきたらくだは、水を飲むより、水に映った美しい自分の姿に見とれて、立ち止まっていました。

そこへ森からシカがやってきてうなだれて悲しそうな顔でらくだに言いました。「今晩、森の動物たちの集まりにお客さんとして招かれているのに、こんなツルツル頭で行かなければなりません。一度だけ少しの間だけ、らくださんの角をつけて歩いて見たい」と頼みました。らくだは、大変気の毒がって明日までの約束で、自分の角をシカに貸してやりました。

帰り道、シカは馬と出会い、らくだから角を借りたことを話しました。馬もらくだのところへ行き、しっぽを借りたいと頼みました。心のやさしいらくだは馬の頼みを聞いてしっぽを取り替えてやりました。

それからのち、長い年月が流れましたが、かわいそうならくだには、角もしっぽの両方とも返してもらうことができませんでした。シカの角が毎年１回外れて落ちるのは、もともとシカ自身に授かったものではなく、らくだからだまし取ったものだからだということです。

ブタ、イノシシ

Pig, Wild boar

イエスがお許しになったので、汚れた霊どもは出て、豚の中に入った。すると二千匹ほどの豚の群れが崖を下って、湖になだれ込み、湖の中で次々とおぼれ死んだ。
（マルコ５：13）

新約聖書には汚れた霊に取り憑かれたブタの群れが湖に雪崩れ込むという話がある。

> イエスが「行け」といわれると、悪霊どもは二人から出て、豚の中に入った。すると豚の群れはみな崖を下って湖になだれ込み、水の中で死んだ。（マタイによる福音書8章32節）

ここでいわれているブタは飼育されていたものと考えられる。飼っていたのがユダヤ人なのかゲラサ地方の異教徒なのかはわからないが、当然食用であっただろう。詩編には野生のイノシシ（猪）が登場する。

> なぜ、あなたはその石垣を破られたのですか。通りかかる人は皆、摘み取って行きます。森の猪がこれを荒らし　野の獣が食い荒らしています。（詩編80編13–14節）

「豚は体を洗って、また泥の中を転げ回る」（ペトロの手紙二2章22節）とあるように豚が汚れた環境に暮し、何か美しいものの対極にあると見られるのは聖書でも同じである。「猫に小判」と同じような意味の「豚に真珠」ということわざは「真珠を豚に投げてはならない。それを足で踏みにじり、向き直ってあなたがたにかみついてくるだろう」（マタイによる福音書7章6節）が元になっている。しかし、箴言11章22節に

「豚が鼻に金の輪を飾っている。美しい女に知性が欠けている」とあり、「豚に真珠」と似たような表現はそれ以前にすでにあったようである。

律法においてもイノシシ、ブタは食べることが禁じられている。しかし、「イノシシはひづめが分かれ、完全に割れているが、全く反すうしないから、汚れたものである」（レビ記11章7節、申命記14章8節）とあるように、祭儀的な浄不浄は蹄がわかれているか、反芻をするかが基準になっている。不潔であるから汚れているとは明言されていない。しかし、イザヤ書65章4節には反逆の民が「墓場に座り、隠れた所で夜を過ごし　豚の肉を食べ、汚れた肉の汁を器に入れながら」と表現されており、豚肉が忌み嫌われていたことは窺える（66章3、17節も参照）。豚肉を食べさせる拷問もあった（マカバイ記二6章18–19節）。

中東ではブタは不浄なものと見られてきた。王朝時代以前のエジプトでは多くのブタが消費され、北部ではセト神とも結びつけられていた。その後、ブタの消費量は着実に減少していき、祭司は豚肉を食べることを禁じられていたが、一般の人たちは時々食べていたとされる。新王朝時代（前1567–1085年）には、ブタを食べるのは恥辱だと考えられるようになった。ヘロドトスがエジプトを訪ねた頃にはブタは不浄なものとみなされ、敬遠されていた。ネコが崇拝されるようになり、ブタは忌避されるようになった。アラビア人、フェニキア人、エチオピア人などの民族も豚肉を食べることは許されていなかった。

ユダヤ教における豚肉食のタブーは、モーセがラムセス2世の王宮にいた頃に影響を受けたからという説がある。ユダヤ人の先祖が遊牧の民であったとすれば、定住を前提とする養豚は行えない。豚肉を食べることが禁じられたのは衛生上の理由とする説もある。暑い地方では豚肉を食べると、皮膚疾患に罹りやすくなると信じられていた。

イノシシ、ブタの歴史

イノシシは鯨偶蹄目イノシシ科で、英名 wild boar、学名 Sus scrofa である。この学名は Sus（イノシシ属）+ scrofa（雄ブタ）という成り立ちをしている。ちなみにイノシシの家畜種であるブタは学名 Sus scrofa domesticus で、イノシシに「家畜の」という意味の domesticus が付けられているだけである。

イノシシ属は約350万年前の東南アジアに端を発する。その後、海面がかなり低かったマレー半島のクラ地峡を渡って、インド、西アジアや東北アジアへ移動し、ヨーロッパにも入っていった。このように分布域を拡大する間に25亜種に分かれた。大まかに東方と西方の領域に生息するグループに分けられる。

ブタは家畜化された動物では最も知能が高いといわれているが、不浄、貪欲、大食いのイメージがついて回る。ブタを敬うべき生き物とみている文化もある。ギリシアの英雄オデュッセウスは召使のブタ飼いに敬意を払い、友人として付き合っていた。ミケーネ文明（前1600–1100年）ではブタは豊穣、月、女性と結びつけられ、デメテル／ペルセポネ、ローマ神話のケレスといった女神のシンボルともされていた。

ヨーロッパではキリスト教以外の宗教では敬意を払われていた。ケルトやチュートン（ゲルマン民族の一派）、スカンジナビアの民族はブタの像を多く残している。キリスト教化されたヨーロッパでは、ネコとともに異教崇拝と結びつけられ、また、集約的に飼育されるようになって、不浄な環境で生ごみを餌として与えられたことで、ブタへの視線は変わっていったのだろう。

中東以外のアジアの多くの地域では、ブタのイメージが特に高かった。ヒンドゥー教のヴィシュヌ神の第3の化身はイノシシの姿をしたヴァラーハである。ヴァラーハは大洪水が起こったとき、広大な海の底深くに牙を差し込んで大地をすくいあげて沈まないようにし、地に棲む生き物たちだけでなく、大地そのものを丸ごと救ったとされる。これはノアの箱舟と比べられる物語であろう。

熱帯の太平洋の島々ではブタの地位はとくに高い。ポリネシアでは、ほぼ全地域にわたって、ブタは神の食べ物とされ、神に捧げられる。ブタとイノシシの牙は豊穣と勇敢さなどを表す価値の高いものとされている。ニューギニアでは、所有するブタの数で富が判断される。

ブタの進化

ブタは哺乳類の偶蹄目に属している。「偶蹄」とは蹄（ひづめ）の生えた指が偶数本あるということである。偶蹄目にはウシ科（ウシ、ヒツジ、ヤギ、レイヨウなど）、ラクダ科（ラクダ、ラマなど）、シカ科（シカなど）、キリン科（キリンなど）などがある。ブタを含むイノシシ科は初期の偶蹄類の原始的な形質を多く保持している。たいていの偶蹄類は切歯や犬歯が著しく退化しているが、ブタは哺乳類の歯（切歯、犬歯、前臼歯、後臼歯）がすべて揃っている。歯の状態のこのような相違は偶蹄類の大多数が草食であることを反映している。反芻に関する胃の特殊化にもこれははっきり現れている。しかし、ブタは雑食性の度合いがかなり高く、果物、野菜、昆虫、菌類、さらに小型の哺乳類やヘビ、トカゲまでも食べる。歯や消化管が特殊化していないので、ブタは反芻をしない。つまり、消化管の特殊化が著しいウシやヒツジ、ヤギなど偶蹄類に比べて、ブタははるかに効率よく食物から栄養を吸収できるということである。この特徴こそがブタの家畜化で重要な役割を果たしている。

ブタの家畜化

ブタは西アジアと中国でそれぞれ家畜化されたと考えられているが、中国人は自分たちが最初と自負しているようだ。「家」という字は表意文字で屋根を表す「宀」の下にブタを表す「豕」を置いたものだからであろうか。『和漢三才図会』巻三七には「四足で毛のある動物を総称して獣（けもの）という。飼養する動物を畜（けだもの）という」とある。ゲノム解析に基づく分析によれば、中国では2か所でブタの家畜化が行われた可能性があるという。黄河流域における雑穀栽培民によるものと、揚子江流域におけるコメ栽培民によるもので、いずれも8000年前には家畜化がされていたようだ。日本では縄文時代だけでなく、弥生時代の遺跡でも出土する動物の骨の4割はイノシシである。

皮肉なことに、ブタを忌み嫌う西アジアでは、それよりも早い1万1000年前に家畜化が始まったとされる。西アジアで家畜化されたブタは農耕とともに北方へ、さらに西方に広がってヨーロッパに達した。ヨーロッパでは地元に生息していた野生のイノシシや、中央ヨーロッパで独自に家畜化されたブタとの交雑が起こり、遺伝子の痕跡は明確でない。イタリアのブタは現地のイノシシから派生したようで、南ヨーロッパの地域でも独自に家畜化が行われていたようである。

イノシシの語源

「イノシシ」を歴史的仮名遣いで書くと、「ヰノシシ」、「猪（ヰ）」のシシで、後半の「シシ」は食用獣全般を指す。狩りの主な対象はイノシシとシカの２種類であった。シカの方は「鹿（カ）」のシシと呼ばれた。

『古事記』には伯耆（ほうき）の国の手間山で、大国主命を殺そうとした八十（やそ）神がイノシシに似た大石を真っ赤に焼いて山上から転がし落とし、それを大国主命に抱きとめさせて焼き殺そうとしたという話がある。『和名類聚抄（わみょうるいじゅしょう）』には「家に畜（やしな）ふを猪とし、山野にあるを野猪あるいは山猪といふ」と記されている。

イノシシを山鯨（やまくじら）と呼ぶのは、肉質がクジラに似ているからだが、獣肉食をカモフラージュするため、魚の類と思われていたクジラの肉の類と思わせたのだろう。イノシシは「牡丹（ぼたん）」とも呼ばれるが、これは「牡丹に唐獅子」という言葉をもじった洒落言葉である。これもカモフラージュである。ちなみに、シカの肉は「紅葉（もみじ）」である。これも付き物で、花札の図柄で使われている組み合わせで知られる。

イノシシの子は体に褐色と白の縦縞がついているのをシマウリ（縞瓜）になぞらえて、ウリボウ（瓜坊）と呼ばれる。この模様は、山野の木立や草むらでは保護色となり、天敵が発見するのは難しい。

殺生禁断、肉食禁止

縄文人や弥生人は、「イノシシ喰い」であった。『日本書紀』巻十一、仁徳天皇 14 年条に「十四年の冬十一月（しもつき）に、猪甘津（いかひのつ）に橋為（はしわた）す。即ち其の処を號（なづ）けて、小橋（えばし）と曰ふ」とある。「猪甘津」はイノシシがたくさん飼われていたことを表す。天皇も庶民も豚肉を存分に食べていたようだ。

仏教思想では肉食はタブーであった。しかし、仏教の戒律「八斎戒（はっさいかい）」では肉食は禁じられていない。5 世紀の北魏時代の禁令は「牛馬を殺すべからず」であって、ブタなどの獣畜肉を禁じたものではなかった。

朝鮮半島には狛族という遊牧民が住んでいたので当然、肉食であった。仏教は 372 年に高句麗に、382 年には百済にも伝わり、582 年には公認された。肉食はある程度の制限はされたが、厳禁とはされなかった。圓光法師が示した世俗五戒は「殺生有択」（殺生をみだりにおこなってはならず。選択すべきである）と教えている。高麗時代に禁止された牛肉食も中国・元の属国になってから復活している。

『日本書紀』の天武天皇4年4月17日条（675年）には、ウシ、ウマ、イヌ、サル、鳥の肉を食べた者を罰するという詔（みことのり）が出されたとされる。しかし、「農繁期に肉食にうつつを抜かすな」という意図の詔だったようで、仏教の殺生戒をうまく利用していた。

『日本霊異記』には、殺生禁断、肉食禁止をテーマにした仏教説話が10話以上あり、『今昔物語』には40話ほどある。平安末期に台頭した武士たちは狩猟や武芸に励んだ。殺生禁断、肉食禁止はかなり浸透していたようで、一般民衆には肉食禁止を守らせ、武士たちは仕留めた獣に舌鼓を打った。

『太閤記』には土佐国に漂着したイスパニア船が出港する際、秀吉が白米、ニワトリと並んで、ブタ200匹を餞別としたと記されている。「豚」の字に「ぶた」という振り仮名をふっているので、この時代には「ブタ」という呼び名が使われていたようである。江戸初期、徳川家康にも謁見したイギリス東インド会社のセーリスの『セーリス日本渡航記』にも当時ブタが多く飼われていたことが記されている。『農業全書』（1697年）には「家猪は、近年、長崎近き所にては、飼い置きて、唐人にうると見えたり」とあり、尾張藩の国学者、天野信景（さだかげ）の『塩尻』は「肥前長崎の港には鶏豚を殺すを以て業をなすものあり、凡鶏鴨の類をば釜に湯を沸かし、生きながら打込みて殺し」と書いている。

ももんじ屋

寛永年間の『料理物語』（1643年）には、羚（かもしか）肉・羊肉・牛肉・獺（かわうそ）肉・鼠肉を上食、鹿肉・狗肉・兎肉を中食、猪肉・狸肉・狼肉・猫肉・熊肉などを下食とした上で、「鹿は汁・かひやき・いりやき、ほしてよし。狸はでんがく、猪は汁・でんがく・くわし、兎は汁・いりやき、川うそは、かひやき・すひ物、熊はすひ物・でんがく、いぬはすひもの・かひやき」などと多彩な食材と料理法を丁寧に紹介している。ネズミやカワ

ももんじやの入口（左）と由来（右）

ウソの評価が高く、シカやイノシシの評価が低い。

文政年間の『嬉遊笑覧（きゆうしょうらん）』(1830年）巻之上・十によれば、江戸・四谷に獣市があり、やがて獣肉を食べさせる店ができた。これを「ももんじ屋」といい、「けもの店」「けだもの屋」ともいった。「ももんじ」とは「百獣（ももんじゅう）」に由来し、イノシシ、シカ、サルなど獣肉の総称である。人気メニューはイノシシ、「山鯨」であった。今でも東京両国橋のたもとに、ももんじ屋が一軒ある。昔、新宿のガードを出た先、都電の角筈の停留所近くに栃木屋というマタギ料理を食べさせる店があった。店内にはイノシシやシカ、クマが所狭しと吊り下げられていた。大学に在職中は年末に研究室の忘年会を自宅で開いていた。出世魚の寒ブリを刺身にし、カナダ産のイノシシを味噌仕立ての鍋にして食べた。国産のイノシシ肉はなかなか見つからず、麻布の日進という肉屋でカナダ産を見つけたのがきっかけである。カナダ産の馬刺しも好評だった。

臥猪（ふすゐ）の風情

臥猪あるいは伏猪という言葉は「寝ているイノシシ」という意味である。イノシシは夜に寝る場所（棲み処）を変えぬと考えられてきた。『万葉集』巻十四（三四二八）「陸奥の国の歌」に「安達太良の嶺（ね）に伏す鹿猪（しし）のありつつも我は至らむ寝処（ねど）な去りそね」というのがある。「今夜も訪ねていくから、イノシシのように、いつものところにいてください」という歌である。

鎌倉時代の和歌集『夫木和歌抄（ふぼくわかしょう）』(1310年）には、「おち積る　木葉も

いくへ　うづむらん　伏猪の刈藻　かきもはらはで」（藤原定家）、「さえわびて　伏す猪の夢や　覚めぬらん　刈藻の床に　霰降るなり」（藤原忠良）という和歌が収められている。「臥猪」は風雅な趣がある。吉田兼好『徒然草』第十四段には「和歌こそなほをかしきものなれ。あやしのしづ山がつのしわざも、いひ出づればおもしろく、恐ろしき猪のししも、ふす猪の床といへばやさしくなりぬ」とあり、荒々しいイノシシと和歌の中の臥猪のコントラストが指摘されている。芭蕉にも「猪の床にも入るや　きりぎりす」という句があり、繊細可憐なきりぎりす（コオロギの古名）と対比させている。「猪は　起きると歌に読まぬなり」という川柳もある。

イノシシの習性

『和漢三才図会』巻三八には「野猪は怒れば背の毛が起（た）って針のようになる」と、怒り狂ったイノシシのことが書かれている。アリストテレス『動物誌』にも「イノシシに襲いかかろうとしたライオンが、イノシシが毛を逆立てるのを見て逃げた」とある。毛を逆立てただけで百獣の王を退散させるのだから、大したものだ。

イノシシには「ヌタうち」という習性がある。「ヌタ」とは「沼田」で、山野の窪地で水の湧き出たような場所、「ヌタ場」のことで、そこでイノシシが泥浴びをするのを「ヌタを打つ」という。「のたうちまわる」はここから転じたものである。ヌタは「ニタ」とも言い、仁田とか仁井田という地名の語源はこの「ニタ」のようである。

ヌタうちが済むと、イノシシは松の木などの太い樹木の根元に行き、その幹にからだをゴシゴシと擦りつけて、体表の泥を落とす。次に鋭い牙で木の幹を切り裂き、切口から出る松脂を体表に塗りつける。

イノシシと薬

江戸時代の人は「薬喰い」と称してイノシシを食べていた。イノシシの肉に含まれるアンセリンという物質は疲労回復に効果がある。生活習慣病の予防に効果があるタウリンなどの含有量は豚肉や牛肉を上回るにもかかわらず、脂肪が少ない。『和漢三才図会』にはイノシシの肉に

京都護王神社の狛イノシシ

ついて、「癲癇(てんかん)を治し、肌膚(きふ)を補い、五臓を益する」と記され、『大和本草』にも痔の出血を止め、できものを治すとされる。イノシシの胆嚢、猪胆には肉をはるかに上回る効能があり、胃の痙攣、下痢、赤痢、二日酔など万病に効くとされる。直径約3cmの小さな猪胆がイノシシ1頭分の肉よりも高価であるという。まさに霊薬である。

イノシシと宗教

イノシシは仏教では摩利支天の使いとされる。梵天ないし正天の子である摩利支天は「陽炎」や「威光」が神格化された存在で、古代インドで信仰されたものが仏教にもとりいれられた。陽炎は目に見えず、実体もないから、決して他の者に捕らえられたり、害されたり、傷つけられたりせず、神出鬼没である。戦闘に明け暮れていた武将たちの心にそうした特性が共鳴し、摩利支天は武門の守護神として篤く崇敬された。楠木正成、前田利家は兜の中に摩利支天の小さな像を忍ばせていた。江戸時代になると、蓄財・開運のご利益があると、町人や商工業者に広く信仰されるようになった。忠臣蔵の大石内蔵助も崇拝者であった。

摩利支天を祀る寺は全国に相当数あるが、中でも石川県金沢市の摩利支天山宝泉寺の摩利支天、東京下谷妙宣山徳大寺の摩利支天、京都東山の建仁寺の塔頭・禅居庵の敷地内に祀られた摩利支天は「三大摩利支天」といわれている。

愛宕大権現の使いもイノシシである。愛宕信仰は京都市右京区嵯峨愛宕町にある愛宕神社が中心である。この神社が御所の北西、戌亥の方角にあるのは皇城守護のためであるという。この方向から疫病をもたらす春の季節風が都へ吹き込むとされる。また、この方向の延長線上に、黄泉の国に通じるとされる出雲の国が位置する。愛宕神社の祭神・愛宕大権現の本地仏、勝運地蔵は「軍が勝つ」という名にあやかりたい武将たちによって、武運長久の守護神として崇められてきた。細川勝元、明智光秀、豊臣秀吉、徳川家康が愛宕信仰を支えた。

イノシシに乗る摩利支天
（ギメ東洋美術館蔵、パリ）

毎年、7月31日から8月1日にかけて夜を徹して行われる「千日詣」は、この日に参拝すれば、千日参拝した功徳を得られるという。「お伊勢七度（ななたび）、熊野にゃ三度（みたび）、愛宕さんへは月参り」と謳われ、上方落語の人気演目「愛宕山」の題材にもなっている。

イヌ

Dog

聖なるものを犬に与えてはならない。また、豚の前に真珠を投げてはならない。豚はそれを足で踏みつけ、犬は向き直って、あなたがたを引き裂くであろう。

（マタイ 7：6）

聖書の中でイヌの評判はよくない。むしろ嫌われ者である。旧約聖書には 34 回、新約聖書には 9 回出てくるが、ほぼすべてが「野良犬」か「山犬」だ。「羊の番犬」としては 1 回出てくる。

「イズレエルの所有地で、犬どもがイゼベルの肉を食らう。イゼベルの遺体は、イズレエルの所有地で畑の肥やしのようになり、誰も、これがイゼベルだとは言えなくなるだろう」（列王記下 9 章 36–37 節)、「野で裂き殺された肉を食べてはならない。それは、犬に投げ与えなければならない」（出エジプト記 22 章 30 節)、「彼らは夕べに戻って来て／犬のようにほえ、町を巡り歩きます。彼らは餌食を求めてさまよい／食べ飽きるまでは眠ろうとしません」（詩編 59 編 15–16 節)、「犬どもがナボトの血をなめたその場所で、今度は、あなたの血を犬どもがなめる」（列王記上 21 章 19 節）など、イヌには血腥（ちなまぐさ）いイメージがついて回る。

「この金持ちの門前に、ラザロと言うでき物だらけの貧しい人が横たわり、その食卓から落ちる物で腹を満たしたいと思っていた。犬もやって来ては、彼の出来物をなめていた」（ルカによる福音書 16 章 20–21 節）もよいイメージはなく、「聖なるものを犬に与えてはならない。また、豚の前に真珠を投げてはならない。豚はそれを足で踏みつけ、犬は向き直って、あなたがたを引き裂くであろう」（マタイによる福音書 7 章 6 節）では、「豚に真珠」という聖書に発する諺と相並んで、イヌがネガティブなイメージで語られ、「犬ども、魔術を行う者、淫らな行いをする者、人を殺す者、偶像を拝む者、すべて偽りを好み、また行う者は、都の外に置かれる」（ヨハネの黙示録22章15節）では、魔術、淫行、殺人、偶像崇拝、虚偽を行う者が「犬のような者」と並べられている。

日本語では「犬侍」「邑犬群吠（ゆうけんぐんべい）」「犬も食わない」「能なし犬の高吠え」「権力者の犬」など、蔑（さげす）みの比喩に使われることが多いイヌだが、聖書でも蔑みの比喩表現に使われていることがわかる。申命記23章18–19節では神殿男娼で稼いだ金を原語では「犬の稼ぎ」と呼んでいる。

牧羊犬としては「彼らの父親は、私が退け／群れの番犬と一緒に置いた者だ」（ヨブ記30章1節）があり、主人に対する忠誠心を表したものとしては「少年は同行する天使と連れ立って出発した。犬も出て来て彼らに付いて行った」（トビト記6章2節）、「犬も二人の後から付いて来た」（同11章4節）が挙げられる。

イヌの歴史

イヌはネコ目イヌ科イヌ属で、学名はCanis lupus familiarisである。イヌの祖先となった動物としてミアキス（Miacids/Miacis）、キノディクティス（Cynodictis）、キノディスムス（Cynodesmus）、トマークトゥス（Tomarctus）やタイリクオオカミ（Canis lupus）などが知られている。現在のイエイヌはタイリクオオカミから分岐した亜種のひとつとされ、オオカミから遺伝的に分岐したのは前1万4000年よりも前であることが古代犬化石の年代測定で確認されている。人との関わりの始まりは1万5000年前あたり、旧石器時代から縄文時代のこととされるが、オオカミからの分岐とだいたい一致しているようだ。

ポンペイ遺跡の壁に残された絵画には狩りをするイヌや、番犬として繋がれたイヌの姿が見られる。古代ローマの博物学者プリニウスはイヌを機能別に、番犬（Villatici）、牧羊犬（Pastorals pecuarii）、猟犬（Venatici）、軍用犬（PugnacesおよびFellicosi）、嗅覚ハウンド（Nares sagaces）、視覚犬（Pedifusceleres）の6つに分けた。最近までイヌは機能別に分類されているだけで、特定の犬種は存在しなかったと言われる。1800年にはイギリスの文筆家が15種の犬種を書き出したが、100年後には60種になり、今日では400種まで増えたとされる。

19世紀末に犬種協会が設立され、イギリスやアメリカのケネル・ク

遠吠えするヨーロッパオオカミ（多摩動物公園）

ラブは純粋種を保存することを目的に犬種登録書を設定した。いわゆる「血統書つきの犬」である。しかし、10万年におよぶ歴史の中で、イヌの交配はほとんど無作為なもので、そのため強い雑種ができたが、血統書つきのイヌが重視されて近親交配が行われれば、子孫は均質化し、先天性疾患の原因にもなる。異系交配の方が雑種強勢になる。

日本では4000年から2400年前の縄文後期の遺跡からイヌの骨が出土している。三貫地（さんがんじ）貝塚（福島県相馬郡新地町）では屈葬された人の頭部の位置に完全な体型の犬骨が出土した。千葉県船橋市の墓穴からもイヌ1頭が完全な形で出土、滋賀県長浜市福満寺の縄文後期の遺跡からは人とイヌの足跡7足分が発見されている。弥生時代のイヌの骨からは、首が頸椎から外れていたり、四肢が外されていたりして、肉や皮を取るためにイヌが解体されていたことがわかる。イヌは人間生活と融合し、猟犬、番犬、食料、また衣料用として、飼いやすい家畜となっていた。縄文期の土製のイヌの像には、耳や尾を立てて、大きく口を開けてイノシシに吠えかかる様子が表現されている（栃木県栃木市藤岡町の遺跡）。弥生後期には尻尾の巻いた土製のイヌの像が見つかっている（埼玉県志木市西原大塚遺跡）。

イヌと狩り

弥生時代の銅鐸にはイノシシやシカを狩るイヌが描かれている。イノシシ狩りをするイヌと勢子（せこ）の埴輪も古墳から見つかっている。『播磨国風土記』には手負いのイノシシと戦って死んだイヌを応神天皇が手厚く葬ったという話がある。『日本書紀』巻十六には、武烈天皇が狩場を造り、動物を増やして中小型のイヌとともに、馬上で狩りをして楽しむ様子が描かれている。巻二九では、新羅から天武天皇に金、銀、鉄製品や綿布とともに、ウマ、ラクダ、オウム、カササギ、イヌや狗（小型のイヌ）が贈られている。

蘇我馬子と物部守屋の戦いについて記した『日本書紀』巻二一には、物部氏に仕えていた捕鳥部の萬という者が捕虜となり、八つ裂きの刑にされ、鳥の餌にされそうになったが、萬の飼いイヌが主人の屍（かばね）から頭を食いちぎり、古塚に運び、そのそばを離れずに餓死したという話がある。天皇はこの稀有な出来事に感じて、萬とイヌをともに埋葬することを許した。敵対した敗者が埋葬されるのは特別なことであった。

『万葉集』には人とイヌが一体となって鳥狩する光景がみられる。

垣越しに犬呼びこして鳥狩する君　青山のしげき山辺に馬息め君

（『万葉集』巻七、一二八九番）

イヌは聴覚と嗅覚は鋭いが、視覚は50 m 程度である。タカは上空1000 m から野ネズミを見つけることができる。タカが獲物を見つけて獲ると、イヌが獲物を回収する。人・イヌ・タカで狩猟が行われた。

食用としてのイヌ

中国や韓国、東南アジア諸国では年間1600万匹のイヌが食用になっている。韓国ではイヌ料理は「ポシンタン料理」（犬肉の鍋料理。「補身湯」）の店で普通に食べられている。伝統的に強壮剤として隠れた人気がある。1988年のソウルオリンピック開催時から欧米諸国からの批判をかわすために禁止されているが、2006年には200万頭のイヌが食べられている。2008年4月にソウル市当局は正式にイヌを嫌悪食品とする禁止令を撤廃し、食用家畜にする分類を発表した。動物愛護団体はこれに反対の声を上げている。

中国では新石器時代の遺跡からイヌの骨が大量出土しており、食用にされていたと考えられる。「羊頭狗肉（ようとうくにく）」などの言葉からもうかがえるように、黄河や長江流域では犬肉を食べており、現在でも広東省、広西チワン族自治区、湖南省、雲南省、貴州省、江蘇省などには犬食文化が残っている。広西狗肉料理や煮込み料理が有名である。食用イヌとしてはチャウチャウが有名である。華北地方では、狩猟や遊牧民の北方民族の影響を受けたせいか、猟犬、また家畜の群れを守る番犬として、家族の一員と見なされ、犬肉を食べる風習はない。

2007年3月に中国の大学に卒業生を訪ねたとき、研究室の学生諸君と昼食をともにした。その際、スープも飲んだが、食後にこのスープが犬肉の煮込みであると教えられた。事前に知らされていたら飲まなかったかもしれないが、身体がポカポカと温まったようであった。

台湾では「香肉」と呼んでイヌの肉を食べる文化があるが、2001年1月13日にイヌやネコを食用目的で屠殺することを禁止する動物保護法が施行された。その後、販売も罰則対象となった。

ベトナムでも中国に近いところでは犬食文化がある。ティッカイ、イタチ肉と名を変えて取引され、幸運をもたらすとされ、ラオスやカンボジアから輸入されている。ラオスのイヌの肉にはタイからの密輸肉も含まれ、一部、飼いイヌが野犬狩りにあい、被害が出ているという。フィリピンでは1998年にイヌの肉を食べることは禁止されたが、今も食べられている。

欧州ではイギリスは犬食を忌避する傾向が強い。牧畜文化の伝統から有史以前からイヌをパートナーとしているためといわれている。スイスの山間部には犬肉を食べる風習がある。犬肉の流通は禁止されているが、消費は黙認されている。フランスではパリに犬肉店があり、忌避の対象ではないようである。イスラム教の地域、中東ではイヌは不浄な動物とされ、忌避されている。

日本では6世紀半ばに仏教が肉食を禁忌とし、奈良、平安時代の公家社会では禁止されていた。鎌倉時代中期には『拾芥抄（しょうがいしょう）』下巻、第二九巻に医書として五畜の味が記され、イヌは「酸い肉」と書かれている。江戸中期には味のよし悪しを書いた料理書『黒白精味集（こくびゃくせいみしゅう）』に赤イヌなどの動物の肉料理が書かれている。冷水で何回も晒し、完全に血を抜き、酒に浸し、30日以上保存し、さらに塩漬けにするとされている。江戸時代には「ももんじ屋」という獣肉店があり、シカ、キツネ、オオカミ、クマ、タヌキ、カワウソ、イタチ、ネコ、山犬などの肉を食すことを「薬喰い」と称した。『中薬大辞典』では、狗肉は「中を補い気を益す、腎を温め陽を助けるの効用がある。脾腎の元気虚弱、胸腹脹満、鼓脹、浮腫、腰膝軟弱に効用がある。五臓を和らげ、絶傷を補う。血脈を補う、腸胃を厚くする」と記されている。

犬の尿で腐食した電柱（奥が交換されたもの）

『料理物語』には犬料理として「吸い物」が取り上げられ、犬肉の味は獣肉の中では中ぐらいにランクされている。『和漢三才図会』には犬肉の味は黄犬、黒犬、白犬の順であるとされている。

ポルトガル人宣教師フロイスの『日本覚書』の中にも「我らはイヌを遠ざけ牛を食べる。日本人は牛を避け薬と称してきれいにイヌをたいらげる」とあるように、武家社会では食用にされていた。その後、1955年過ぎまで地域によってイヌの肉は食べられていた。子どもの頃、「赤イヌは特にうまい」と大人が言っているのを聞いたことがある。

イヌのマーキング

イヌは散歩中、あちこちに排尿する。飼い主はその都度、持参のペットボトルで水を掛けて歩く。筆者の散歩コースにはイヌが尿を掛けるためか、根元がかなり傷んでいる電柱がある。イヌの排尿で電柱が倒壊したというニュースもあった。

イヌは自分の情報を他のイヌに知らせるために電柱、掲示板の根元、木の切り株や草の塊、建物の角など目立つ場所に尿を少量掛けて歩く。酔っぱらった人が電柱に放尿するのは人目を避けた物陰でということだろうが、イヌが柱のような目立ったところに尿を掛けるのは、自分のメッセージをより効果的に発信できるからといわれている。片足を上げてより高い所に尿を掛けるのも他のイヌの鼻の辺りに臭いがつくようにするためだ。平らな地面にすると、踏みにじられてメッセージが消されてしまう。

ある研究者によると、オオカミも縄張りの標識として同じ場所に何度もマークしたがるという。オオカミの群れの縄張りは 120～250 km^2 におよぶが、イヌはせいぜい 1 km^2 である。

狛　犬

神社の狛犬は古代オリエントの神殿や宮殿を守るライオン（獅子）像が起源といわれている。メソポタミアやインドでは両脇にライオンを伴った女神像が多く出現しており、仏像の両脇に守護獣として置かれた獅子像も狛犬の先祖であるらしい。

「こまいぬ」の語源は魔除けのイヌ、「拒魔犬」からきているという説などがある。神社の獅子や狛犬は向かって右が「阿形」で口を開き、左は「吽形」で口を閉じている。「阿吽」は梵語（サンスクリット）に由来する。「阿」は梵語の字母の初韻、「吽」は終韻であり、インド哲学ではこの２つで一切万有の原理が示されるとされる。

狛犬を含め、神仏の守護獣は「神使い」と呼ばれ、イノシシ、竜、キツネ、オオカミなどがある。稲荷のキツネ、春日神のシカ、弁財天のヘビなどが有名だ。新宿区神楽坂の善国寺のトラ（寅）、岩手県常堅寺のカッパ像、京都府京丹後市の金比羅神社には狛犬ならぬ狛猫が置かれ、阿吽の位置が逆になっている。

仏教とイヌ

イヌは仏教の観点からいくつかの絵や話に登場している。平安時代の『聖徳太子絵伝』には、聖徳太子がシカに吠えるイヌの姿を見て、イヌの業を嘆いている絵とされるものがある。『今昔物語』（一九巻）には、前世で悪行を行ったために、イヌの身に変えられてしまったと嘆く老犬のことをある聖人が憐れに思い、馳走することを約束したという話がある。老犬は涙して喜んだ。翌日、聖人は大盛飯に、おかずも 3、4 品つ

目黒不動尊の狛犬。「承応三甲午三月二二日、亀岡久兵衛正俊」、江戸築城の際、石垣棟梁によって奉納されたとあり、江戸で最古とされる。男坂を昇り切ったところにある。

けて待っていた。老犬が現れて、食べ始めるのを見て、聖人は喜んだ。そこに若くて大きなイヌがやってくる。食べ物を間にして険悪な空気が生まれ争いになる。聖人は喧嘩(けんか)をせずに、仲良く食べないから、獣の身にされたのだと説教するが、食べ物はもはや泥にまみれ、おまけに騒ぎを聞きつけた他のイヌも集まってきて、取り合いになってしまった。一部始終を見ていた聖人は、せっかくの馳走がメチャメチャになってしまったが、「人をイヌと比べられてよかった」と、さらりと言って屋内に入っていった。この話をした法師は笑いながら語った。この聖人は老犬の前世を思いやって馳走したが、老犬にはその心など全く通じない。聖人と言われる知的な人は「こんなことをして、道を極めた行為などと言って続けているものだ」と。

イヌの伊勢参り

伊勢神宮には幾つかの禁忌がある。神官は肉食を禁じられていた。死の穢れゆえ、服喪中の者や僧尼、僧侶の参拝は許されなかった。松尾芭蕉も最初の伊勢神宮参拝の時（1684年）、姿が僧侶に似ていたため、神前に詣でることができなかった。イヌも穢れをもたらす厄介者とされていた。1241年に暴風で内宮の社殿、門、垣根などがことごとく破損されたが、文書には「犬鹿しきりに出入りの跡あり」と記されている。

江戸時代、庶民は「一度はお伊勢参りに行きたい」と望むようにな

原爆の戦火を潜り抜けた狛犬
（内村亨氏所蔵）

り、明和8（1771）年には400万人がお伊勢参りをしたという。この年の4月16日午の刻（昼頃）、上方からイヌが外宮に参宮するという騒ぎが起こる。このイヌは「広場に伏せ」の格好をしていたという。神官たちはイヌでさえ大神宮の神徳に授かりたいと思い、神前にひれ伏すのだと思い、このイヌの首にお祓いをくくりつけた。イヌは内宮でも拝礼をする形を取ったという。帰りの道すがら銭を与えた人がいて、首に巻きつけた銭はそのうち数百になった。イヌが重かろうと配慮して、銀の小玉に替え、首にくくりつけてあったという。

犬の葬儀

調布市深大寺のペット霊園にはペットの慰霊碑はもちろん、墓もある。ペットの法事は1000年も前から行われている。『大鏡』第六巻に、清範という僧がイヌの法事を頼まれたという話がある。同僚の僧にイヌの法事とは一体どんな具合かとたずねられた清範は「犬の頭は布で包まれているので、ちょい見では人と区別できないから、同じようにするのさ。施主には仏さまは極楽浄土蓮台の上で、小さくワンと吠えておられることでしょう、とさりげなくひとことつけ足しておくさ」と答え、聞いた人びとは皆、大いに笑ったという。

南方熊楠『犬に関する伝説と民俗』にもイヌと葬儀の話がある。裕福な僧がとてもイヌを可愛がっていて、イヌに人間同様の葬儀をした。すると、裕福でない上職の僧正から厳重注意をうけた。裕福な僧はイヌの遺言と言って、僧正に金百を贈ると、いっさいの咎めなく、人間同様の墓も建てられた。これと同じような話がイスラム教国にもある。

2011年度に自治体が引き取ったイヌとネコは22万匹余であった。その8割の17万5000匹が殺処分されている。ペット先進国ドイツでは、イヌやネコはペットショップから購入するのではなく、保護団体から譲り受けるのが一般的で、飼育希望者に飼育能力があるかどうか保護団体が事前に審査を行う。そのため、殺処分はほとんどないという。

目黒不動尊・男坂前の狛犬

散歩の途中、ご高齢の方が高齢のイヌの散歩をしている光景によく出会う。医療の進歩で高齢のイヌが増え、飼い主も高齢のため、散歩ができなくなったり、経済的に困窮している場合も多い。イヌも高齢のためか認知症になって夜泣きをしたり、部屋中にトイレをしたりして、飼い主は悩んだ末、引き取りの相談を「老犬ホーム」に持ち込むことになる。介護が有料と聞くと、多くはそこで話が終わるが、「イヌが死ぬまで30万円で預かってほしい」という依頼もあるという。

人間の場合と同様、有料のイヌの介護施設は増えている。環境省によると、2013年に20だった施設が2019年には177に増えた。多くは年40万から50万円の費用がかかる。看取りに1頭数100万円かかる場合もあるという。

2013年施行の改正動物愛護管理法では、最期まで世話をする「終生飼養」の責務が明記され、自治体は高齢や病気のイヌの引き取りを拒否することができるようになった。「高齢による引き取りをしない」と宣言する自治体もある。個人の癒しや「かわいい」「さみしい」といった感情だけで飼育すべきではない。

ネコ

Cat

（神々の像の）顔は神殿に漂う煙で黒ずんでいます。その体や頭の上を、こうもりやつばめ、小鳥が飛び交い、猫までやって来ます。
（エレミヤの手紙 20–21）

イヌと並んで身近なペットの代表的存在と言えるネコはリビアヤマネコ（Felis silvestris lybica）が家畜化されたものである。祖先は 13 万 1000 年前に中東の砂漠に生息していたことがわかっている。イエネコ飼育の最古の例はキプロス島の 9500 年前の遺跡で見つかっている。前 5000 ～ 4000 年にエジプトでリビアヤマネコが飼われるようになり、ヨーロッパヤマネコなどの血が混じったといわれている。ヨーロッパヤマネコ（Felis silvestris SCHREBER）やリビアヤマネコの子を飼育するのは困難であるとされている。しかし、飼いならしやすい個体に恵まれれば不可能ではないようで、その結果が現代のイエネコにつながった。農耕の開始に伴って、穀物が保管されるようになり、穀物を食べるネズミ類の番人としてネコの家畜化が行われた。穀物倉に集まったネズミを狙ってネコが集まってきたのが家畜化に繋がったという説もある。

エジプトのネコ

エジプト最古の記録では、ネコは前 2000 年頃にミウまたはミイと呼ばれていた。穀物を荒らすネズミを退治していたようだ。前 2000 ～ 前 1500 年頃の象牙製の「魔法の短剣」にはネコが描かれ、事故、病気、難産、悪夢、毒ヘビ、毒サソリなどの災厄から身を守るお守り的な装飾品であった。また、太陽神ラーは去勢していない雄ネコの姿で、ヘビの姿をした魔神アポーフィスと毎晩戦っていると信じられていた。当初はサーバルキャット（Leptailurus serval SCHREBER/Serval Cat）が描かれていたが、次第にリビアヤマネコに代わっていった。この頃からリビアヤマネコがペットとして、浸透していたものと思われる。

ナイル川デルタ地帯の南東部にシェションク1世（シシャク）が建設したブバスティスという都市の神バステトは雌のライオンをかたどった女性像であったが、次第にネコ像に代わった。寺院ではおびただしい数のネコが飼育され、世襲の世話係がネコの管理をしていた。火事が出たらまずネコを助け出したという。「ネコ殺し」の罪は偶発的な場合であっても、死刑にされた。犬公方、徳川綱吉時代の「お犬様」さながら、「お猫様」の天下であった。前525年のエジプトとペルシアの戦争では、ペルシア軍が戦列の最前列にネコを配置したため、エジプト軍は攻撃できずに大敗をしたといわれている。イスラム教でもマホメットがネコを愛していたため、ネコを飼って餓死させた場合、飼い主は神から見放されるといわれていた。

ゾロアスター教ではネコは邪悪なものとされ、忠実なイヌの方が大事にされている。言うことを聞かない動物は悪魔のつくったものに違いないと考えられてきたようである。かつてはゾロアスター教の中心であったペルシア（イラン）に、7世紀の初め、レイという町（現テヘラン郊外）の制圧を図った領主が飼いネコをすべて殺すよう命じたという話がある。たちまち家という家はネズミだらけとなり、住民たちは町を去るほかなくなってしまった。しかし、女王の働きかけによって町は救われる。女王は王宮にネコを持ち込み、王がそれを気に入ったところに、ネコを殺させるような領主は辞めさせるべきだと説得した。どことなく聖書のエステル記を連想させる話である。

ヨーロッパには「ネコの水曜日」という祭りがあり、高い塔からネコを落として殺す風習があった。祭りでネコを焼き殺す、悪い疫病がはやると黒ネコをいけにえにすることも1914年まで行われていた。現在でもベルギーのイープルという町の「ネコ祭り」ではネコの人形を塔から投げ落としている。

しかし、聖書にネコは1か所しか出てこない。旧約聖書続編だが、エレミヤの手紙20–21節に「その顔は神殿に漂う煙で黒ずんでいます。その体や頭の上を、こうもりやつばめ、小鳥が飛び交い、猫までやって来ます」とある。

イリオモテヤマネコ

1967年に発見されたイリオモテヤマネコ（Mayailurus iriomotensis IMAIZUMI）は「生きた化石」とも呼ばれ、世界でも珍しい最も原始的なヤマネコとされている。イリオモテヤマネコは形態学的に極めて原始的なネコ科の動物で、1000万年以上前の中新世に現れ、300万年以上前の鮮新世に滅んだメタイルルスによく似た特徴を備えており、大陸から切り離された西表島で生き残ってきたものと思われる。西表島に40～100頭生息しているといわれている。

イリオモテヤマネコが他のネコと違う点として、自分の糞に砂をかけないことが挙げられる。また、ネコ類の舌は表面にザラザラした突起が発達していて、体の毛づくろいや、骨から肉をそぎ取る際にも役立つものだが、イリオモテヤマネコはほとんど発達していない。

ツシマヤマネコ、スナドリネコ

ツシマヤマネコ（Felis euptilura ELLIOT/Small-Eared Cat）も対馬、済州島、朝鮮半島やモンゴルから中国北部に生息する。主食はアカネズミなどの小哺乳類であるが、コウライキジやキジバトなどの鳥類、ヘビやカエルなども食べる。対馬では1902年頃までかなりの数が生息していた。肉が美味しいとされたことから、ヤマネコを狩る猟師も現れ、その途端に激減した。間伐が行われずに森林が荒れ、田圃には大量の農薬が使われたため、餌となるネズミや昆虫が激減し、1960年代には300頭いたと推定されていたが、2002～04年度の調査では80～110頭に減った。道路の発達で事故での死亡も増えている。現在生息するのは100頭前後ではないかと言われ、天然記念物として保護されている。地元ではヤマネコが暮らせる環境作りに取り組み始めているという。

スナドリネコ（F. viverrinus BENNET）はセイロン島、インド、インドシナ、マレー半島、スマトラなどに生息し、沼の多い藪地、マングローブ林、沼沢地、川沿いの密林で、名が示す通り魚を前脚ですくうようにして捕らえて生活している。非常に気が荒く、仔牛やヒツジ、イヌを襲うだけでなく、人間の子どもをさらったという記録もある。

イリオモテヤマネコとの共生を求める看板（西表島）

日本への到来

ネコは紀元後間もない頃、中国に伝わり、唐代には一般に知られていた。女帝の武則天（則天武后）は、仏教の説く非暴力による統治を目指していた。ネコを鳥といっしょに育て、餌をひとつの皿からともに食べるようにしつけ、「私の手にかかれば、こんなものたちでも争わなくなる」というエピソードを詠み込んだ詩を残しているが、宮廷でそれを披露しようとしたときには、非暴力にしつけられたはずのネコが周囲の様子の違いに戸惑ったのか、友の鳥を食い殺してしまったという。

6世紀中頃、「唐猫」と呼ばれる中国産の高級ネコが仏教の伝来とともに日本へやってきた。なぜ「仏教とともに」なのか。経典の糊の部分を好物とするネズミが船に経典を積み込む際、乗り込んでしまうので、その対策にネコを同船させたといわれている。1602年、メイフラワー号に乗り込んだピューリタン102名も食糧をネズミから守るためにショートヘアのネコを2匹同船させている。これがアメリカン・ショートヘアの先祖で、ネズミ取りの名人であった。

『古事記』や『日本書紀』にはネコに関する記述はないが、最古の仏教説話集『日本霊異記』（823年頃）に故人がネコに化身して現世に現れたという話が書かれている。慶雲2（705）年、豊前国（ぶぜん）の膳臣広国（かしわでのおみひろくに）は死後3日目によみがえり、先に他界していた妻と父親に地獄で再会した話をみなに聞かせた。父親は正月にネコに姿を変えて息子の家に来て、供え物を腹一杯食べたという。ここでは「猫」ではなく、「狸」という字が使われているが、これは日本でネコに言及する最古の記述だ。「狸」の本字「貍」はタヌキでもあり、ネコあるいは野猫でもある。タヌキもネコも化けることで知られている。

寛平元（889）年の『宇多天皇御記』に太宰少弐の源精（みなもとのこころ）が光孝天皇に黒ネコを献上したとする記述が実在したネコの話では最古とされる。この黒ネコは歩く様子は雲上の黒龍のようで、ネズミを捕らえるのがうまいと記されている。絹糸の原料であるカイコの繭も守っていた。

平安時代中期の清少納言の『枕草子』や藤原実資の『小右記』によれば、一条天皇は宮中で生まれた子ネコを溺愛し、子ネコのために「産（うぶ）養（やしない）の儀（ぎ）」という誕生祝の宴を行ったり、子ネコに「命婦（みょうぶ）のおとど」という名までつけ、従五位の位を与えた。

ネコに関する諺

「猫は３年の恩を３日で忘れる」というが、ネコの恩返しの例もある。多くは古い屋敷に巣食っていた大ネズミや大蛇が屋敷の娘や内儀を襲うので、飼っていたネコが化けネズミや大蛇と戦い、自分の命を投げ出して飼い主を救ったという話だ。また、ある職人が怪我で働けなくなり、食うにも困る生活になり、飼いネコがどこからか小判を運んできて飼い主の日頃の恩に報いたという話もある。

江戸時代初期、当時は貧しかった豪徳寺の前を彦根藩主井伊直孝が狩りの帰りに偶然、通りかかると、寺の飼いネコ「タマ」が手招きをしていた。今にも雨が降りそうな空模様の中、手招きに誘われるままに寺に入ると、今までそばに立っていた松の木に落雷があり、直孝は一命をとりとめた。そこでタマに感謝して豪徳寺を井伊家の菩提寺にしたため、豪徳寺は栄えるようになったという。現在、豪徳寺には招福殿という招き猫を祀ったお堂やネコのお墓がある。

東武浅草駅から徒歩15分のところにある今戸神社の話。江戸時代末期に、近くに住む老婆が貧しさゆえに飼っていた愛猫を手放した。その愛猫が枕元に現れ、「自分の姿を人形にしたら福が授かる」と言ったので、このネコの姿の人形を今戸焼の焼き物にして売ったところたちまち

今戸神社の招き猫（左）と縁結びの奉納絵馬（右）

評判になったという。今戸神社は福を招くネコの神社ということになったが、今では若い女性の縁結びの神社として売り出している。神社の境内にはところ狭しと縁結びの絵馬が掛けられている。

招き猫には種類があり、「常滑系（とこなめ）」と言われる招き猫は三毛だが、伏見稲荷大社、住吉神社、今戸神社、豪徳寺の招き猫は白ネコである。和歌山電鉄貴志川線の貴志川駅の駅長として有名になり、和歌山市周辺に年間、10億円の経済効果をもたらしたという「たま駅長」は三毛猫だった。ネコとしては高齢の16歳（人間なら80歳）まで生き、2015年6月22日、天国へと旅立っていった。その功績を称え、駅のホームの隅に「たま神社」が建立された。

「ネコババ」

「ババ」は糞（ふん）のことで、ネコは糞をした際、足で砂をかけて隠すことから、悪事を隠して知らないふりをしたり、拾ったものを黙って自分のものにしたりすることを「猫糞（ねこばば）」というようになったという。江戸時代中期にネコ好きの老婆が拾ったものを隠匿したという事件から「猫婆（ねこばば）」というようになったという説もある。

ネコは1軒の家に棲みついているようでも7軒ほどに出入りして、そこを縄張りと狩り場にしている。糞を残しておくと、敵から襲撃される危険があり、糞の匂いを消す必要があるから、ネコは後ろ足で糞に砂をかけるが、縄張りを示すときも糞や尿を使っている。イリオモテヤマネコに糞に砂をかける習性がないのは縄張り意識の違いだろうか。

「ネコの目」

目まぐるしく変わることをネコの目に喩えることがある。江戸後期の『和訓栞（わくんのしおり）』にはネコの瞳のことを「六ツ丸く四八瓜さね五と七と玉子なりにて九ツは針」と書いている。現代の時刻に当てはめると、「丸」（「六ツ」午前6時）、「玉子」（「五ツ」午前8時）、「瓜さね」（「四ツ」午前10時）、「針」（「九ツ」午後0時）、「瓜さね」（「八ツ」午後2時）、「玉子」（「七ツ」午後4時）、「丸」（「六ツ」午後6時）にだいたい対応する。

「猫舌」「猫背」「猫っ毛」「猫の額」「猫にまたたび」「猫に鰹節」「猫をかぶる」「借りてきた猫」「泥棒猫」「猫かわいがり」「猫なで声」「猫の手も借りたい」などネコにまつわる慣用句は多い。「ネコが顔を洗うと雨になる」といわれるが、ネコには予知能力があるのだろうか。

ネコにマタタビ

なぜネコはマタタビを好むのか。岩手大の宮崎雅雄教授はマタタビの葉から「ネプタラクトール」という物質を取り出し、それを頭部に塗ったネコと塗っていないネコをケージに入れ、30匹の蚊を放つ実験を行った。すると、塗ったネコには体に止まる蚊が半減したという。大型のネコ科の動物、ヒョウやジャガーなどでもネプタラクトールを与えると同様の現象が見られたという。

筆者宅にもネコがいた（野良出身の雌のトラネコ。名前は寝子太（ねこた））。元来、筆者はどちらかというとイヌ派だが、削り節をせがまれて与えているうちに懐（なつ）かれてしまった。なぜか固形の餌と「削り節」しか食べず、生魚はもちろん、煮魚やネコ缶には見向きもしない。マタタビにも反応を示さず、もやしやニンジンなどでトリップする変わり者であった。

ネコブーム

全国犬猫飼育実態調査によると、イヌとネコの飼育数は2017年に初めてネコがイヌを逆転した。今や街の本屋にはネコの本が溢れ、ネコに触れられるネコカフェまで出現している。テレビでもネコの番組が複数レギュラー化されている。ネコは清潔好きで、イヌのように散歩の必要がない。ネコ1匹にかかる生涯飼育費用はネコの方がかからないことも飼われる数がイヌを超えた理由かもしれない。

子猫時代のネコタ

ネコブームの中、各地にある「ネコ島」が観光地化している。大分県佐伯市の深島には約100匹のネコが暮らす。佐伯市の観光協会は『深島ねこ図鑑』を出版し、年間5000人が訪れるようになったという。

宮城県石巻市の田代島もメディアでネコ島として紹介され、観光客が増えている。島内には大漁守護神である「猫神様」が祀られた猫神社があり、ネコの天敵イヌの持ち込みは禁止されている。

愛媛県大洲市長浜町の青島は、50～80代の島の住民15人に対して、ネコ約100匹が棲むというネコのためのような島である。観光客が急増したが、指定の場所以外での餌やりは禁止されている。その他、香川県多度津町の佐柳島、滋賀県琵琶湖の沖島、香川県高松市の男木島、北九州市小倉区の藍島などがネコ島として知られている。

十二支にネコがいないのは？

十二支に動物の名があてはめられたのは1世紀の思想家、王充の『論衡』が最初とされる。ネコは仏教伝来とともに中国へやってきたとされているが、当時はまだ仏教もネコもあまり一般的ではなく、十二支にネコが入っていないのはそうした事情によるようだ。昔話では、神さまが「新年の挨拶に来た順に十二支に入れてやる」と言ったが、挨拶に行く日をネズミがネコに1日遅く伝えたために、ネコは間に合わなかったとされる。また、お釈迦さまが亡くなって皆が悲しんでいたときに、ネコはネズミを見つけて襲いかかったためという説もある。ベトナムや、チベット、タイではウサギの代わりにネコが十二支に入っている。

ジャコウネコ

ジャコウネコ（Viverridae gray, 1821）はアフリカ大陸、ユーラシア大陸、インドネシア、スリランカ、フィリピン、マダガスカルなどの森林や草原などに生息する。実は分類上、ネコとは関係はなく、ネコよりも短い足と長い鼻口部をもつ。夜行性の種も多く、単独またはペアで生活する。一部の種の会陰腺から分泌される液体、シベットは香水の補強剤として利用されている。木製または角製のヘラ状の道具で分泌腺をかきとるようにしてシベットは集められ、制汗剤、催淫剤、皮膚病の薬としても用いられる。

シベット（Civet）という名はアラビア語で会陰腺から分泌される液やその匂いを指す「ザバド」（Zabad）に由来している。この液体は主要香気成分として、シベトン（9-cis-シクロヘプタデセノン）を含む。他にブタン酸、スカトール、シクロヘプタデカノン、シクロノナデカノンおよび種々の飽和、不飽和の環状ケトンなどを含み、香水の保留剤または香気材料として用いられる。中国医学として痛みの緩和、心臓、神経の鎮静薬として用いられる。

2000年、関西学院大学のグループがオレイン酸からシベトンの人工合成に成功した。ジャコウネコ1匹から1年で採取できるのは300gほどで、1kg数十万円の「高嶺の花」であったものが低コストで合成できるようになった。質も天然のものに劣らないという。何より野生動物保護の点でも意義深い。

高級コーヒーのコピ・ルアックはジャコウネコにコーヒーの実を食べさせ、排泄物の中から未消化の実を取り出したものである。腸内の消化酵素の働きや腸内細菌の発酵によって独特の香味がつく。ほかにもハナグマの糞から回収したコーヒー豆で入れる「カフェ・ミーシャ」や、ゾウの糞からとった豆で淹れるタイの「ブラック・アイボリー」というのがある。

ネズミ

Rat, Mouse

主の箱を車に載せ、金で造ったねずみとはれ物の模型を入れた箱を載せた。

(サムエル記上６：11)

ネズミは有史以前から人間が収穫した穀物を盗んで食べる害獣である。繁殖力が強いことは古くからよく知られていた。アリストテレスの『動物誌』では、農作物に害をなし、塩を舐めているだけで交尾をしなくても受胎すると考えられている。中世ヨーロッパでは、ネズミは不吉な象徴で、ペストなどの伝染病を運んで来るとして、嫌がられていた。

聖書では、レビ記11章29–31節に「地上を這う爬虫類は汚れている。もぐらねずみ、とびねずみ、とげ尾とかげの類、やもり、大とかげ、とかげ、くすりとかげ、カメレオン。以上は爬虫類の中で汚れたものであり、その死骸に触れる者はすべて夕方まで汚れる」とあり、イザヤ書66章17節では「豚や忌まわしい獣やねずみの肉を食らう者はことごとく絶たれる」とされる。また、サムエル記には「五つの金のはれ物と五つの金のねずみにしなさい。はれ物の模型と大地を荒らすねずみの模型を造って、イスラエルの神に栄光を帰すならば……」(サムエル記上6章4–5節)、「主の箱を車に載せ、金で造ったねずみとはれ物の模型を入れた箱を載せた」(同6章11節)など、模型のネズミが登場する。

＊　＊　＊

ネズミの名の由来は「根棲(ねずみ)」あるいは「根栖」であるという説がある。「根(ネ)」とは幽陰のところ、黄泉(よみ)の国のことである。その暗い黄泉に棲むものなので、根棲、ネズミとなったという。ネズミは穴に住んでいるので「穴住(あなずみ)」が転じたという説もある。

ネズミは分類上、イエネズミなどの齧歯(げっし)類と、モグラと同じ食虫類に含まれるハリネズミ、ジネズミ、トリネズミなどに分けられる。レビ記に出てくるモグラネズミは齧歯類だが、地中に穴を掘って暮らし、モグラ同様に目が退化している。エジプトからパレスチナ、小アジア、バルカン半島に分布し、草の根を食べ、時には農作物に被害を与えることがある。

聖書の時代には、現在嫌われているイエネズミはいなかったようである。イエネズミと呼ばれるのはクマネズミ（Rattus rattus）、ドブネズミ（R. norvegicus）、ハツカネズミ（Mus musculus）、ナンヨウネズミ（R. exulans）の 4 種を指している。

ネズミは何でもかじる習性があり、養鶏場のコンクリート製土台などもかじってその下に巣をつくる。ドブネズミのかじる力は 500 kg/cm^2 である。門歯は一生伸び続け、ドブネズミでは 1 週間に上顎が 2.1 mm、下顎門歯は 2.8 mm の速さで伸びる。門歯の硬さは硬度 5.5 で、硬度 3.5 以上のものをかじることができる。木材はもちろん、金属でもアルミ 2.75、銅 2.5、鉛 1.5 などは OK である。しかし、鉄 4.0 には歯が立たない。プラスチックも硬度 3.5 以下のものはかじって壊される。

人間の生活に寄食しているイエネズミは冬でも食べ物の心配がないが、ノネズミは冬期や乾季には野外に食べ物が少なくなるので、その前に食べ物を貯蔵するか体内に脂肪を蓄える必要がある。アカネズミやヒメネズミは種子や果実が豊富にある秋に沢山食べて体内に脂肪として蓄え、冬に備える。タイの水田に住むコキバラネズミは、雨季の終わりにやってくる稲の収穫期にたっぷり食べ、脂肪を体内に蓄える。体脂肪は元の倍ぐらいになるという。

ネズミの生息環境

クマネズミはローマ時代の遺跡や有史以前の遺跡から骨が見つかっており、すでに古い時代から生息していたと見られる。大別するとアジアに分布するアジア型と欧米やオーストラリアなどに分布するオセアニア型に分けられる。日本に生息するクマネズミはアジア型。ほぼ日本全域に生息し、多くは建物内に棲むが、伊豆諸島、小笠原諸島、南西諸島では畑の周辺や森の中にも生息している。弥生時代に造られた高倉にみられるネズミ返しは、クマネズミ対策であろうといわれている。

ドブネズミはバイカル湖周辺あるいは中国北部からシベリア辺りで発生したといわれている。日本では縄文時代の遺跡から見つかっている。欧米ではクマネズミよりも遅れて18世紀から19世紀にかけて侵入した。体はクマネズミよりも大きく、500 g を超すものもある。雑食性だが、魚介類や肉などのたんぱく質を好む。下水の周辺、河川、海岸、湖畔や湿地などに生息し、数キロメートル泳ぐこともある。1937年にドブネズミの大群がボルガ川を泳いで渡り、ヨーロッパへ侵入、20年後にはロンドンに現れたという。市街地では下水、台所の流し、ゴミ捨て場、地下街、食品倉庫などを好む。一般に土にトンネルを掘って巣を作るが、人家など建物内の物陰に営巣することもある。

日本では1960年代頃まではクマネズミが天井裏や梁、あるいは寝床の上を走り回っていたが、都市化が進むと、ドブネズミの割合が増えていった。農村ではクマネズミ、都市ではドブネズミが中心になった。

ハツカネズミは人間が最初に穀類の栽培をした中央アジアのステップ地域に発生した。日本のハツカネズミは東部ヨーロッパから中国に分布する亜種とアジア南部に分布する亜種との交雑種である。小笠原諸島の父島に生息している種には別の由来がある。実験用に改良し、繁殖させたものが「マウス」と呼ばれ、実験動物としての寄与は大きい。

江戸時代から白黒マダラのハツカネズミはペットとして飼われ、『珍(ちん)玩鼠育草(がんそだてぐさ)』というハツカネズミの飼育本も出版されていた。ヨーロッパでは「ジャパニーズ」と呼ばれ飼育されているが、DNA鑑定から日本から海を渡ったハツカネズミの子孫であることがわかった。それが日本へ逆輸入され、「パンダマウス」として人気だという。

クマネズミは都市から消えかかっていたが、1970年代になると、ビルの大型化、立体化で再び増え始めた。デパートのような雑居ビルにはクマネズミが残っていて、1950年代半ばでも大型デパートの地階から上層階まででクマネズミが捕れ、ドブネズミは地階のみで捕れていた。クマネズミとドブネズミは棲み分けをしていたことになる。

1960年代から1970年代にかけて、全国で地下街の建設が盛んに行われた。当時、大阪の真ん中で発熱や頭痛を伴い、腎不全を発症、ひどくなると皮下出血を起こすという症状を示す患者が120人以上出て、2人が死亡した。「梅田熱」と呼ばれていたが、ネズミを自然宿主とするハンタウイルスの感染であることがわかった。近年ではビルの解体や都市の再開発でネズミが都市周辺に分散した。

2018年10月6日に閉場された築地市場には数万匹のネズミがいたという。市場は魚の切れ端など餌に恵まれたネズミ天国であった。移転後、ネズミたちがどこへ移動するのか話題になった。近隣には場外市場が残り、有数の繁華街である銀座も近い。当初は数万匹規模の生息も予想されていたため、市場を管理する東京都は3500万円の予算を組み、A4サイズ大の粘着シート4万枚、ネズミ捕りかご600個、殺鼠剤300 kgが準備された。駆除開始当初、数か月の間に1500匹ほど捕獲されたが、その後は月に数100匹となっていった。

ネズミの農業被害

1972年まで米国の統治下に置かれていた沖縄県では、サトウキビ畑のネズミの被害がひどく、1957～58年に座間味島をはじめ多くの島にイタチを6800頭以上も放したという。八丈島の歴史を記した『八丈島誌』（1973年）によると、「1690年に八丈小島にネズミが渡り、作物を荒らして島民は困窮し、餓死者が出るようになった。幕府は、飢餓に対しての対策として、穀物を貯蔵する高倉を作って備えたが、飢餓を切り抜けることができなかった」。1950年の調査では八丈島でのネズミによる農業、漁業への被害は約1億円であった。三宅島でも1970年代に被害は年7000万円に上り、農業生産額の3分の1に達していた。当時、伊豆諸島ではネズミに寄生するダニによって引き起こされるツツガムシ病が流行り、「七島熱」と呼ばれていたが、1959～1961年にかけてイタチを放獣して対処した。天敵の放獣で短期にはネズミの数を減らせたが、天然記念物の希少動物などの減少も危惧され、自然保護の観点からも問題は残った。

ネズミのイメージ

ネズミは駆除の対象となる害獣ではあるが、十二支の最初、「子（ね）」はネズミのことなのだから、悪いことばかりというのも妙である。ネズミ

大阪大国主神社の狛ネズミ

は火事などの災難を予知するという。火事の前には家じゅうのネズミがいなくなる。ネズミが木登りをすると水害が起こる。ネズミのいる家は火難がない。船に乗るとき、ネズミが逃げ出すのを見たら、乗るのをやめよ。

「ネズミの婿の談合」「ネズミの嫁入り」「ネズミ婿取り」——ネズミが娘の婿を決める相談をするが、いろいろ悩んでも結果は代わり映えがしないということを喩えた言葉である。

「白ネズミは福のもの」——白ネズミが棲む家は必ず栄えるという。兵庫県赤穂地方では「ネズミが家にいると繁盛する」といわれる。また、「ネズミが天井を駆け回るときはよい」という屋久島の俗言などもあり、ネズミが福をもたらすという言い伝えは多い。

「ネズミは社によりて貴(たっと)し」——社殿に棲みついているネズミをいぶして退治しようとしても、社殿まで焼く恐れがあるので、火を焚くことはできない。それをよいことにネズミはますます横行する。悪い側近を除こうとすると、君主まで傷つけることにもなるので、除くことができないという喩えである。

ネズミの動きに合わせてでたらめなお経を読む「ねずみ経」や、暴れん坊のネズミが登場する「ねずみ退治」(鳥取県米子市総泉寺)、「ねずみ

大豊神社の狛ネズミ（左）と絵馬（右）

のすもう」「ねずみの嫁入り」「ねずみ浄土」など、ネズミにまつわる民話は多い。イソップ童話の「町のネズミといなかのネズミ」は２匹のネズミに幸せの形はそれぞれに違うと語らせる。ディズニーの「ミッキーマウス」や『ゲゲゲの鬼太郎』の「ネズミ男」も人気である。

『古事記』にはオホナムヂ（大国主命（おおくにぬしのみこと）の別名）が野に火を放たれて、困っているところをネズミに助けられたという話がある。

> さあ、オホナムヂが逃げ出るところを見つけられないで困っておると、ネズミが足元へ来て鳴いたのじゃ。それで、よくよく耳をこらしてみると、その鳴き声は「内はホラホラ、外はスブスブ」と、こう聞こえるのでの、足元の土を踏みつけてみたところが、虚（うろ）になっていたのじゃな、オホナムヂはどすんと下に落入っての、その中で身を縮めておるうちに、火は頭の上を焼け過ぎていったのじゃ。あぶないところじゃった。そこへ、さっきのネズミが鏑矢をくわえてきて、オホナムヂの前に進み出て奉ったのじゃ。その矢の羽根は、皆ネズミの子が喰いちぎってしもうてはおったがのう。

大国主命を祀る新羽杉山神社（横浜市港北区）、戸部杉山神社（横浜市西区）、大国主神社（大阪市浪速区）、大豊神社（京都市左京区）などの神社や寺に狛犬ならぬ「狛ネズミ」が置かれているのはこの話のためだという。栃木県矢板市の沢観音寺の七福神などで「大黒天とネズミ」が組み合わされるのは、大国主命が大黒様と習合したことによる。

平安時代、藤原道長は息子の嫁である小式部内侍（こしきぶのないし）を見て、「嫁の子の子鼠いかがなりぬらん　あなうつくしと　思ほゆるかな」と詠み、孫の愛おしさを子ネズミに例えている。ネズミが可愛らしい生き物として捉えられている。松尾芭蕉と門人の俳文集『風俗文選（もんぜん）』（1706年）にも当時の人がネズミの首に鈴をつけて可愛がっている様子が描かれている。

ゾウの頭をしたガーネシャというヒンドゥー教の神は退治した悪魔をネズミの姿に変えて、それを乗り物にしている。もとは悪魔だが、人気のガーネシャの乗り物ということで神聖視されることもある。巨大なピンクのガーネシャ像があるタイの寺院ワット・サマーン・ラッタナーラムでは、ガーネシャ像の周りに曜日に合わせてそれぞれに色が違うカラフルなネズミ像が7体配置され、自分の誕生日の曜日の色のネズミにお願いすると、ガーネシャに取り次いでもらえると信じられている。

インドのカルニ・マタ寺院では、そこに祀られている女神カルニ・マタが亡くなった子どもをすべてネズミの姿で蘇らせたという伝説からネズミを神聖視するようになった。寺院には2万匹のネズミが放し飼いにされ、所狭しと走り回っている。間違えてネズミを踏んだ人は、罪に問われ、金や銀で作ったネズミの彫像の奉納が義務づけられている。

ネズミと地雷

ネズミの嗅覚はイヌよりも鋭いということに目をつけたベルギーのバート・ウィートジェンスという人が1997年、アフリカオニネズミを使って地雷を除去するベンチャー企業APOPOをタンザニアで立ち上げた。このネズミはイヌでも探知できないTNT火薬の臭いを嗅ぎ分けられるが、体重が軽いので、地雷が反応しない。維持費用は安く、寿命も8年と長い。体長は25～45 cm、尻尾の長さも40 cm前後で、小さいので持ち運びが簡単である。地雷を見つけるたびに、ネズミはご褒美としてバナナをもらえる。200 m^2 の探索に人間なら4日かかるが、このネズミは20分でチェックできるという。厳しい訓練を受けたネズミは「ヒーローラッツ」と呼ばれ、すでに甲子園球場の100個分の土地

（130万m^2）で地雷除去を行った。世界最悪の地雷汚染国とされていたアフリカのモザンビークは、このネズミの活躍で2015年に地雷の完全撤去が宣言された。除去の最中に犠牲になったネズミはいないという。このネズミで人間の痰から結核菌を探す検査手段も開発が進んでいるという。

匂いのあるネズミ

シカやネコにムスコンという性誘因物質（いわゆるフェロモン）を出すものがいるが、ネズミにも腹部の臭腺から麝香に似た匂いを放つマスクラット（Ondatra zibethicus ネズミ科マスクラット属）がいる。英名muskratは直訳すると、ジャコウネズミと訳せるが、学名としてのジャコウネズミはトガリネズミの一種Suncus murinusである。トーベ・ヤンソンのムーミン・シリーズに登場するネズミがかつてジャコウネズミと訳されていたが、今はマスクラットに訳が変更されている。

マスクラットはアメリカ合衆国、カナダ、ヨーロッパ、ロシアに広く分布し、主に沼に生息し、河川には少ない。陸に上がることも少ないという。毛衣は褐色や黒褐色または黒で、柔らかく短い毛が密生する。

日本では戦前、東京江戸川区で毛皮用に養殖されていた。戦後に放逐され、江戸川周辺で野生化し、ハス畑や沼、湿地に生息していたが、都市化で数は減っている。千葉県市川市での観察例も知られているが、最近では埼玉県の中川水系と東京都葛飾区の水元公園辺りで確認されるのみ。また、ハス、マコモ、ヨシなどの水生植物に被害を及ぼし、堤防を決壊させる例も報告されており、特定外来生物に指定されている。

正真正銘のジャコウネズミは「アジアのイエトガリネズミ」という英名（Asian house shrew）が示すように東南アジアが原産である。アフリカ東部やミクロネシアに移入、日本でも長崎県、鹿児島県や南西諸島に分布し、腹側や体側に匂いを出すジャコウ腺がある。肉食性が強く、昆虫、節足動物、ミミズ等、雑食である。1回に3～6匹の子を産み、子育て中、子は親の尻尾に数珠繋ぎになり、隊列を組んで移動する。日本には沖縄に亜種、リュウキュウジャコウネズミ（S. m. temmincki）がいる。

2 地の獣

床モザイク「泉で水を飲むシカ」
（4-5 世紀、カルタゴ、大英博物館蔵）

シ　カ

Deer

涸れた谷に鹿が水を求めるように
神よ、わたしの魂はあなたを求める。
（詩編 42：2）

聖書の中のシカは比喩の中に現れることが多い。「涸れた谷に鹿が水を求めるように／神よ、わたしの魂はあなたを求める」（詩編 42 編 2 節）、「そのとき歩けなかった人が鹿のように躍り上がる」（イザヤ書 35 章 6 節）、「栄光はことごとくおとめシオンを去り／その君侯らは野の鹿となった」（哀歌 1 章 6 節）、「彼女は愛情深い雌鹿、優雅なかもしか」（箴言 5 章 19 節）、「その顔は獅子の顔のようで、山を駆ける鹿のように速く走った」（歴代誌上 12 章 9 節）などがそうである。また、「お前は岩場の山羊が子を産む時を知っているか。雌鹿の産みの苦しみを見守ることができるか」「雌鹿はうずくまって産み／子を送り出す」（ヨブ記 39 章 1、3 節）、「主の御声は雌鹿をもだえさせ／月満ちぬうちに子を産ませる」（詩編 29 編 9 節）などは実際のシカの姿を描いている。戒律の中にも現れるが、「食べてよい動物は次のとおりである。牛、羊、山羊、雄鹿、かもしか、子鹿、野山羊、羚羊、大かもしか、ガゼル」（申命記 14 章 4–5 節）は各種のシカを食べていたことを示しているだろう。

詩編 42 編 1 節を元にした讃美歌 322 番にシカがうたわれている。

神よ、おじかの谷川の
水をしたいてあえぐごと、
わがたましいは活ける神
したいまつりて
あえぐなり

詩編 42 編 1 節は葬送式や通夜の式でよく使われ、聖公会の文語祈祷書（1959年）では「神よ、しかの谷川を慕いあえぐがごとく／わが魂もなんじを慕いあえぐなり」で、讃美歌とほぼ同じである（口語体の現行祈祷書では「谷川の水をあえぎ求める鹿のように／神よ、わたしの魂はあなたを慕う」）。聖書では新改訳が「鹿が谷川の流れを慕いあえぐように、神よ。私のたましいはあなたを慕いあえぎます」、口語訳が「神よ、しかが谷川を慕いあえぐように、わが魂もあなたを慕いあえぐ」だが、新共同訳の「涸れた谷に鹿が水を求めるように」には疑問が残る。動物は一般に本能的に水のある場所を知っているはずなので、水のない涸れた谷に水を求めることはないように思えるからである（聖書協会共同訳では「鹿が涸れ谷で水をあえぎ求めるように」という訳になった）。

シカとは

シカは哺乳類鯨偶蹄目シカ科（Cervidae）に属する動物の総称で、約16属36種が世界の森林に生息している。ウシと同じように4つに分かれた胃をもち、反芻による消化を行う。雌には角はないが、雄は枝分かれした角を持つ。皮膚が盛り上がってできたものであるため、毎年生え代わる。大きさはチリやアルゼンチンに生息する体重6～8 kgのプードゥから800 kgにもなるヘラジカまで様々である。

日本には北海道に生息するエゾシカ（Cervus nippon yesoensis）、本州以南、南西諸島にまで生息するニホンジカ（Cervus Nippon）がいる。日本で単にシカというときにはニホンジカを指す。ニホンジカは16種の亜種が確認されている。エゾシカ、ホンシュウジカ、マゲシカ、ヤクシカ、ケラマジカ、ツシマジカの7つの地域亜種に分類され、北のものほど大きい。エゾシカ140 kgに対し、マゲシカとヤクシカは40 kg、ケラマジカは30 kgである。

食用としてのシカ

遺跡からシカの骨、骨の加工品である銛（もり）、釣針、弓弭（ゆはず）、刺針などが出土していることから、古くから肉も食用にされていたと考えられる。折口信夫は『万葉集』の「ほがいびと」（家々をめぐって祝言を述べ、物を与えられる業）の歌などから（巻十六、三八八五-三八八六番）、当時の人びとは五月の草木と同じようにシカの角の成長を見て、人間の力の衰えを補うためにシカの肉を体内に取り入れようとして「薬食い」として食べたと述べている。「むざんやな　幾世活んと　薬くひ」（素丸）という江戸中期の句がある。「薬食い」は冬の季語とされる。

諏訪大社の由来

日本では仏教伝来で肉食が禁じられるようになったが、諏訪大社上社にはそれ以前からシカ肉を大量に供える祭りが幾つかあった。上社御師の配布した御札「鹿食免（かじきめん）」と「鹿食箸（かじきばし）」の木版が現存している。木版は日本一社鹿食免諏訪宮神長官、鹿食之免諏訪大祝、日本一社鹿食箸諏訪神社の３本が残っている。このお札はシカの狩猟の免許証であり、持っていれば、シカを食べてよいということである。鹿食箸は獣肉を食べるときに使えば、仏罰あるいは獣肉にあたらないと信じられていた。山で生活する人にとってはありがたいお札や箸であった。「鹿食免」と「鹿食箸」は上社本宮で金千円也を納めると授けてもらえる。

神社の数は伏見稲荷大社を総本社とする稲荷神社が最も多く、その次が八幡神社で、諏訪大社は３番目である。諏訪大社では寅と申の年に行われる木落としの「御柱祭」が全国的に有名である。上社の神事で有名な「御頭祭」は毎年４月15日に行われ、その昔は血の滴る鹿頭を75個供えたとのこと（現在は、シカのハクセイの頭）。

シカに対する信仰

角を備えた雄姿から、シカは特別の獣と考えられ、神霊の乗りもの、神の使いとみなされ、保護の対象にもなった。鹿島神宮や春日大社およびその分社ではシカを神の使いとしており、その肉を食べることは中世以来、神道でも禁じられた。

建御名方神（たけみなかた）との力くらべに勝った建御雷神（たけみかずち）は未開の東国に入り、神武天皇東征の際には、天皇の危機を救い、その功績によって天皇の即位の年に鹿島の地に祀られる。鹿島神宮は徳川家康が関ヶ原の戦いの勝利に感謝して、本殿を奉納したが、秀忠による造営の際、奥宮として遷された。この神宮には要石がある。昔から地震を起こすナマズの頭を押さえているという霊石である。地面に現れているのは石のほんの一部で、実はその根底が地球の中心まで届いている巨大な石だといわれている。サッカーチームの「鹿島アントラーズ」の名は鹿島神宮の神鹿の枝角（antler）に由来している。

奈良の春日大社のシカは全国的に有名であるが、そのルーツは鹿島神宮にある。鹿苑にはニホンジカが飼育されていて、神宮周辺の森にはかつて多数のシカが棲息していたといわれている。春日大社の縁起では称徳天皇の頃、建御雷が鹿島神宮から現在の地に移られる時に白鹿の背に乗って来られたという。この状況が文暦元（1234）年の具注暦の紙背に書かれた『古社記』という春日大社の古由緒に以下のことが書かれている。

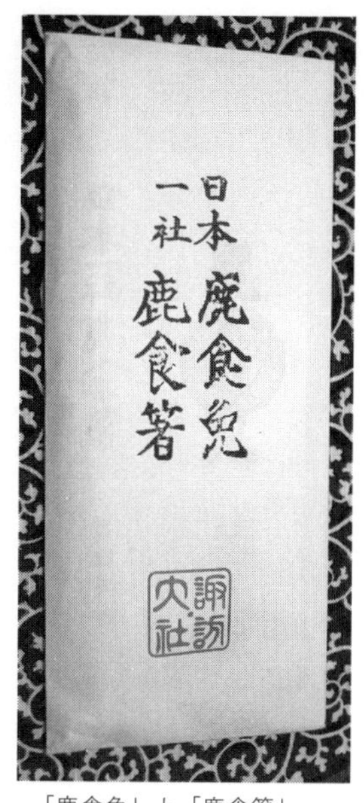

「鹿食免」と「鹿食箸」

> 常陸国より御住処、三笠山にうつりたもふの間、鹿を以て御馬と為し、柿木枝を以て鞭と為し御出あり、先ず神護景雲元〔767〕年未六月二一日伊賀国名張郡夏身郷に来着したまひ、一ノ瀬という河にて沐浴し、御坐しますの間、鞭を以て験と為し、件の河邉に立て給ふに、則ち樹と成りて生付き了んぬ。

これに関して奈良の鹿愛護会が監修する『奈良の鹿――「鹿の国」の初めての本』に以下のように解説されている。

> 鹿島より遠くタケミカズチの大神さまが三笠山の頂にお越しなされた「延喜式」にある「春日祭祝詞」を見ても、神々のご意志によって春日の三笠山へお遷りになったとされ、その際の乗り物が鹿であり、柿の木の鞭を使い、この鹿が白鹿であった。

白いシカは、神の意志を伝える動物と考えられていた。以来、奈良のシカは神の使いとして手厚く保護され、奈良の町では人間以上のもてなしを受ける時代が長く続いた。間違ってシカを殺めたときの処罰の厳しさは伝説や古文書に残されている。

シカによる被害

奈良公園のシカは終戦直後、わずか 79 頭にまで減ったが、2021 年の調査では雄 217 頭、雌 806 頭、子ジカ 82 頭で 1105 頭となった。戦後の減少は食糧難で密猟されたり、山奥へ逃げたりしたものと考えられる。年間 380 頭ぐらいが怪我や病気、交通事故で死ぬこともあるという。

2019 年末に中国で発生した新型コロナウイルス感染症（COVID-19）対策措置の外出自粛と外国人観光客激減で、半年ぐらいの間に奈良公園のシカは 3～4 割減少した（読売新聞 2020 年 7 月 28 日夕刊「よみうり寸評」）。観光客からの餌が減って、食べ物を求めて山麓や林へ移動したようである。変容していた生態がコロナ禍によって本来の姿に戻ったともいえるが、山里では樹木や苗木、さらに農業被害も出ているという（日本経済新聞 2020 年 10 月 21 日夕刊）。公園の面積が狭くなって、生活環境が悪くなり、シカも仕方なく（？）餌を求めて公園の外へ出ていく。その先には農地があり、シカは当然、そちらにも向かい、農作物の被害が出るようになったということである。

房総半島南部の勝浦市では、閉鎖された観光施設から台湾ジカの「キョン」（体高 50 cm の小型のシカ）が逃げて野生化している。天敵がおらず、気候も温暖なので、猛烈な勢いで増え、1 万 7000 頭生息しているという（日本経済新聞 2013 年 7 月 31 日夕刊）。南房総は花の特産地で被害も深刻だが、目撃例は年々北に広がっているという。

ニホンジカも全国的に増えており、環境省の生息数調査では 2011 年度の 261 万頭が 2015 年度には 331 万頭になっており、2025 年度には 500 万頭になるという。シカによる食害は 2012 年度で 82 億 1000 万円にも上る。捕獲率を 2.2 倍に増やせば、2025 年度には 171 万頭に減るというが、狩猟免許を持つハンターは高齢化で減少している（読売新聞 2013 年 8 月 8 日朝刊）。北海道の東部地域（網走・十勝・釧路・根室支庁管

奈良公園のシカ（左、著者撮影）とシカの糞を運ぶフンムシ（右、糞虫館提供）

内）では、エゾシカが生息数18万頭（2005年度）と推定され、農作物や植栽木への食害が出、1997年度の50億円を最大に2005年度には28億円の被害が出ている。年間に6～7万頭捕獲しているが、生息数は一向に減少しない。シカによる問題は世界的なもので、ドイツとオーストリアのアルプスでもマツやモミの幼樹の葉が食い尽くされ、深刻な問題が起きている（読売新聞2014年3月10日朝刊）。

シカの糞

奈良公園では1000頭以上もシカがおり、公園内に散らばった糞だけでも大変である。毎日1頭あたり700 gから1 kgの糞が出る。1050頭いるとすると、1日735 kgから1.05 t、1年間で300 tを超える。処理費用を考えただけでも頭の痛くなる問題である。

しかし、自然界はよくできたもので、シカの糞を餌にするコガネムシ（通称糞虫）がいる。自然界の掃除屋さんのお蔭で糞問題は解決されているのである。日本には獣糞、人糞を食べて生活しているコガネムシが160種知られており、奈良県には61種がいるが、奈良公園の春日山には46種が生息している。シカの糞は5 mmから20～30 mmで、コガネムシはシカが糞をするとすぐに糞に潜りこみ、黒豆くらいの大きさのものを1日で分解してしまう。そして、コガネムシの糞が芝生の肥料になる。

エジプトの王家の墓からは、スカラベ（糞虫）を模したたくさんの装飾品が出土している。金やトルコ石に刻まれた糞虫はタマオシコガネの仲間で、俗にいうフンコロガシ。古代エジプトの権力者はフンコロガシが転がすフンの球を太陽に見立てて、太陽を司る神をその姿に重ね合わせたのかもしれない。

奈良市南城戸町の「ならまち糞虫館」には奈良公園にいる糞虫をはじめ、世界の糞虫が陳列されている。2018年7月に私費で糞虫館を開設した中村圭一氏は子どもの頃から生き物好きで、中学時代には昆虫同好会を立ち上げ、当時の研究で日本学生科学賞（読売新聞社）の奈良県知事賞を受賞したこともあるという。

糞虫館のパンフレットによると、日本には160種の糞虫が生息する。奈良公園で46種、宮城県金華山で15種、広島県宮島で14種が確認されており、この3つは日本の「3大糞虫聖地」とされている。

奈良を代表する糞虫は美しい瑠璃色の輝くオオセンチコガネで、特に「ルリセンチコガネ」と呼ばれ、奈良でしか見ることができない。この糞虫がシカの糞を処理して、土に還している。これは清掃費の節約を含め、奈良市に年間100億円以上の経済効果をもたらしているという。糞から発生するハエも減り、まさに「糞虫さまさま」である。

京都府立桂高校の片山一平教諭の調査によると、奈良公園の野芝は1000年以上シカに食べられてきたことで、遺伝的に小型化したか、小型のものだけが残った。自然状態では発芽率10％以下だが、シカに食べられることによって堅い種が柔らかくなり、発芽率は40～50％に上がるという。また、79ヘクタールにおよぶ公園の芝刈りは業者に委託すると、年間100億円もかかるという。それもシカによって節約されている。まさに奈良公園は「芝とシカと糞虫の共生」状態にあるのである。吉永小百合の「奈良の春日野」の1番にシカの糞が歌われている。

奈良の春日野　青芝に
腰をおろせば　鹿のフン
フンフンフーン　黒豆や
フンフンフーン　黒豆や
フンフンフンフン　黒豆や

（作詞佐伯孝夫、1983年）

シカ牧場

ニュージーランドはシカにとっては好ましい環境で、天敵もいないため、瞬く間に増え、土着の植物や土壌を破壊してしまった。駆除が追いつかなくなったので、性質の大人しいアカシカの牧場を作り、肉を生産することにした。このニュージーランドの例を参考に、エゾシカ牧場を作り、冬場の栄養状態の悪いシカを飼育することによって肉質を改善し、地域振興や観光につなげようという試みがフランス、イタリア、スイス、スウェーデン、オランダ、デンマークなどで行われている。ニュージーランド方式によるシカ牧場の構想はインド、マレーシア、日本、台湾、中国など多くの国々でも検討されている。

シカの肉（鹿肉（ろくにく））は牛肉や豚肉に比べて肉質が硬く、臭気が強いとされている。しかし、体力を増強し、身体を温めるのに珍重され、秋、冬に消費される。欧米では、狩猟によって捕獲された野生動物の肉は珍重されており、鹿肉はベニソンと呼ばれ、高級食材である。エゾシカの肉は肉質がよいため、香港などへの輸出も期待できるとのこと。『中薬大辞典』によれば、五臓を補う、血脈を調えるなどの効能があるとされ、煮たり、蒸したり、干し肉にしたりして食すと記されている。皮革もインドやトルコで需要があるそうだ。

漢方薬としての利用

シカの角（鹿角（ろっかく））は中国では2000年以上も前から貴重な漢方薬とされてきた。角は鹿角、鹿角霜（鹿角のゼラチン）、鹿茸（ろくじょう）（枝角）に分けられる。鹿茸には複雑な化学成分が含まれている。これらの物質は心臓の働きを高め、低血圧を改善する効果がある。鹿茸の角袋には、関節や骨格組織に必要なリン脂質、糖脂質、コラーゲン、少量のグリコサミルグリカンと糖たんぱく質が含まれている。

雄ジカの角は発情期などには危険なので、奈良公園では毎年10月に角切の行事が行われているが、自然の中では換角期に自然に落ち、3～4月に採集される。成分はコラーゲン25%、リン酸カルシウム50～60%、他に炭酸カルシウムおよび窒化物を含む。鹿角を細長く切って熱湯に浸し、銅線状になったものを薄く延ばしてから日干しにする。この

鹿肉の製品いろいろ

日干しにしたものを削って粉末にする。腫れや化膿性腫傷、鬱血による痛み、過労による衰弱に効果があるという。

鹿茸は若い3歳の雄ジカから生え出たばかりの新しい角袋を指す。鹿茸が成長すると鹿角になる。鹿茸は鹿角よりも効能が多く、末梢血管拡張作用、衰弱した心臓への強心作用や心血流量増大作用、循環器系改善作用などもある。胃腸の活動を活発にし、潰瘍や創傷の治癒を早めるなどがある。漢方薬としても手足の冷え、疲労感、腰痛、息切れ、発育の遅れなどに効果があるとされている。鹿茸は鹿肉とともに漢方料理のメニューが知られている。これらの料理には滋養強壮効果がある。

麝香鹿（じゃこうじか）

麝香鹿（Moschus chrysogaster）は全長80～100 cm、肩高50～70 cm、体重7～17 kgで、ネパール、ブータン、中国（チベット、青海、甘粛、陝西、四川、貴州雲南）、モンゴル、ロシアなどに生息する。このシカには雄も雌も角がない。1972年のネパールでは金1オンスよりも麝香1オンスの方が高価であった。麝香鹿の雄の臍と生殖器の中間にある嚢（のう）から出る分泌物は雌を引きつける麝香と言われ、芳香を放つ。雄1頭から約1オンス（28.4 g）ほど採れる。この香の成分ムスコン（Muscone. 3-メチルシクロペンタデカノン）は少量ならば中枢神経系を興奮させ、大量ならば神経を抑制する。また、高級な香水の原料にもなる。1300年前の唐代、宋代から化粧品として利用されていた。漢方薬としては鎮痙、鎮静、排膿、喉頭炎、悪寒、発熱、リウマチ、解毒の薬効があるとされ、心臓痛や狭心症にも効果がある。

麝香嚢（大田区高砂コレクション・ギャラリー）

現在はワシントン条約によって国際取引が禁止されているが、麝香を目的とした密猟は絶えない。中国では麝香鹿を飼育して、生きているシカから麝香を取り出すことに成功している。1958年から1965年まで中国四川省では養殖事業のため、約1000頭が生捕りにされた。養殖事業では雄の性行動がピークに達した時点で捕らえ、麝香嚢の開口からスプーンを入れて取り出す。その間わずか数分、終われば再び放せばよい。

動物性香料

動物性香料は龍涎香のほか、ビーバーの海狸香（かいりこう）が知られている。ビーバーはネズミ目で、アメリカビーバー（Castor canadensis）とヨーロッパビーバー（C. fiber）がいる。

標準的なビーバーは体長74～130 cm、尾長22～30 cm、体重30 kgで、ネズミ目としてはカピパラに次いで大きい。雄雌ともに肛門の近くに香嚢があり、その内部に強い臭気をもつ黄褐色のクリーム状の分泌物が含まれる。この分泌物を乾燥させて粉末状にしたものが海狸香である。カストリウムとも呼ばれる。アメリカビーバーとヨーロッパビーバーは食べ物が異なるので、若干香りが異なる。成分はクレオソール、グアイアコールなどのフェノール系化合物、カストラミンやキノキリジン骨格をもつアルカロイド、トリメチルピラジンやテトラヒドロキノキサリンなどのヘテロ環化合物も含まれ、バニラ、ストロベリーやラズベリーの天然香料として用いられている。

ウサギ

Rabbit

野兎、これも反芻するが、ひづめが割れていないので、あなたがたには汚れたものである。（レビ記 11：6）

ウサギをペットにするというブームが少し前にあった。「手間がかからない」「飼育が手軽」などの理由で、ひとり暮らしの女性に人気が出て、ウサギのペットホテルができたりもした。

子どもの頃、月にウサギが住んでいて、餅をついているという話を聞いて、月とウサギには夢をもっていた。しかし、1969年7月20日、アメリカ合衆国のアポロ11号が人類史上初めて月面に到達し、船長のエドウィン・オルドリンと司令船操縦士マイケル・コリンズの両氏がポーズを取る勇姿を見て、子ども時代の夢が一気に消し飛んだことをつい昨日のように思い出す。

聖書の中のウサギ

聖書には「清いものと汚れたものに関する規定」に2か所、ウサギへの言及がある。「野兎、これも反芻するが、ひづめが割れていないので、あなたがたには汚れたものである」（レビ記11章6節）、「反芻するだけか、あるいはひづめが割れているだけのものは食べてはならない。らくだ、野兎、岩狸、これらは反芻するが、ひづめが割れていないので、あなたがたには汚れたものである」（申命記14章7節）。反芻をすることでは清いが、蹄が割れていないので、ウサギは汚れた動物とされている。

聖書のノウサギ（Lepus Sinaiticus）はヘブライ語ではアルネヴェトといい、シナイ山に生息する。古代ヘブライ人にはレバノンにも見られるシリアノウサギ（L. Syriacus）がよく知られていただろう。当時、イスラエルの地にはエジプトノウサギ（L. Aegyptius）やエチオピアノウサギ（L. Aethiopicus）が生息していたようだ。

ウサギの名の由来

ウサギの元来の名は「ウ」で、「サギ」の部分は後で付け加えられた補足語といわれている（十二支では卯年）。梵語ではウサギのことを「舎伽」というが、この「サカ」が「ウ」に補われて「ウサカ」となり、これがウサギに変化したといわれる。ウサギの異名を乎佐芸ともいうが、これは宇佐岐が転じたものといわれている。『古事記』の因幡の白兎には「裸なるう伏せり」（裸菟伏也）とあり、古代においてウサギは「ウ」とよばれ、これに菟の字をあてていたようだ。継体天皇の子に「菟皇子」という人も見える。

中国ではウサギを「兎」という。母ウサギの三ツ口から吐き出されるといわれ、「吐」と「兎」で音が通じることから、兎という名になったという。『和訓栞』にも「兎、子を産むに口より吐くといふ」とある。

ウサギの特徴

ウサギはウサギ目、ウサギ科で、学名はLeporinae Trouessartである。南極や一部の離島を除いて世界に90種類おり、日本にはそのうち4種類がいる。オーストラリア大陸やマダガスカル島には元々生息していなかった。全身が柔らかい体毛で覆われ、耳が大きいのが特徴なのは周知の通りである。耳は根元が筒のような形で、先端が開いている。天敵であるキツネ、イタチやタカなどの肉食動物に襲われぬよう、いち早くその存在を感知して逃げる必要があるので、機能が発達したのだろう。耳の根元にある筋肉で、左右の耳を好きな方向へ動かし、音の方向や距離から安全な場所にいるかどうかを感じる。体温調節も耳の重要な役割である。体の大半が毛で覆われ、汗が出る汗腺がないため、耳に網目のように張り巡らされている血管で体温が調節される。気温が上がると、耳に風を当てて体内の熱を逃す。

鹿児島県奄美大島と徳之島にだけ生息する希少種の「アマミノクロウサギ」（Pentalagus furnessi）は、本州に生息する「ニホンウサギ」（Lepus brachyurus）と比べると、耳や足の長さが半分程度と短い。原始的なウサギに見られる特徴で、斜面に掘った巣穴に住む。島には肉食の哺乳類がいないので、この形で生存できた。中国で見つかった600万年前の化

ユキウサギ（多摩動物公園）

石がアマミノクロウサギの祖先に近いという。太古において両島がユーラシア大陸と陸続きであったことをこの化石は示している。

ノウサギ属（Lepus）は種類にもよるが、天敵から逃げるために時速60〜80 kmで走ることができる。逃げ込む穴を用意しているアナウサギ（Oryctolagus cuniculus. European rabbit）の速さは時速35 kmもある。ウサギは前脚よりも後ろ脚が長く、走るというよりピョンピョン跳ねるといった方がよい。前脚が短いので、崖地を駆け上るのは得意だが、下りは苦手のようである。そのため、ウサギ狩りの場合、高いところからから下へと追う。日産が生産していたダットサンというトラックは「脱兎のごとく」とニッサンを組み合わせた名だそうだ。

アナウサギを家畜化したものは「カイウサギ」と呼ばれ、ペット用に品種改良されたものは「イエウサギ」と呼ばれる。実験動物として薬品や化粧品の安全性試験や医学研究にも使われている。

ウサギの奇妙な行動

ウサギは鳴かないので、音声コミュニケーションができないが、発達した後ろ脚を地面に強く打ち付けるスタンピングによって仲間に天敵の接近を知らせる。不快な感情を表す場合も同じような行動をとる。

ウサギは前脚で顔を覆うように撫でたり、耳を触ったりするが、これは前脚にあらかじめ付けておいた唾液を体全体に行き渡らせ、唾液に含まれる成分によって衛生状態を保つためである。

ウサギは尻に口を付けて自分の糞を直に食べる。草食動物の胃腸の中には植物を分解するバクテリアが多くあり、植物を分解してたくさん増えたバクテリアがまずネットリとした糞と一緒に出てくる。ウサギはそれを再び食べて栄養としその後ぽろぽろとした糞になる。

ニホンウサギ（多摩動物公園）

食用のウサギ

縄文時代の貝塚からウサギの骨が見つかっていて、早くから食用とされていたことがわかる。徳川時代、将軍家では正月三が日はウサギ汁を食べる風習があった。家康の9代前の有親（ありちか）が没落して信濃に隠棲していた頃、地元の豪族、林藤十郎光政が大晦日にウサギ狩りを行い、元日に有親にウサギの羹（あつもの）を饗した。その頃から徳川家の先祖が隆盛に向かったことが始まりとされる。江戸時代に林家は元旦に将軍から「献兎賜盃」の杯を賜る名家であった。その末裔、林忠崇は幕末に1万石の領地を朝廷に返上して明治政府と戦った。江戸時代の旅行家、菅江真澄が記した『諏訪の海』(1784年）には、諏訪神社の「御頭祭」では神への捧げ物が75の鹿の頭、シラサギ、シロウサギやキジなどの肉だったと記されている。獣肉が禁止されていた時代でも「ウ（鵜)」と「サギ（鷺)」であったので、鳥の仲間とされて食用にされていた。そのため、鳥と同じように1羽、2羽と数える（『NHKことばのハンドブック』によれば文学や食肉の場合を除き、生きたウサギは「匹」がふさわしい)。

日本の真白なウサギは明治時代に品種改良されたもので、毛皮にも食肉にも使われた。白毛で赤目だったので、「日の丸肉」とも呼ばれた。第1次世界大戦後は養兎が奨励され、最盛期は600万頭も飼育されていた。ウサギ肉は粘着性が高いので、ソーセージによく使われた。農林水産省の資料によれば、1966年に2000 tあったウサギの国内生産量は1972年以降、統計上ゼロになっている。

ヨーロッパではウサギ狩りが文化的なスポーツになっていて、ノウサギは食料ともなっていた。背肉からモモ肉までが主要部位で、内臓は腎臓、レバーなども食べる。『食魔——岡本かの子食文学傑作選』には、

「田家の兎」としてフランスのロアール地方の兎料理の紹介がある。

> この辺の農家は、構内の闇箱（蓋のある暗い箱、日光を当てずに餌ばかり与えて肥らせるため）に必ず3、4匹ずつ飼って不時の来客や家庭内の特別饗宴のために備えている。日本の山国の家で鯉や兎を容易に飼うのに似ている。この兎を料理するのに、まず肉に塩胡椒をふりかけ、脂でいためてから、白葡萄酒入りの汁で煮込む。（中略）兎肉の臭いを消すためにショーガとかニンニクを少々使うのが伎倆である。

フランスでは最高級のウサギは1羽3万円ぐらいするという。美食で有名な北大路魯山人は「ウサギ肉はまずい」と書いているが、淡白でおいしいという人もいる。中国でも高級食材とされ、脳みそも目玉も食べられる。ローマ帝国では「智者の食べ物」として珍重されていた。

日本の一部地域では、妊婦がウサギの肉を食べることが忌避される。ウサギは唇が割れていて、肛門が9つあるとされてきたことから、子どもが痔になったり、嘔吐したり、唇が欠けたりすると信じられた。

食用以外では、ウサギの革を煮込んで得られる膠がテンペラ画の地塗りに用いられてきた。現在は古い絵画の修復に欠かせない材料である。

武士の商法

明治維新後、養兎が奨励されたが、失敗が多かったことが山川菊栄『おんな二代の記』から窺える。当時、武士は生活のためにさまざまな慣れない仕事に手を出しては失敗していたと言われる。

> その一つに殖産興業にのった養兎があった。家財道具を売って高い種兎を買い屋敷の隅で育てるうちに、ウサギは増えたわ、増えたわ、肉や皮の利用を知らず。政府も奨励しっぱなしで後は無計画であったため、餌代にも困り、夜になってこそこそと空き地やお濠の土手の中にすてて行く者がふえました。

石井研堂『明治事物起原』の「兎の流行」にも明治4年以降、観賞用のウサギで大儲けした老婆の告白が残っている。巨額の富を築いた人もいたが、多くは破産に追い込まれた。東京府が明治6年12月にウサギ1羽に1円という高い税金をかけたので、大量のウサギが空き地に放たれ、あるいは虐殺されて社会問題となった。

住吉大社の清め水（手水舎）（大阪市住吉区）

仏教のウサギ、神話の中のウサギ

月を見て、「ウサギ、ウサギ　何見て跳ねる　十五夜お月さん　見て跳ねる」とよく知られた童謡「うさぎ」を口ずさんだことのある人も多いだろう。月とウサギに関する物語「月の兎」は『今昔物語』巻五にあり、良寛が万葉風の話にしているが、この話は仏教の説話集『ジャータカ』に由来する。

『今昔物語』の「月の兎」の話は、ウサギとサルとキツネが身をやつした老人に会うところから始まる。サルは木の実を拾い、キツネは川原から魚をくわえてきて老人にささげた。ところがウサギはささげるものが何も見つからない。老人は何も持ってこないウサギを見て、「お前は心が違うなと」となじった。ウサギはサルに柴を刈ってきてくれと頼み、キツネにそれを焚いてくれと頼んだ。そして、わが身を燃える火の中に投じ、わが身を老人にささげた。捨身、命を投じた慈悲行である。その時の老人は帝釈天となり、ウサギの心を伝えるためにウサギの姿を月に留めた。月の表面に雲のように見えるのはウサギが焼ける煙であるという。ちなみに、このウサギはブッダの前世である。

前6世紀頃のバラモン教の祭祀にも同じ話がある。古代インドに限らず、多くの地域で、月の満ち欠けは「死と再生」との関連で語られるが、インドでは特に繁殖力が強いウサギとの関連から「豊穣」のシンボルともなっていたようである。

『古事記』の「因幡の白兎」の話もよく知られている。隠岐島から因幡国にサメを騙して渡ってきたウサギが、サメに仕返しされて、毛をむしられ、泣いていると、神様の兄弟にからかわれて、傷がひどくなる。そこにやってきた大国主が傷の治し方を教える。優しい大国主は八上姫（やがみひめ）と結婚するという筋書きだが、改めて読んでみると、のちに大国主と習合される大黒さまがなぜ大きな袋を担いでいるのかがわかる。

ウサギの島、大久野島

資料収集のため、瀬戸内海の大久野島にある毒ガス資料館の見学に出かけたことがある。大久野島は第 2 次世界大戦中には地図の上から消えていた。大久野島には 1929（昭和 4）年に陸軍造兵庁火工庁忠海兵器製造所が開設され、1933（昭和 8）年頃から毒ガスの大量生産ができるようになり、ピークの 1941（昭和 16）年には約 6600 t を生産していたといわれている。地図から消されたのはそのためだろう。毒ガスの戦争での使用および製造は第 1 次世界大戦後の 1925（大正 14）年、ジュネーブ議定書において禁止されていた。日本は議定書に署名はしたが、批准はせず、秘かに研究を行い、毒ガスの製造を行っていたのである（議定書は 1970 年に批准）。毒ガスの実験動物としてウサギが飼われていた。

1963（昭和 38）年、大久野島に国民休暇村が開場した。宿泊施設の利用状況は良好とは言えなかったが、近年、紹介動画で「ウサギの島」として知名度が一気に上昇し、海外にも知られるようになったという。調査によれば、1000 匹近いウサギが島にはいるとされる。実験に使われていたウサギは戦後にすべて処理されており、現在、生息しているのは 1971 年に地元の小学校で飼われていた 8 匹が放たれて野生化し、繁殖したというのが有力な説である。

島にある「毒ガス資料館」と「毒ガス工場跡」は小学生の平和教育に役立っている。「ジュネーブ条約で禁止されていた毒ガスで中国に多大な被害を与えた歴史」は格好の平和教育の教材である。「お国のために」といわれ、危険な毒ガス製造に従事した人たちの多くは身体の不調に悩まされ、一生が台無しになってしまったことも展示からよくわかる。

サル

Ape, Monkey

海には、王のタルシシュの船団がヒラムの船団と共にあった。三年に一度、タルシシュの船団は、金や銀、象牙、ひひや猿を運んで来た。（列王記上 10：22）

聖書でサルが言及されるのは「海には、王のタルシシュの船団がヒラムの船団と共にあった。三年に一度、タルシシュの船団は、金や銀、象牙、ひひや猿を運んで来た」が唯一の箇所である（列王記上10章22節。歴代誌下9章21節に並行記事）。サルはヘブライ語では「コフ」（複数はコフィーム）だが、ここで「ひひ」と訳された語「トゥキイーム」は伝統的に「くじゃく」と訳され、古くから問題とされてきた（新改訳は「くじゃく」を採用）。南方熊楠も『十二支考』の「サルに関する伝説」でこの箇所を取り上げ、「孔雀は当時インドにのみ産したから推すと、ソロモンの招致した猴（さる）も象もアフリカのではなくインドのものと判る」と述べている。

インドではゾウを使役したりサルを飼ったりする文化が栄えていた。サルはアジア大陸の南部からアフリカ大陸に分布しているが、荒れ地の多いパレスチナ、メソポタミア、ペルシアには見られない。マントヒヒはエジプトからアラビア半島にかけて分布し、古代エジプトではマントヒヒが飼われていたことが知られている。ヒヒは大柄で、気が荒く、ペットにはなりにくいので、ここでいわれているのがヒヒだとすれば、小柄で人に慣れやすいマントヒヒではないか。

古代エジプトではヒヒは聖なる存在とみなされ、深い尊敬の念が向けられていた。雄のマントヒヒの堂々たる姿は小立像から巨大像、また色鮮やかな壁画から優美に彫られたレリーフまで、古代エジプトのさまざまな形式の芸術に見ることができる。

古代インドではラングール（オナガザル科のうち主に南アジアに分布す

る種を指す）が神にも似た地位を与えられ、今日でも崇拝の対象である。インドで最高の名誉の与えられたサルはハヌマーンである。ハヌマーンはヒンドゥー教の猿神であり、高貴な英雄、勇気や希望、知識、知性、信心をもたらす存在、身体的な強さ、忍耐の象徴とみなされている。人間の体を持った雄の成獣として描かれているが、頭部と尾はラングールで、サルの顔をしたスーパーマンといった英雄である。西遊記の孫悟空のモデルはこのハヌマーンとされる。

孫悟空

中国の伝説的な猿王、孫悟空は卵から孵化した不滅の石猿とされる。王帝は孫悟空を見るや、このサルは山々のなかでも最も高い頂を駆け、跳ね、水中でも自在に飛び回り、木の実を取って食べ、山々にとって最高の誉れとなるべき運命にあると断言する。孫悟空は天上界に通じる洞窟にひとりで入っていき、他のサルから王と呼ばれ、崇められることになる。その後、いつか自分も死ぬ時が来ると恐れ、不生不滅を求め、それを手に入れる。諸天の神々でさえ、孫悟空を抑えることができなくなり、数々の混乱が引き起こされた。お気に入りの武器は龍王から奪った如意金棒で、必要に応じて意のままに延ばしたり縮めたりすることができた。結局、王帝は釈迦如来に助けを求め、山の下に押し込め封印してもらう。500 年後、孫悟空は観世音菩薩の慈悲によって、長い旅に出るひとりの僧侶を守り、先導する役割を仰せつかる。猿王は悪戯好きで、反抗的なお騒がせ者であったが、その僧侶のことは誠実に助けた。

この伝説は中国では何世紀にもわたって人気を博し、日本にも伝わっている。カンボジアでは「ハヌマーン孫悟空」と呼ばれている。香港にも孫悟空を祀る祠を持つ仏寺もある。

バリ島のサル

約 1500 年前、ヒンドゥー教徒がバリ島に上陸した。バリ島におけるヒンドゥー教の聖地パダン・テガル村のモンキー・フォレストでは、現在 340 頭のマカク（オナガザル科）が土地の人々に崇められ、保護されている。サルは昔から寺院を守ると信じられているため、古い寺院を自

柴又帝釈天の三猿

由にうろつく特権を与えられている。観光客に咬みついたり、食べ物を奪ったりしても丁寧に扱うべきであるとされてきた。しかし、外に出て近隣を荒らすサルは害獣とみなされ、相応の扱いを受けている。

日本のサル

日本ではサルは猿神など、神格化された存在としても現れていた。神という漢字は「示す偏」に「申（もうす）」と書くが、干支の「申（さる）」でもある。

日光東照宮の有名な3匹の賢明なサル、三猿は両目を覆って人の非を見ない「見ザル」、両耳を覆って人の非を聞かない「聞かザル」、口を覆って人の過ちを言わない「言わザル」の3匹からなるが、これは日本のオリジナルとされる。仏教が6世紀に伝来したとき、サルにまつわるこの言い伝えは仏教伝承においてすでによく知られた教えのひとつであった。その後、サル信仰は日本でますます広まり、特に中国から伝わった道教の庚申待ちを行う者や、京都比叡山の山王神道を信仰する者の間に定着する。比叡山の主神は、重要な三人の如来、釈迦如来、薬師如来、阿弥陀如来を表す3王であり、この3柱の存在から三猿の思想は日本発祥と主張される。

サルの名称

サルは古くは「マシ」「マシラ」と呼ばれた。平安時代の和歌に「ま

しもなほ　をちかた人の　声かはせ　我れ越しわぶる　たごのよび坂」（紫式部集）、「わびしらに　ましらななきそ　足引の　山のかひある　けふにやはあらぬ」（古今集）といった歌があり、サルではなく、「マシ」または「マシラ」と詠まれている。「マシラ」という言葉は梵語の「摩斯咜（マシタ）」からきており、中国で「猴」と訳され、今日の「猿」となった。法雲『翻訳名義集』（1143年）には「摩斯」「磨迦」「末迦」などとあり、新井白石の『東雅』には「マシラといひしは梵の摩斯といひし語の転じ呼びしと見えたり」とある。「マシコ」「マサル」もサルの異名として用いられている。

「サル」は「去る」に通じることから、獲物が逃げてしまうので漁師は口にしないという。同じように結婚式でも「サル」という語は忌み言葉とされる。江戸時代、博打うちは賭場へ出掛ける際、猿回しに出会うと、縁起が悪いと、一度家に引き返したともいわれる。これは「運が去る」だけでなく、首に縄をかけられた猿回しのサルから「縄をかけられた罪人」を連想したのであろう。

これに反して、ウマの売買などに携わる馬喰（ばくろう）、伯楽は猿回しに出会うと喜んだ。サルはウマに平安息災をもたらす縁起のよい動物とされ、厩にサルをつないでおく風習があった。民芸玩具などにもウマに乗ったサルなど、ウマとサルを組み合わせたものは多い。農家でもサルは縁起物として扱われていた。味噌がサルの顔のように赤くなると上等の品となるので、申（さる）の日に味噌を仕込むという。

ココナツを収穫するサル

タイのココナツ農園の中心であるマレー半島東海岸のサムイ島では、知能が高く、飼育が可能なブタオザルを労働力としている。高い木になる重いココナツの実を収穫するように訓練されたサルは、人間の代わりに危険な仕事をしている。立派な家畜である。

タイでは伝統的に行われていたが、動物愛護団体が1日1000個の実を収穫させ、人を襲わないために歯を抜かれたりしているとして、虐待であると訴え、欧州を中心にタイのココナツ不買運動が展開され、新型コロナウィルスの影響も相まって、一時は30％まで輸出は落ち込んだという。タイの農家では「動物実験用にサルの輸入を増やしている英国には言われたくない」と反発している。

マレーシアにも農家の果物を収穫するサルの訓練学校があり、40年ほどの間に多くのサルの訓練を行ってきたが、過去に動物保護団体から抗議を受けたこともあるという。反対派はブラジルやコロンビアでは、専用の昇降機を使って人間が収穫作業しており、危険だからとサルを働かせるべきではないと主張している。

介助ザル

高い知能を持ったオマキザルに人間の介助をさせる試みもある。赤ん坊の時から特別な環境で育てた後、訓練機関で身体的に極度の不都合を強いられている人間の介添えをする技術を覚えさせ、訓練課程を終えると、重度の身体障がいをもつ人のところに派遣され、簡単な家事を手伝う。

訓練を受けたサルの賢さと器用さは目を見張るものがある。特に優秀なサルは電子レンジを使う調理をしたり、瓶を開けたり、冷蔵庫の中から取り出したりすることができる。明かりを点けたり消したり、リモコンのボタンを押したり、本のページをめくることもできる。身体の自由が利かない主人の顔を洗ったり、スプーンを使って食事の手伝いをしたりといったことまでやってのける。

サルを派遣しているアメリカの非営利組織「ヘルピング・ハンズ」は1979年に事業を開始し、それ以来、活動の幅を広げ、派遣するサルのヘルパー数も年々増加している。この事業の成功は、サルと人間の関係が20年以上も続いているという事実からもわかる。このような長い関係が続けられるのはオマキザルの寿命が長いことにもよる。

初めてこの役割を担ったヘリオンという名のサルは、車の衝突事故で四肢に麻痺が残り、手足の自由を奪われた人の相棒となった。口で操作するレーザーを使って、してほしいことをヘリオンに伝える。ヘリオンは髪を梳き、食事を口まで運び、ドアに鍵をかけ、ステレオのスイッチを入れ、小型の掃除機で床を清掃してきた。その親密な関係はその人が亡くなるまで、28年も続いたそうだ。

当然、動物愛護団体から反対の声が上がっている。従順なサルでもその動きは予測不能で、攻撃的で混乱を引き起こすこともあるはずだと警告する。ヘルピング・ハンズの側では「奉仕するサル」の是非をめぐる議論は当事者である麻痺患者が介助を必要としているという現実が置き去りにされていると訴えている。ココナツを採るサルの話と並べて考えるべき問題なのかもしれない。

介助ザルはフランス、ベルギーなどで利用されているが、使用されている介助ザルは歯をすべて抜かれるので、動物福祉上、問題とされているという。また、多くの感染症が人とサルの間で感染する可能性があるという警告もある。アメリカ・カリフォルニア州のサンディエゴ動物園の高齢のゴリラが新型コロナウイルスで重症となり、トランプ前大統領の治療にも使われた抗体医薬を投与したところ回復したという。

マダガスカル島にのみ生息するキツネザル

キツネザルはアフリカ大陸の東側に位置する島国マダガスカルにのみ生息する。キツネザルは冬眠する珍しい種である。マダガスカル島には60種類のキツネザルが生息するが、森林破壊や狩猟のため、絶滅の危機にさらされている。キツネザルの中ではワオキツネザル（Lemur catta）が最もよく知られ、果実、花、葉や樹皮が食料で、マダガスカル南部と西部に位置する乾燥した森林に生息している。樹上で採食を行い、13～15匹の複数の雌雄が含まれる群れを形成することが多い。群れの中でメスにははっきりした序列があるが、雄の序列は不明瞭で、頻繁に変わる。早朝には腹部を太陽に向けて日光浴を行う。日本モンキーセンター（愛知県犬山市）のワオキツネザルも冬にはストーブに向かって同じ行動を取るという。

キツネザルは主に葉を食べることから、マダガスカル島の果物が他の地域と異なっているのではないかという調査が行われた。その結果、マダガスカルの果実の窒素量が他の地域のものの4分の3から3分の2しかないことがわかった。窒素はたんぱく質の生成と関係する。土地が痩せたマダガスカル島では、足りない窒素を果実だけから補うことは困難なので、葉を食べるようになったと考えられる。また、キツネザルは昼

ワオキツネザル（ベレンツィ私設保護区、マダガスカル）

夜を問わず食料を探す周日行性である。一部のキツネザルが冬眠するのも冬の間中ずっと寝ていれば食べ物が少なくて済むからだろうか。

ニホンザルの文化

京都大学の霊長類研究グループの指導者であった今西錦司氏は1952年、『人間性の進化』の中で「本能」と「カルチュア（文化）」を取り上げ、文化が本能と異なり、非遺伝的で生後に獲得する行動であることを強調し、文化を「子どもが後天的に母親から学習することにより身につける以外に獲得できないもの」と定義した。また、同じ種の中で認められる生活様式の違いを文化の違いと考えてよいであろうと結論した。これ以前には、文化は人間特有なものであり、人間は文化によって行動し、動物は本能によって行動すると考えるのが普通であったと思う。研究グループは以来、ニホンザルをはじめとして、動物の文化的行動についての実証的な資料を積み重ねている。

ニホンザルの文化的行動の一例は、宮崎県の幸島で発見されたイモ洗いの行動である。個体識別のために、海岸にサツマイモをまいて、群れを引き寄せた結果、森の中で木の実や葉を食べていたサルは人間が与えるイモにひかれて、毎日海岸まで出てくるようになった。ある日、一頭のメスの子ザルがイモを拾って小川まで運び、イモに付いた砂を水で落としてから食べるようになった。この子ザルの母親や遊び仲間にイモ洗い行動が伝わり、さらに群れの中に広まっていった。この子ザルが今度

サル山のサル（上野動物園）

は海でイモを洗うようになった。海水で塩味をつけるのが目的と見て、研究者たちは「味付け行動」と呼ぶようになった。このイモ洗い文化は、現在も幸島のサルによって受け継がれている。

京都大学霊長類研究所の石塚真太郎氏は小豆島の銚子渓自然動物園「お猿の国」で「猿団子」を調査した。猿団子は暖を取るためにサルたちが集まる現象である。寒さは生殖機能の低下などにつながるため、防寒は重要である。雄6匹を含む約150匹の放し飼いの群れで、21匹以上が加わる大きな猿団子が56回確認されたが、団子の内側を陣取る確率はやはり序列の高いサルであったという。雄の序列は餌や雌との交尾の優先度だけでなく、暖を取るときにも関係していたわけである。

霊長類の文化的行動の例としては、アフリカのチンパンジー、南米オマキザルが石でナッツを割ること、タイのカニクイザルが石で貝を割ることなどが知られている。また、チンパンジー、ボノボやゴリラは自己治癒のため植物を薬として使用するが、地域によって植物が違うことも文化的な側面とされる。

昨今では、東京のベランダ菜園の野菜や庭の柿の実を取るサルが世間を騒がせる。「秋風や　猿柿に来る　山鴉（やまがらす）」。大正時代からサルがカラスと喧嘩するのはよく見られた話であった。ホトトギス派の俳人、原石鼎（せきてい）の句である。

ヒョウ、トラ

Leopard & Tiger

クシュ人がその肌を、豹がその斑点を変えられるだろうか。それなら、悪の行いに慣れたあなたがたも善き者となりえよう。
（エレミヤ書 13：23）

18 世紀イギリスの旅行家マリーティ（1736–1806 年）は『旅行記』に「ケドロンの岩穴には、どの季節でも、危険を覚悟しなければ立ち入ることができない。こと夏の真っ盛りには、しばしばトラが暑さを避けて休んでいる」と書いている。ケドロンとはエルサレムの東にある谷の名である。今も昔もパレスチナにトラは生息していないので、ここで「トラ」といわれているのはヒョウであろう。当時、ヒョウはレバノンの丘陵帯にも出没していたようである。

アラビア語のナミル、ニムルは「ヒョウ」を表すが、トラの意味にも使われている。トラのいない地方ではトラとヒョウは同じなのだろう。聖書でヒョウと訳される語「ナマル」も現代ヘブライ語ではトラにも用いられる。同じくトラが生息しないアフリカでもトラとヒョウは同じ語である。一方、トラがいるインドではヒョウは「樹上のトラ」と呼ばれている。ちなみに、チグリス川と英語の tiger という語は同語源である。

旧約聖書にヒョウは 7 か所に出てくる。「狼は小羊と共に宿り／豹は子山羊と共に伏す。／子牛と若獅子は共に草を食み／小さな子どもがそれを導く」（イザヤ書 11 章 6 節）、「森の獅子が彼らを打ちのめし／荒れ地の狼が彼らを荒らす。／豹が彼らの町を見張り／出て来る者は皆、引き裂かれる」（エレミヤ書 5 章 6 節）、「クシュ人がその肌を／豹がその斑点を変えられるだろうか。／それなら、悪の行いに慣れたあなたがたも／善き者となりえよう」（同 13 章 23 節）、「私が見ていると、豹のような別の獣が現れた。その背中には四つの鳥の翼があった。また四つの頭があって、この獣には支配権が与えられた」（ダニエル書 7 章 6 節）、「そこで私は獅子のようになり／また豹のように彼らを道で待ち伏せる」（ホセア書13章7節）、「花嫁よ、レバノンから私と一緒に／レバノンから私と一緒に来なさい。／アマナの頂、セニルとヘルモンの頂から／獅子の隠れ家、豹の山から下りなさい」（雅歌4章8節）、「その馬は豹よりも速く／日暮れの狼よりも素早い。／その騎兵は駆け回る。／騎兵は遠くから来て／獲物を狙う鷲のように飛びかかる」（ハバクク書1章8節）。このようにほぼすべてが比喩表現などで、実際にヒョウが登場する場面はない。

旧約続編と新約聖書にもそれぞれ1か所ヒョウが出てくるが、同様に喩えとしてである。「主を捨てる者は舌の術中にはまる。／舌は彼らの中で燃え上がり／決して消えることがなく／ライオンのように彼らに襲いかかり／豹のように彼らを引き裂く」（シラ書28章23節）、「私が見たこの獣は豹に似ていて、足は熊のようで、口は獅子のようであった。竜はこの獣に、自分の力と王座と大きな権威とを与えた」（ヨハネの黙示録13章2節）。

ヒョウ

ヒョウ（Panthera pardus）はネコ科ヒョウ属の食肉性動物である。環境適応能力は高く、アフリカ大陸からアラビア半島、東南アジア、極東ロシアに広く分布する。アフリカ南部・東部や中央アジアの個体群は大型であるが、中央アジアや南アフリカ共和国沿岸の個体群は小型である。草原や森林、岩場、低地から標高5000 mを超える高地にも適応する。前肢に5本、後肢に4本の指があり、それぞれに自由に出し入れができる鋭利な鉤爪がある。肉球が柔らかく足音を立てずに歩くことができる。体重1 tの獲物も倒すことができ、それを咥（くわ）えて樹の上に運んで保存する。狩りの仕方もさまざまで、足音を立てずに忍び寄る、姿を隠して待ち伏せる、樹の上から突如飛び掛かるなど、バリエーションが多いが、狩りの成功率は20%程度とあまり高くない。

アフリカでの狩猟ではサイ、スイギュウ、ゾウ、ライオンと並ぶ五大猟獣とされてきたが、毛皮や娯楽目的の狩猟や害獣駆除で生息数は減少し、1975年発効のワシントン条約では付属書Ⅰに「絶滅のおそれのあ

ユキヒョウ（多摩動物公園）

る種」として掲載された。2019年6月には愛玩目的での飼育が禁止されている。日本では2020年の時点でヒョウ属全体が特定動物に指定されている。

ヒョウの種類は9亜種で、アフリカヒョウ、中近東のアラビアヒョウ、中央アジアのペルシアヒョウ、インド亜大陸のインドヒョウ、スリランカのセイロンヒョウ、東南アジアと中国南部のインドシナヒョウ、ジャワ島のジャワヒョウ、中国北部のキタシナヒョウ、中国北東部とロシア極東部のアムールヒョウに分類される。全身が黒い体毛で覆われているクロヒョウはヒョウの突然変異で、25％の確率で生まれる。よく見るとヒョウの特徴である斑紋が認められる。

ユキヒョウ

ユキヒョウ（Panthera uncia）は頭骨の形状からヒョウの仲間とされてきたが、2006年に発表されたX染色体・Y染色体・ミトコンドリアDNAによる分子系統解析で、トラに近いことがわかった。標高600～6000 mにある岩場や草原・樹高の低い針葉樹林などに生息し、獲物や積雪に合わせて夏は標高の高い場所へ、冬は低い場所へ移動する。毛皮が利用され、骨が薬用とされる。人間が激しく挑発しない限り、人間を襲ったりしない。

2014年のソチ・オリンピック冬季大会では、ホッキョクグマ、ノウサギとともにマスコットキャラクターとして選ばれた。カザフスタンの紙幣（10000テング）の裏にも描かれ、タタールスタン共和国の国章、カザフスタンのアルマイト市やアスタナ市、キルギスの首都シュケク市、ウズベキスタンのサマルカンド市の市章や南オセチアの国章などにも使用されている。

トラ

ヒョウ系統に属する「大型ネコ」の一種（Panthera tigris)。タイガーという語の元になったtigrisはギリシア語でトラのことだが、語源はペルシア語で「素早い」という意味である。トラは1日に1000里を行くといわれるほど、敏捷に行動する。200万年以上前に最も近い近縁種のユキヒョウとともに共通の祖先から分岐したといわれる。8つの亜種に分類され、3亜種（ジャワ島のジャワトラ、バリ島のバリトラ、カスピ海沿岸のカスピトラ）は絶滅している。中国南部のアモイトラも1970年以降、野生での生息は確認されておらず、ほぼ絶滅に近い状態である。中国では60～70頭が飼育されているが、他の亜種との雑種とされる。

現存するのはロシア極東部と中国東部（ごく少数生息）のアムールトラ、インドシナ半島のインドシナトラ、インド亜大陸のベンガルトラ、スマトラ島のスマトラトラの4種である。マレー半島のマレートラを加えれば、5つの亜種ということになる。体型は南にいくほど小型になる。獲物の得やすさと相関関係にある。体重はスマトラトラが140 kgであるのに対して、ネパールに生息していた個体は261 kgであった（飼育個体では最大が325 kg)。とてつもなく強い捕食動物で、自分よりも大きい獲物も倒す。主として日没から明け方の時間帯に活動する。

日本のトラ文化

トラは日本には分布していないことになっているが、およそ4万年前、更新世後期の上部地層からトラの骨や歯がみつかっている。その後、縄文、弥生時代にトラの生息していた形跡はない。架空のタツを別にすれば、干支に含まれている動物のうち、日本に現存しなかったのはトラだけである。日本で最古のトラの絵画は、法隆寺の玉虫厨子に描かれた「捨身飼虎図（しゃしんしこず）」である。釈迦が前世において、崖下の飢えたトラの母子を憐れんで身を投げ出す様子が3つの場面に描かれている。

トラが日本にやってきたのは545年、欽明天皇の時代とされる。『日本書紀』に百済に遣わされた膳臣巴提便（かしわでのおみはてび）がトラの皮を持ち帰ったという記述がある。生きたトラは890年、宇多天皇の時である。『万葉集』に境部王（さかいべのおおきみ）が詠んだ「虎に乗り　古屋を越えて　青淵に　蛟龍（みつち）捕り来む　剣太刀もが」という歌がある。

絵画などにトラが多く出てくるようになるのは鎌倉時代以降である。京都高山寺に伝わる鳥獣人物戯画にもトラが登場する。生きたトラが南蛮船で運ばれる様子が17世紀の南蛮屏風に描かれている。それ以降、トラは日本画の中心的な画題として定着したようである。トラで忘れてならないのが豊臣秀吉であろう。1592年からの朝鮮出兵における加藤清正のトラ退治は有名である。その際、生け捕ったトラを大阪城内で飼育し、餌として与えたイヌがトラを噛み殺したという話がある。真偽のほどは明らかではない。中国の絵師による京都報恩寺の鳴き虎図は霊獣としての神々しさを称えると同時に、毛の１本１本が丁寧に描かれている。この絵が気に入った秀吉が聚楽第に持ち帰ったところ、夜中に画中のトラが鳴きやまなかったので、作品を寺に戻したという。江戸時代、円山応挙「水呑虎図」、長沢芦雪「虎図襖」、岸駒「真虎図」、森狙仙「松下虎図屏風」、狩野探幽「虎ノ図」など、多く描かれたが、トラネコをイメージしたものという。トラを見たことがなかったはずの画家たちが実によくトラの特徴をとらえている。

徳川家康が寅年生まれであることに因んで、日光東照宮の表門やその内陣の梁上にはトラとヒョウが彫られた。当時はヒョウを雌トラと考えていたので、「雌雄一対のトラ」のつもりであった。秩父神社の拝殿正面には四面にわたってトラの彫り物が施され、そのうちの「子トラと戯れる親トラ」は名工左甚五郎の作といわれている。

神社仏閣のトラ

狛イヌならぬ狛トラで有名なのは京都の鞍馬寺で、本殿金堂には立派な阿吽のトラがいる。毘沙門天の出現が寅の月、寅の日、寅の刻であったことから、トラは毘沙門天の使いとされ、「毘沙門さま」で親しまれ

神楽坂善國寺の狛トラ

ている東京神楽坂の善國寺にも阿吽の狛トラがある。

飯高神社（千葉県匝瑳市）の本殿を囲む「瑞垣（玉垣）」には「二十四孝」の彫刻が施されている。「二十四孝」は中国の代表的な孝行者24人の物語で、そのうちのひとり、楊香という人が父親と山を歩いていて、トラに出くわした。楊香は自分はトラに食べられてもいいから父親は助かるようにと懸命に祈ったところ、トラは退散したという孝行譚である。「二十四孝」の彫刻は成田山新勝寺にもある。前述の「捨神飼虎図」のように、トラは自己犠牲の題材とされるようだ。

南方熊楠も『十二支考』でトラは仙人と交信でき、仏の説いた教えを実現する役割をもち、神に近いものとして崇拝されたとしている。キトラ古墳壁画の天の四方を司る霊獣のうち、西を守るのは白虎である。

アムールトラと地球環境問題

アムールトラ（P. tigris altaica）はトラの亜種のなかでも最も大きく、雄の体長は2 m、尻尾を入れると3 m に達し、体重は約250 kg である。主としてロシア極東の沿岸地方とハバロフスク地方、主にアムール川流域、亜寒帯の針葉樹林、いわゆるタイガがアムールトラの棲み処である。1986年、チェルノブイリ原発の事故の直後、筆者はモスクワ大学での国際学会に出かけた。モスクワ行の飛行機の便が取れず、新潟から船で一昼夜かけてソ連に渡り、ナホトカ経由の寝台車でハバロフスクへ向かった。列車は行けども行けども森の中を進んだ。ソ連（当時）が森と湖の巨大な国であることを思い知った。ハバロフスクから軍用機を転用した航空機でレニングラード（現サンクトペテルブルク）へ飛んだ。航空機から見た森林も果てしない森の連続であった。

トラには縄張りがあり、見回りしながら獲物を狩る。縄張りには尿や爪痕でマーキングする。1頭の縄張りは雄が800〜1000 km²（兵庫県の10分の1）、雌が300〜450 km²（埼玉県の10分の1）といわれる。これが1頭のトラが生きていくのに必要な広さである。

アムールトラは極東最強の肉食獣とされ、鋭い牙と強力な前脚と爪を武器に一瞬の勝負を仕掛ける。嗅覚と聴覚がすぐれ、視力もよく観察力と記憶力も抜群である。風下から獲物に近づき、10〜15 m先の獲物も瞬時に捕らえる。長距離の追走には弱い。大きな獲物を狩ると、近くに留まり、骨と皮になるまで食べ尽くす。群れを作らず、仲間と餌を分かち合わないので、狩りができなくなると年齢にかかわらず死を待つのみということになる。自然界では15〜20歳が寿命とされている。

ソ連解体後、高収入の人が増えると、豪華なアムールトラの毛皮などを欲しがる人が増えた。漢方薬、強壮剤として、トラの骨、雄の生殖器、尾、さらには脳や眼球も高く売れるようになった。トラの密猟が増え、トラの生息数は激減した。密猟で母親を亡くした子トラは餌を取る方法を知らず、飢え死したり、他の動物の餌食になったりした。さらにはトラの生息する森林地帯が乱伐や森林火災、パイプライン建設などで壊され、トラは居場所を奪われていった。

アムールトラは現在、自然界に約500頭、世界の動物園に約500頭、合計しても1000頭しか生息していない。沿海地方などでトラを保護する活動や、先住民の生活の術でもある森林の保護活動は展開されているが、アムールトラが直面する絶滅危機は深刻である。

トラの和名

トラという名について、貝原益軒『日本釈名（にほんしゃくみょう）』（1699年）に「トラは捕（とら）ふるなり。人を捕ゆる獣なり」とあり、「捕う」が「トラ」になったとする説がある。わかりやすいが、にわかには信じ難い。古代高句麗の言葉にトラを意味する「ツルポオム」という語があり、ツルの部分が転じてツュラとなり、トラになったという説もある。この「ツル」という語は日本語の「蔓（つる）」にも通じ、湾曲した線のことを言う。トラの毛に波形の曲線が見られることを指すのだろう。「ポウム」は虎豹の類を指す。

中国語に由来するという説もある。華南地方でトラは古くから「タイラ」と呼ばれ、これが転訛してトラになったという。中国語ではトラは「於菟（おと）」という。「オト」の「オ」は口調を整えるための発語で意味はない。ドイツ留学をしていた森鷗外の子息は於菟という名であった。「寅年」生まれだったので、ドイツ人に多いオットーをもじって付けたといわれている。ネコを乙（おと）というのもトラの於菟から出ているという。

黄色と黒

日本ではトラの体色は黄色と黒である。その組み合わせから「警戒ロープ」「警戒用テープ」は「トラロープ」「トラテープ」などと呼ばれる。セーフティーコーン間をつなぐ棒も「トラバー」と呼ぶそうだ。

トラの縞（しま）模様からの連想で名前が付けられているものも多い。トラツグミ（鳥）、トラザメ、トラフグ、トラウツボ（以上、魚）、トラエビ（エビ）、トラフカミキリ（別名トラカミキリ）、トラハナムグリ、トラフシジミ、トラフトンボ、トラマルハナバチ（以上、昆虫）、トラフカニグモ（クモ）、トラフナマコ（ナマコ）など。植物にもトラノオ、トラフセンネンボク、トラフアカマツ、トラフアナナス、トラフユリなど、縞模様を特徴とすることから名づけられた。

故事・ことわざ

トラにまつわる故事・ことわざも多い。「虎視眈々」「虎を野に放つ」「虎の威をかる狐」「虎の尾を踏む」「虎の子」「虎の巻」「虎は死して皮を留め、人は死して名を残す」など、ほとんどが説明の必要がないものばかりである。「虎は千里の藪に住む」というのもあるが、これはトラが広い縄張りを持って堂々としていることから、大物はこせこせしないのたとえであるという。

クマ

Bear

子を奪われた熊に遭う方が　おろか者の無知に会うよりましだ。　（箴言 17：12）

聖書の中のクマはライオンと並んで、獰猛な動物とされる。「人が獅子の前から逃れても熊に会い」（アモス書5章19節）などはその典型的な表現だろう。比喩表現ではライオンと並べられることが多いが、「熊のようにうなり、鳩のように呻く」（イザヤ書59章11節）ではハトと並べられている。また、その気の荒さについて「子を奪われた熊のように」といった表現が何度か見られる（サムエル記下17章8節、ホセア書13章8節、箴言17章12節）。穏やかな動物の世界を描写するイザヤ書の一節「狼は子羊と共に宿り　豹は子山羊と共に伏す。子牛は若獅子と共に育ち　小さな子供がそれらを導く。牛も熊も共に草をはみ　その子らは共に伏し　獅子も牛もひとしく干し草を食らう」（イザヤ書11章6–7節）にもクマは登場している。「大熊をその子熊と共に導くことができるか」（ヨブ記38章32節）は星座の大熊座と子熊座のことである。古代バビロニアでは占星術が古くから盛んであった。その他、ダニエル書7章5節、知恵の書11章17節、シラ書47章3節、ヨハネの黙示録13章2節などにクマが登場している。

クマの種類

600万年から500万年前のヨーロッパに出現した頭胴長1mないし1.4mほどのUrsus属、学名Ursus minimusが最初のクマとされる。当時、ヨーロッパは温帯気候で、針・広葉樹交林の森が広がり、クマの棲みかに適していた。その後、徐々に大型化し、アジアから北米にも分布するようになった。アジアとその周辺の島々に現存するアジアクロクマ（ツキノワグマ）と北米に現存するアメリカクロクマはこの系統の末裔と

ホッキョクグマ（上野動物園）

末裔とされる。一方、ユーラシア大陸には250万年前に進化したエトルリアグマ（Ursus etruscus）が広く生息していた。最も寒冷が厳しかった90万年前から80万年前、スカンジナビア地方からウラル山脈沿いに張り出してきた氷床によって、欧州個体群とアジア個体群は完全に分離された。欧州個体群は「洞穴グマ」になり、アジア個体群は「ヒグマ」に進化したとされている。ヒグマの最古の化石は北京原人が発見された北京の西南約40㎞にある周口店の50万年前の地層で発見された。

世界最大の食肉類であるグリズリー（ハイイログマやヒグマ）やホッキョクグマは5属7種で、北極、北アメリカ、ヨーロッパ、アジア、南アメリカに分布し、北極海沿岸から熱帯ジャングルまで、主として森林に生息する。グリズリーはかつて北アメリカ全域とヨーロッパの大部分、アジア北部に分布していた。大きさはマレーグマが全長1.1～1.4 m、体重27～65 kg、ホッキョクグマが全長2～3 m、体重150～650 kg、脂肪のついたホッキョクグマは雄で800 kg以上のものもいる。マレーグマが最も小さく、その次がナマケグマ、ツキノワグマ、メガネグマで、みなほぼ同じ大きさである。

クマは分布域は広いが、現在個体数が多いのはアラスカ、カナダ、ソ連だけである。アメリカでは180年前、約10万頭のクマが生息していたといわれるが、現在は1000頭程度である。日本では北海道のヒグマが約2000頭、本州各地と四国にツキノワグマが約10000頭生息するという。毎年2000頭ほどのクマが狩猟や害獣駆除で殺されている。

クマの繁殖

クマの繁殖は温帯や寒冷地では季節に左右されるが、熱帯では関係ない。ホッキョクグマでは巣穴に265日も引きこもることがある。寒冷地のクマ（ヒグマとツキノワグマ）は巣籠りの冬の時期に出産し、子育てを行う。子グマは4〜6月まで冬籠りの穴に留まり、1年半から4年半、母グマと生活する。母グマは出産の時期には何も食べないので、秋にものすごい勢いで食べまくり、脂肪を蓄える。もちろん食べ物が1年中ある南の地方のアメリカグマとツキノワグマの雄は冬でも活動をする。

クマの行動

聖書では獰猛な動物とされるクマだが、パレスチナには肉食のグリズリーやヒグマはいない。パレスチナはクマ類分布の南西端で、ヒグマの亜種シリアグマがいるが、ヒグマに比べて小型で気性もそれほど荒くない。聖書のクマは肉食ではなく、草食、雑食なのである。

クマの好物は蜂蜜や果物、木の実などで、絵本などでも紹介されている。後ろ足で立ち上がったり、のっそのっそと歩く姿には愛嬌があり、古くからぬいぐるみなどに用いられ、人気があることはご存知の通り。ホッキョクグマ以外は木登りがうまく、特にマレーグマは毛の生えていない足裏を使ってとても上手に木に登る。マレーグマやナマケグマ以外は日中に採食する。イヌと違いコミュニケーションに音声はほとんど使わない。グリズリーは臭いづけをすることが知られている。鮭の遡る川など、食べ物が豊富な場所でも序列があり、グリズリーは木の皮を剝ぎ取り、自分の臭いをつけてマーキングを行い、自分の優位を主張する。

クマの攻撃性

グリズリーなどの大きなクマは、他のクマを傷つけたり、殺しあったりする。日本でも秋にきのこ狩りなどで山に入り、クマに出会って殺されたりする記事は毎年のように見られる。なぜクマは攻撃的なのだろうか。ひとつには繁殖を成功させるための本能といわれている。内陸部のグリズリーは生涯のうちで産む子の数は6〜8頭で、アメリカグマでも12〜13頭である。かけ替えのない子グマを守るため、母グマは子グマに近づく者を攻撃する。雄もできるだけ多くの子孫を残すために他の雄と争い、自分の遺伝子を残そうとする。種によっては、自分の子孫を残すため、雌が育てている最中の子グマを殺して、自分の子を産ませようとする。サル山のボスと同じように、ライバルとなる可能性のある雄を殺したり、追い払ったりして、雌を巡る競争を減らす。

クマは視力が弱く、人と他のクマの区別がつかないため、縄張り意識から攻撃するのだともいわれている。キャンプ場などの周辺で人の臭いに慣れたクマと出会うと悲劇が起こる。クマに出会ったら、背を向けて逃げると襲ってくるので、落ち着いて大きな声を張り上げたり、大きな音を立てるのがよいともいわれるが、クマが出そうなところへ行かなければならないときは、出会う前に大きめの音を立てるなどの対策が必要である。鈴をぶら下げて鳴らしながら歩くなどもよくいわれる対策である。出会ったら笛を吹き鳴らすよりも効果的であろう。木に登るのもひとつの方法という。クマも木登りが得意だが、木の上ではクマも態勢が悪くなるので、攻撃力が弱まる。赤唐辛子のカプサイシンエキスを用いたクマ撃退スプレーもある。目や鼻、喉などに掛けられれば効果は絶大だが、5 m 程度しか届かないので、かなり接近した位置でないと効き目がない。次の項でのべるが、クマを自宅の庭で育てた人の話では、クマと人間の相性は良いとのことである。

クマと家族に

500 坪の自宅の庭で 1971 ～ 1988 年の 17 年間、ツキノワグマを 10 頭、山へ返した子グマを入れると 15 頭、家族同様に飼育して育てたという長野県の宮澤正義さん一家は国内最大獣であるクマとの共生を呼びかけている（『思い出のツキノワグマ――家族になった 10 頭のクマたち』）。宮澤さんは少年時代からクマが好きで、成人してからも会社が終われば山へ駆けつけた。独特な円筒状の観察用垂れ幕を作って、その中に入り、50 cm 間隔で筒に縦の切込みを入れ、5、6 個の覗き窓を作って前後左右 360 度観察できるようにした。この観測装置をゴザで包んで背中に担いで山に入り、辛抱強く野生のクマとの出会いを待った。1 m の近さまでクマが近づいてきた話や、高さ 1 m のアリ塚を壊し、アリの幼虫を食べる話などが出てくる。30 km 離れた別の山の峰からアリ塚までやってきた話もある。クマの顔を憶えられるほどまでにクマの観察を行っていたそうだ。

ツキノワグマ（上野動物園）

クマを飼育中、向き合って、微笑みながら「いい子だね」とささやき、両手で頬をさすり、口づけをすると、クマは目を潤ませ、蕩(とろ)けんばかりの表情になり、嬉しさを全身で表現すると宮澤さんは言う。獣舎の前庭には 10 アールを超えるリンゴ畑があり、落ちたリンゴをクマが食べないように対策をする必要があった。クマを獣舎から外に出す時には首紐をつけたが、落ちたリンゴに小さな穴をあけ、中に唐辛子、胡椒、アスピリンなどを詰め、クマがリンゴに噛り付いたら「ダメ！」と叱る。辛みと苦味、「ダメ」という声で、クマはリンゴを吐き出したという。その後、口の中を水洗してやるなどして、自分の子どものようにし、木登り、水泳、カニ取りなども教えた。

宮澤さんは「クマは凶暴」「人を襲う」など世間の誤った常識は誤解であると訴えるために立ち上がったという。戦後の奥山開発によって、山から追われ人里へ移動させられてきたクマたちは被害者である。山の実りが少ないときに、腹をすかせて人家の近くにまで下りていくようになり、民家の柿の実を取ったり、生ゴミを漁ったりした。それに驚いた人たちによって駆除されたヒグマやツキノワグマの数は 2004 年には 2234 頭、2006 年には 4846 頭になったといわれる。戦後、国策としてどんぐりやブナを切り、杉やヒノキの植林を進めたことによって、クマの生活領域は狭まった。後述するクマの胆嚢「熊の胆」は数 10 万円から 100 万円もする高価な漢方薬として珍重されているが、有害獣駆除はその名目になっていないだろうか。

宮澤さんの著書ではクマの研究者と称する人たちの「おしおき放獣」「学習放獣」を疑問視する。餌を求めて人里に出てきたクマを檻に捕らえ、麻酔をかけておとなしくさせ、体重、身長の計測や採血をおこなう。放獣の際には唐辛子から抽出したカプサイシンという辛み成分をクマの顔に繰り返し吹き付けるというような拷問をくわえ、人里に出てくるとこのような目に遭うと学習させ、奥山へ追いやる。クマにしてみれば人間のせいで奥山で生活できなくなり、人里へ出てきたのだから、奥山へ追いやるのは間違いである。共存を考えるべきであると宮澤さんは警告している。

1991年4月、国はクマをレッドデータブックの「絶滅のおそれのある地域個体群」に選定し、京都の国際会議で保護を約束した。九州ではすでに絶滅した可能性が高いという。九州のクマは、もはや熊本の「くまモン」だけかもしれない。

九州のツキノワグマ

九州は50万年前に大陸から日本にツキノワグマが渡ってきた最初の地であったが、2012年8月に発表された第4次のレッドリストの見直しの際、九州の個体群はリストから外され、事実上、絶滅とされている。削除の理由は「過去50年間前後の間に信頼できる生息の情報が得られていない」という要件が適用された結果とのこと。

1987年11月25日に祖母傾山系北面のアオスズ尾根でツキノワグマのオス成獣1頭（推定4歳）がイノシシの狩猟中に捕獲された。この個体をめぐって野生個体か飼育個体かについての論争が起こった。記録によると、最後に捕獲された個体は1941年であった。1987年に捕獲された個体が九州産の野生個体であれば、1941年以降も存在していたことの証明になる。このイノシシは、4本の犬歯はすべて歯槽近くまで摩耗していたため、一度檻により捕獲された際に、犬歯が損傷した可能性があると指摘され、野生のままで生活してきたことに疑義が持たれた。その後、北九州市立自然史・歴史博物館に冷凍保存されていた筋肉試料の遺伝子解析を行った結果、福井県から岐阜県西部にいるクマであることが突き止められた。この報告で九州でのクマの記録は1941年以降、途絶えたことになった。このクマがなぜ九州にいたのかという謎が残ったが、仮説として朝鮮半島へのクマの密輸ルートがあり、その途中、何らかの理由で九州で放たれた可能性が指摘されている。傾山でクマが捕獲された時期、韓国では日本をはじめアジア各国から5年間で500頭のクマが輸入されていたので、この可能性は否定できないとされる。今でも九州にツキノワグマが生息していることを願って、追い続けている人もおられるとのこと。

クマ出没

2020年度のクマの出没件数は2万870件、人身被害は158件で、この10年で最多であったという。目撃件数、人身被害が過去最多であった石川県では、ドローンを使ってブナの開花状況の調査を県内10か所で行った。高さ30m以上のところからブナの木を撮影し、開花が進んでいないと秋になる実が少ないことが予想されるので、市街地への出没の増加が多くなるという予測が立つ。しかし、最近は市街地付近でのクマの生息密度が高まっているので、木の実りと無関係に出没する事例が増えているという。「人口減少や高齢化で田畑や山林が荒廃し、集落や市街地がクマの出没しやすい環境になっている」と分析されている。青森県ではブナの実が多かった年にクマの出産が増え、冬眠明けに行動範囲を拡げる可能性があるとして「出没注意報」が出された。北海道知床半島ではこの20年でエゾシカが増え、ヒグマの好物のフキやセリなどの草が先に食べられてしまうため、ヒグマはカラマツの地面を掘ってコエゾゼミの幼虫を食べているという。

熊胆(ゆうたん)、熊の胆(い)

『中薬大辞典』によると、熊の胆は一般に冬、捕獲後、腹を裂いて胆を「採集」することから始まる。腹を裂く時は、あらかじめ胆嚢頸部を固く縛り、裂き取った後は胆嚢の外側に付着した脂肪を注意深く取り除く。次に、木の板に挟んで扁平にして、風通しのよい場所につるして陰干しをする。或いは石灰の缶に入れて乾燥させる。乾燥した胆嚢は長く扁平な卵形を呈し、長さ10〜20cm、幅5〜8cm、上部が細く、下部

ヒグマ（上野動物園）

は大きくふくらんでいる。表面は堅く、灰黒色か黒褐色で、光沢があり、皺が寄り、皮は薄く、光に当てて見ると、上部は半透明である。割ると、その断面は繊維性になっており、内側には乾燥した胆汁がある。通称、胆仁と呼ばれ、塊状、顆粒状、粉末あるいは濃密な軟膏状を呈する。光沢の色はまちまちで、このうち金黄色、透明でコハク様の光沢を持ち、柔らかくもろい。味は苦く、後に甘くなるものを金胆、銅胆と呼ぶ。黒色のものは、墨胆、鉄胆と呼ばれる。また黄緑色で光沢がやや少なく、ややもろいものは菜花胆と呼ばれ、臭いはわずかに芳しく、少し生臭いが、口中で溶け、味は極めて苦く、清涼で歯に粘りつかない。大きく、金黄色の胆仁で、色が明るく、味が苦くのちに甘くなるものが良品とされる。

成分として胆汁酸類のアルカリ金属塩を含み、コレステロールや胆汁色素も含んでいる。黒クマの胆からは、約20%のタウロウルソデオキシコール酸が得られる。これが熊胆の主成分であり、加水分解するとタウリンとウルソデオキシコール酸になる。薬効として、健胃、鎮痙、鎮痛、解毒作用がある。

熊胆の中国における主要な産地は、雲南、黒竜江、吉林で、他に貴州、四川、青海、チベット、新疆（しんきょう）、甘粛、湖北、湖南、陝西、福建でも産する。日本では古くからアイヌ民族が珍重していた。熊胆の効能や用法は中国から伝わり、飛鳥時代から利用されている。熊胆を配合した薬は鎌倉時代から明治時代にかけて、「奇応丸」「反魂丹」「救命丸」「六神丸」などが作られてきた。富山の薬売りも熊胆とそれを含む薬を売り歩いた。北海道の先住民、アイヌはヒグマから熊胆を得ていたが、松前藩の支配下にはいると、クマを捕獲しても熊胆と毛皮は取り上げられ、熊胆は薬種商に流されて藩の財政を潤した。毛皮は武士の陣羽織となった。

北海道のヒグマは鮭を主に食べるので、胆嚢は生臭い。それに比べ、本州、特に北陸や飛騨地方のツキノワグマはミズナラ、クリ、ドングリなどの実を食するので、その熊胆は生臭さが薄く、質がよいとされている。

ワシントン条約による規制で、熊胆の輸入は困難になっているため、ウシの胆嚢の成分、コール酸から数段階の合成で、ウルソデオキシコール酸に変換されたものが代用される。また、ウシの胆嚢を乾燥させた「にせ熊」が熊胆の代わりになるという報告もある。中国や韓国には、熊胆を取るための「クマ農場」も存在し、主として漢方薬のメーカーによって運営されている。一時は、中国では1万頭以上のクマが飼育されていたが、徐々に減りつつある。韓国では2006年頃には2000頭、2012年には約1000頭が飼育されていた。

山の神

ヨーロッパでは5万年以上前に「クマ信仰」があったという。グリム童話、ペロー童話、フォンテーヌの寓話などで知られるお伽話は農民から聞き取ったものである。2月2日にクマの仮装で出かけるお祝いがあるそうだ。シベリアでも「クマ祭り」が祝われている。クマが穴の外の空を見て、空が明るければ自分の洞窟に戻り、冬があと40日続くといわれている。2月2日にクマが出てくるというのは、クマ座のアルクトオル（牛飼い座のアルファ星）が出るということに由来しているようである。

現在、日本ではヒグマは北海道にしか生息していないが、3万年前には本州、九州などでもツキノワグマと共生していた。明治以前には北海道のほぼ全域でヒグマは生息し、4500～5000頭いたとされるが、2003年には1900～2300頭に減少している。北海道アイヌの人びとは多神信仰でいろいろな守護神の他に、地上の自然物もすべて天上に住む神々が、アイヌに贈り物を届けに訪れた仮の姿と信じていた。アイヌでは狩猟の前に火の神と家の神に「これからカムイ（ヒグマ）をお迎えにまいる。山におられる猟の神（ハシナムカムイ）に貴方様から、多くのカムイに巡り会うことができますように、またカムイが暴れずにおとなしく迎えられますようお伝え下さい」と必ず祈る。これを「カムイノミ」（神への祈り）と言う。

アイヌは毒矢を用いて狩猟をした。毒は附子（ぶし）（トリカブト）やアカエイの尾の毒を用いる。トリカブトの研究家である日本大学元教授の一戸良行博士は「北海道幌別のアイヌは、毒性の強烈なシノ・スルクを矢毒として用いている。北海道アイヌは、矢毒使用の風習があるのに対して、樺太アイヌには、見られないのは、樺太のトリカブトはクマを速殺するほどの猛毒性がないためである」と述べている。トリカブトに含まれる有毒塩基は、エサコニチン、アコニチンやメサコニチンなどが知られている。

アイヌの「クマ信仰」

アイヌがクマを捕ると、カムイ（神）は徳のあるアイヌか否かを即断し、徳のあるアイヌと分れば、カムイが自らその矢や槍を受け、アイヌに贈り物を渡すという。アイヌは贈り物を受け取った後、その場でクマの神に感謝し、神のさらなる地上への再来を願い、神に贈り物を与えて神の世界に戻っていく儀礼を行った。

春先に子グマを生け捕った場合、カムイが子グマの姿に化身して、アイヌのもとに長期間滞在し、アイヌの生活を見に来てくれたと解した。これはコタン（集落）として名誉なことで、カムイがコタンにいる間は、疫病や飢饉がないことが保証されたと考え、子グマが２歳くらいになるまで我が子以上に大事に育てた後、盛大なクマ送りの儀礼を行う。クマ送り儀式はアイヌ民族だけでなく、広く北方に住む原始民族の間でも、それぞれ特徴がある儀式がされていたという1926年のハロウェル（Hallowell）による報告がある。その調査によれば、クマが棲む地方の民族間には、クマを殺すと、ほとんどの場合、何らかのクマ送りが行われ、他の狩猟動物とは違った特別な扱いがされているという。アメリカの南部の先住民、欧州のフィン族などでも同様であるという。

日本では本州の中部以北の山間の猟師の間でもクマ送りが行われてい

た。たとえば、秋田県仙北郡檜木村のマタギはクマの皮を剝いだあと、皮を肉体に頭尾を反対にかぶせ、榊を持って唱え言をなすケボカイの儀式を行い、解体後にはモチグシと称して、肉を2本のクロモヂの木の串にそれぞれ12片刺し、火であぶって山の神に供え、自分たちも分けて食べる。クマ以外は、カモシカの狩猟の際にも儀式を行うが、クマの儀式が最も複雑で厳格であるという。日本から7000 km離れた西シベリアのオビ川流域のハンテ・マンシの人たちが暮らすカズィム村でもクマ送りが行われていたという。

東日本の場合、大陸と同じようにクマに霊魂を認め、霊的な生き物として扱っているが、人とクマの関係を山の神を介して固定的に伝承してきたのは日本的な考え方である。大陸では人を含む自然界全体を視野に入れてクマと関係を結んでいるとされる。東日本のクマ信仰はクマが人の生を贖(あがな)う生贄として山では山の儀礼を、里では里の儀礼を施し、クマの魂を祀り、あの世へ送った。大陸では人の生を贖うものとして、クマが民族の始祖となり、トーテムの貴重な動物であり、人と親戚関係にあるとする前提がある。クマを独立した個とする考えは日本にはない。さらに山と里で儀礼をくり返す煩雑さがない代わりに、クマの遺体を家に招き、死と再生、復活をくり返す儀礼がある。

北海道の観光地では土産物屋に木彫りのクマが並んでいるが、元祖はスイスなのだそうだ。スイスにもかつてヒグマがいて、これを具象化したのが木彫りのクマであるといわれている。1921年から22年に欧州旅行をした尾張徳川家19代義親公が家臣たちと渡島管内八雲町に移住して、農場主となった。クマ狩りの好きな徳川義親公がスイスから木彫りのクマを持ち帰り、それを手本に木彫りグマの工芸品を農民の生活安定のために副業として勧めたのが始まりなのだそうだ。

クマ肉料理

『中薬大辞典』には、熊胆だけでなく、熊肉も漢方としても有用と述べられている。薬効は主として筋骨の増強、脚気、手足不随である。これらの効果のためには煮て食べるのがよいとされる。また、クマの脳髄はシラクモ、ふけを取る効果があり、目まいや脱毛、耳鳴りにも効果があると記載されている。

クマは年間1000～2000頭近く捕獲され、一部の地方では食肉とされている。主なジビエ料理として煮物や熊汁などがある。筆者も30数年前、甲府で「クマ鍋」を食したことがある。確か味噌仕立で野菜と一緒に煮込んであり、身体がポカポカと温まった。我が家では冬になるとよくイノシシの鍋を食べるが、クマはイノシシよりも脂肪部分が軽く、固いが旨味があった。冬眠前で脂が乗っている時のクマの肉が美味しいとされる。野生の肉なので臭みがあり、人によって食後の感想は異なる。

北海道では熊肉の大和煮や熊肉の缶詰をお土産として購入することができる。生肉は旋毛虫症（トリヒナ）の感染源となるので、避けるべきである。冷凍処理しても寄生虫は死なない。1979年に札幌でヒグマかツキノワグマの肉を刺身で食べた人がトリヒナに感染した例や、1897年にスウェーデンの北極探検隊がホッキョクグマの生肉を食べ、集団感染した例などが知られている。

クマ料理を食べさせる店は東北地方にあるが、東京にも両国や神田にクマ肉を食べさせる店がある。中華料理の高級食材「熊の掌」は豊富にコラーゲンが含まれ、美容に効果があると珍重されている。

3 翼あるもの

床モザイク「ハト」
（３世紀、ロド、イスラエルモザイク博物館蔵）

ハ　ト

Pigeon

鳩はオリーブの若葉をくちばしにくわえていた。そこでノアは水が地上から引いたことを知った。　(創世記８：11)

ノアの洪水物語で、水の勢いが衰えた後、ノアは地の面から水が引いたかどうかを確かめるために箱舟からハトを飛ばした。ハトは足を休める場所を見つけられず、箱舟へと帰ってくる。7日後、もう一度ハトを放つと、オリーブの若葉をくわえて帰ってきた。さらに7日後に飛ばすと、ハトはもう帰ってこなかった。ノアはそのようにして、水が引いた土地があることを知った（創世記8章8–12節）。ハトが平和の象徴とされるのは物語をきっかけとしている。新約聖書においてもハトはイエスの洗礼という非常に印象的な場面で現れる。

イエスは洗礼（バプテスマ）を受けると、すぐに水から上がられた。すると、天が開け、神の霊が鳩のようにご自分の上に降って来るのを御覧になった。そして、「これは私の愛する子、私の心に適う者」と言う声が、天から聞こえた。　(マタイによる福音書3章16–17節)

レビ記では、犯した罪の代償として捧げる贖罪の献げ物としてハトが指定されている。ただし「貧しくて羊や山羊に手が届かない場合」の代用としてであった（5章7節）。イエスが誕生した時、両親はイエスを主に献げるためにエルサレムに連れて行き、「主の律法にいわれているとおりに、山鳩一つがいか若い家鳩二羽を、いけにえとして」献げている（ルカによる福音書2章24節）。また、イエスは神殿から商人を追い出すために「両替人の台や鳩を売る者の腰掛けを覆された」（マタイによる福音書21章12節）。ハトが犠牲として捧げられるということは、清い動物ということである。また、「鳩のように無垢」（マタイによる福音書10章16節）、「鳩のように落ち着きがなく、思慮に欠けている」（ホセア書7章11節）という喩えにも用いられていた。さらには「恋人よ、あなたは美しい。あなたの目は鳩」（雅歌1章15節）ともいわれている。

＊　＊　＊

ハト（Columbidae）はハト目ハト科に属する鳥類で、1万年から6000年前に飼育されるようになった。農耕が始まった当時の中東には餌となる小麦や大麦が多くあり、ハトは性格が大人しいので早い時期から飼育されるようになったのであろう。ハトの仲間は北極、南極、高山を除いて世界で308種ほど知られている。

聖書の中にはイエバトとヤマバトが出てくる。創世記8章でノアが放ったハトはイエバトである。前4500年頃のイラクの遺跡アルパチャでは土製のハト像が出土しており、宗教上、重視されていたことが想像される。ハトの飼育は古代エジプトや古代ギリシアでも行われ、食用とされていた。ギリシア神話では、愛と美の女神アフロディーテの聖鳥とされていた。中国には、鳥を放つと幸運が訪れるという民間信仰があるので、祭りや祝い事にハトを放つ習慣があったが、ハトがふえ過ぎたので、現在では放鳥が禁止されている地域もあるそうだ。

日本のハト

約300種のハト科の鳥類のうち、日本では12種が確認されている。キジバト、アオバト、ジュズカケバト、ドバトなどがハトと呼ばれてきた。奈良時代からハトと呼ばれており、『古事記』には「波斗」「鴿」、『日本書紀』や『出雲風土記』には「鳩」と表記され、9か所に出てくる。『万葉集』には現れない。

平安時代にはキジバト、アオバトなどのヤマバトと、ドバトなどのイエバトが区別されている。キジバトは今では人里で生活しているが、かつては夏は山で過ごし、秋に里に移って来たので、ヤマバトとされていたのであろう。昭和20年代以前は神社や仏閣を中心に生活をしていたが、現在は都市部、農耕地、離島などでも普通に見ることができる。

ハトは胸を起こすようなスタイルで、「ゴロッポ　ゴロッポ」と鳴く。ドバトは野生のハトの一種カワラバト（Columba livia var. domestica）の飼養品種で、紀元前3000年頃に家禽化され、飼育されるようになった。品種は200品種以上知られている。

キジバトは江戸時代に、背の赤褐色の鱗状の斑がキジに似ていることから、そう呼ばれるようになった。アオバトは頭は黄緑色、背が濃緑色であることから「アヲバト」（青バト）の名で知られるようになった。大磯の照ヶ崎海岸には5～11月に丹沢山地から20～100羽の群れが集まり、毎日合計2000羽が海水を飲むという。不足するナトリウムを海水から補っているのだそうである。「日向ハト」「シマバト」の異名がある。年中ペアでいることから、英語で「キジバトのペア」（a pair of turtle doves）というと、「おしどり夫婦」の意味だという。

ジュズカケバトは頸に半月形の黒色の斑文があることから「ジュズカケ」（数珠懸）の名がついた。関東地方に分布する野生のシラコバトは黄白色である。両者は酷似しているが、ジュズカケバトの方が少し小形（翼長16 cmほど）で、白変種もいる。ジュズカケバトは時々、シラコバトよりも長く「ボーオー　ボーオー」鳴くので、「時計バト」とも呼ばれている。両者が渡来したのは江戸時代前期で、シラコバトは関東の一部で野生化し、ジュズカケバトは飼育され、一部は野生化した。両者は混同されていることもある。

シラコバトは18～19世紀には盛んに移入され、江戸時代には幕府が保護し、江戸城周囲10里四方（40 km四方）は「ご留場」として禁猟区になった。明治維新以降は、埼玉の越谷市に御猟場を設けて一般人の禁猟区にしたが、周辺で狩られ、鷹狩の鷹の餌として買い上げられた。

ハトの語源

新井白石の『東雅』によれば、ハトの語源は「はやとり（速鳥）の略」、『大言海』では「羽音のハタハタとの略」で、ハトの朝鮮語名パトゥルキの音が似ていることが指摘されている。漢字は鳩と鴿の2つがあり、日本最初の漢和辞書『和名類聚鈔』には、鳩は「やまばと」、鴿は「いへばと」と記されている。現在では一般に「鳩」が用いられるが、中国語の北京語では「鴿」も用いられる。英文表記では鳩がpigeon、鴿がdoveである。鳩はハト科鳥類を総称する意味で用い、鴿は家禽化されたものや、人間の生活に近いところにいるものに用いているようだが、明確に区別されているわけではない。

ハトの日常生活

ハトは樹上に小枝を利用した巣を作るが、地上や岩石の隙間を利用することも知られている。都市部では高層建造物のベランダ、空きビル、道路や鉄道の橋桁、歩道橋、民家、石垣の隙間なども利用して巣を作り、繁殖する。卵を産むのは年に1度ではなく、数回の場合もある。1回に産む卵の数は2つとされるが、1つの場合もあれば、3つの場合もある。雌雄で約18日、卵を温め、孵化した雛は約30日で巣立つ。嗉嚢（そのう）（餌袋）で作り出される「ピジョンミルク」と呼ばれる餌を雛に与えるのがハトの繁殖の特徴である。この餌には水分、脂肪、たんぱく質、灰分、ビタミンなどが豊富に含まれる。ハトは水を飲むとき、下を向いたまま水が飲める例外的な鳥である。つまり、水を吸えるということで、スズメやカラスは上を向いて流し込むしかない（日本経済新聞2013年8月10日夕刊）。

ドバトの糞は神社仏閣やマンションなどの美観を損なうだけでなく、オウム病（鳥病）や肺クリプトコッカス症（外因性真菌症）の原因となり、衛生上の問題にもなっている。平和のイメージが強いハトだが、1962年に有害鳥に認定され、駆除の対象なのである。オウム病というのはオウムやハトを媒介して人に感染する呼吸器疾患である。発熱し、1週間後頃から咳や痰が出て肺炎のような症状が出る。クリプトコッカス症はクリプトコッカス属の真菌が肺や皮膚から感染して病巣を形成する。無症状で、完治することが多く、髄膜炎を起こしたとき、そう診断される場合がある（大田真也『ハトと日本人』）。

伝書バト

『本草綱目啓蒙』に「鳩は主人に家を能覚へ居者ゆへ遠方に行といへとも放つときは必其家に還る」という記載がある。ドバトには帰巣性

白いハト（鶴岡八幡宮）

があり、古代からその帰巣本能を利用して通信用の伝書バトとして利用されてきた。日本では明治の初めに輸入され、陸軍ではフランスから専門家を招いて盛んに飼育するようになった。太平洋戦争の終結に伴い、その役目は終わったが、しばらくは遠距離からの通信や情報用に利用されていた。その後はスピードを競う競技用としてハトレース用に飼育されている。

平和の象徴

創世記のノアの洪水物語から、ハトは平和の象徴とされてきたが、そのイメージは第2次世界大戦後の1949年、パリで開かれた世界平和会議のために、画家のピカソが描いた「オリーブの小枝をくわえて飛ぶ鳩」の石版画のポスターをきっかけに広がった。日本では1952年にサンフランシスコ講和条約、日米安全保障条約締結を記念して「オリーブの小枝をくわえて飛ぶ白ハトのデザイン」で「ピース」と命名されたタバコが発売され（10本入り40円）、前年の同期に比べて3倍の売り上げとなった。日本宝くじ協会のシンボルマークもハトだが、オリーブの小枝ではなく、幸運をもたらす四つ葉をくわえている。オリーブの小枝をくわえたハトの意匠はハンガリーやバチカンの硬貨、ブルガリアや旧ソ連、日本の世界大戦平和記念の切手のデザインにも用いられている。

八幡宮のハト

八幡宮は武神であるので、平和の象徴というイメージがあるハトとは結びつかないように思われるが、八幡神の使いとして崇められてきた。鎌倉時代の武将は戦場での勝運を呼ぶ鳥としてハトの絵柄を家紋として使い、やがて八幡信仰が全国へ広がった。『源平盛衰記』や『太平記』、『梅松論』などの軍記物には、ハトは出陣の際、勝利の鳥として記載されている。八幡神はもともと九州の神で、筑紫の国生まれの応神天皇の霊であるという。日本武尊（やまとたけるのみこと）の孫に当たる第15代天皇、応神天皇が八幡神社の主神である。古代には王城鎮護の神として律令国家の尊崇を受けていた。また、仏教との関係も深く、天応元（781）年には朝廷から大菩薩の称号が送られ、「八幡大菩薩」とも呼ばれる最初の神仏習合神となった。宇佐八幡から石清水八幡宮と鶴岡八幡宮に勧請され、さらに分祀されている。そのため、八幡神社は全国に2万5000社あり、稲荷神社の3万社についで多い。

ハトの「八」の字（鶴岡八幡宮）

『源平盛衰記』によると、源頼朝は治承4（1180）年8月、伊豆の石橋山で源氏再興をかけた大庭景観との戦いに大敗し、わずかな手勢だけを連れて、朽ちた樹洞に身を潜めていたが、追手の梶原景時や熊谷直実らに見つかってしまう。彼らは実は源頼朝の将来に希望を見ていたので、弓の先で樹洞の中をかき回した際、鳩が2羽飛び立ったので、周囲に人がいるはずがないと言って見逃した。九死に一生を得た頼朝は氏神の八幡神がハトを遣わされたに違いないと確信した。その後、鎌倉幕府を開くと、鶴岡八幡宮を幕府の守護神とした。鎌倉の鶴岡八幡宮が「鳩宮」として親しまれ、上宮の正面に掲げられた額の「八幡宮」の「八」の字がハトが向かい合った図であるのはこの逸話からきている。

ハトの孝行

柳田国男『日本の昔話』に、次のような能登の話が掲載されている。

　昔の昔、鳩はほんとにねじけ者で、ちっとも親の言うことを聴かぬ子であったそうです。親が山へ行けといえば田へ行き、田へ行けといえば畠へ出て働いていました。親が死ぬ時に静かな山に葬って貰いたかったけれども、そう言うと又反対の事をするだろうと思ってわざと川原に埋めてくれと頼んで死にました。

ところが鳩は親が死んではじめて、親の言うことをきかぬのは悪かったと心づきました。そうして、今度はその言いつけの通りに、川原に行って親の墓をこしらえたのだそうです。然し川のふちでは、水が出るたびに墓が流れそうで気がかりでたまりません。それゆえに今でも雨が降りそうになると、このことを考え出して悲しくなって、ととっぽっぽ・親が恋しいといって鳴くのだそうであります。もう少し早くから、親のいうことをきいておればよかったのであります。

仏教のハト

「蛇のように賢く、鳩のように素直（無垢）になりなさい」（マタイによる福音書 10 章 16 節）という句が聖書にはあるが、ブッダの前世の物語『ジャータカ』にもハトが穏やかで他人のためを考える動物として描かれている。

釈尊は昔、ハトとして生を享けられた。当時、都の人々は鳥が安楽にすめるように善行として種々の所にわら籠をかけておいた。豪商の料理人も自分の調理場にわら籠を一つかけていた。ハトはそこに棲みかをきめていたが、ある日、調理場の上を飛んでいた一羽のカラスが魚の身の芳ばしい香りをかいで貪欲を起こし、「どうしたらあの魚の身を食べることができるだろうか」と考えながら近くにとまっていた。

夕方、ハトが帰ってきて調理場に入っていくのを見て、「よし、このハトを使って魚の身を手に入れてやろう」と考え、翌日にはもうハトと仲良しになった。そしてハトといっしょに餌を探しにいき、腹がふくれるとともに調理場に還り、もう一つの籠にすむようになった。

ある日のこと、人々が豪商に多くの魚の身を持ってきたのを見たカラスは貪欲を起こし、翌日になっても外に出ようとしない。

ハト「さあ、カラスよ、来なさい」

カラス「どうぞ行ってください。わたしは胃が痛むのです」

ハト「鳥の胃が痛いということを、わたしはかつて聞いたことがない。君はこの魚の身を食べたいのであろう。さあ来なさい。そんなことをしてはいけない。わたしといっしょに餌場へ行こう」

それでも行こうとしないカラスに向かって、「君のすることはすぐわかってしまうよ。貪欲に負けないように注意しなさい」と忠告してハトは餌場へ出かけた。その後、料理人が汗をふきながら外で一息ついた隙に、これさいわいとカラスは魚の身を食べようとして、それが入っている入れ物の上にとまった。するとカチリと音がして、それに気づいて怒った料理人はカラスを捕らえ、羽を全部引きぬき、生の生姜を塩づけのウイキョウといっしょにすりつぶし、酸味のあるバター油でかき混ぜ、それをカラスの全身に塗りつけて、籠の中に投げ込んでしまった。

ハトが外からかえってみるとカラスが籠の中でもがき苦しんでいた。「貪欲なカラスよ、わたしの言葉に従わなかったから、君は自分の貪欲のためにひどい苦しみに陥ったのだよ」と言って、「人のためを思い、同情する人が、忠告しているにもかかわらず、その人の言葉に従わないものは、ハトの忠告を守らなかったカラスのように、敵の手中に落ちる」と唱えた。

ハト麦

ハト麦（Coix lacryma-jobi var. ma-yuen）はハトが好んで食べるので、その名がついたイネ科ジュズダマ属の穀物である。中国福建、河北、遼寧省から東南アジアが原産で、分類上はトウモロコシに近い。生育期間は160日前後で、花期は8～10月。9～10月に果実を採取して、果皮と種皮を取り除き日干にする。種子にはでん粉50％、アミノ酸としてグルタミン酸、ロイシン、チロシン、バリンなど、脂肪酸としてパルミチン酸、リノール酸、ステロイドとしてカンペステロール、スティグマステロール、コイキセノライドが含まれている。楕円形のジュズダマ状の殻を破ると白い果肉があり、噛むと歯にねばりつく。この果肉は漢方の薏苡仁湯（よくいにんとう）の成分でヨクイニンといい、滋養強壮、美肌の効果がある。ニキビや吹き出物にもよく、いぼ取り、利尿作用、抗腫瘍作用にも利用される。ハト麦の根にはコイキソール（Coixol）が含まれ、鎮静、鎮痛、解熱作用、呼吸興奮作用、降圧作用等が報告されている。

1981年に水田利用再編対策の特定作物と認められ、水田転作作物として栽培されてきた。日本へ入ってきたのは奈良時代とも江戸時代ともいわれている。中国から伝わったとされるが、朝鮮半島のものとDNAが同じなので、朝鮮半島を経由してきたものと思われる。

毒鳥

10種余りの毒鳥、つまり毒をもつ鳥が確認されているが、ハト科の鳥が多く、4種が知られている。しかし、どれも毒腺を有しているわけではなく、食物中の毒を体内（主に羽毛や皮膚）に蓄積しているだけである。モーリシャス島産のモーリシャスバト（Columba mayeri）は有毒なサボテンの果実が毒の源になっている。オーストラリア西部にいるニジハバト（Phaps chalcoptera）やチャノドニジバト（P. elegans）は有毒な植物の種子、アフリカ産のオリーブバト（Columba arquatrix）はマキ属の一種の果実がそれぞれ毒の源になっている。

有毒な生物は数多く知られているが、鳥類については、毒性を示す鳥の存在は報告されていなかった。中国の本草書や古典に記されている鴆鳥（ちんちょう）も空想上のものと考えられていた。3世紀末の『晋書（しんじょ）』には、鴆鳥を捕獲したという記事が2か所ある。そのうちのひとつ、「石崇（せきすう）が官僚として南中に派遣されたとき、鴆鳥の雛を入手し、これを後軍将軍の王愷（がい）に与えた。ところが鴆鳥を揚子江の北に持ち込んではならないという規則があった。それで司隷校尉の傅祗が摘発し、詔書によって鴆鳥を街頭で焼いてしまった」ということからも当時、中国に鴆鳥が実在していたと推測される。

ニワトリ

Cock, Hen

今夜、鶏が鳴く前に、あなたは三度、私を知らないと言うだろう。　（マタイ 26：34）

ニワトリはやはり聖書においても時を告げる鳥として登場する。「目を覚ましていなさい。いつ家の主人が帰って来るのか、夕方か、夜中か、鶏の鳴く頃か、明け方か、あなたがたには分からないからである」（マルコによる福音書 13 章 35 節）。しかし、新約聖書において、ニワトリが最も印象的なのは、イエスの弟子ペトロがイエスのことを 3 度知らないという場面であろう（マルコによる福音書 14 章 30 節）。また、「エルサレム、エルサレム、預言者たちを殺し、自分に遣わされた人々を石で打ち殺す者よ、めんどりが雛を羽の下に集めるように、私はお前の子らを何度集めようとしたことか。だが、お前たちは応じようとしなかった」（ルカによる福音書 13 章 34 節、マタイによる福音書 23 章 37 節）では、雛を育てる親鳥としても現れている。

旧約聖書には食べてよい鳥、食べてはいけない鳥についての規定はあるが（申命記 14 章 11–20 節）、家禽のニワトリについては述べていない。古代エジプトや中東の古い時代の説明にニワトリのことがあまり描かれておらず、上記のように新約聖書には記述があることから、ニワトリはローマ人によってユダヤにもたらされたと考えられていた時代もあった。考古学的には前 2400～2000 年のシリアの地層からニワトリの骨が発掘されており、そのころにはニワトリが西アジアにいたと考えられる。また、インダス文明のモヘンジョ・ダロ遺跡からはニワトリやニワトリの骨をデザインした土器が出土しており、少なくとも前 2500 年ぐらいには飼育されていた可能性が示された。エジプトにもトトメス 3 世（前 1480–1447 年）の年代記にニワトリは北東の国からの貢物で、「これは日々、（卵を）産む」と記されていることが今ではわかっている。当時、時計などのなかった時代、時を告げる貴重な存在であった。

ゾロアスター教の天使的な存在とされるスラオシャは雄のニワトリを道具に使い、「声を張り上げて人々に祈りを命じる」とされている。棺に入った小さな印章に意気揚々とした雄鶏が描かれているのが知られている。ローマ時代のゾロアスター教では闘鶏によって戦争の結果を予想していた。ニワトリはエジプトからギリシア、ペルシャに至るまで神殿で生け贄として捧げられていた。

ニワトリという和名は「庭に飼う鳥」から名づけられた。日本語では単に雄のニワトリは雄鶏、雌のニワトリは雌鶏だが、イギリスとアイルランドでは1歳以上の雄鶏をcockと呼び、雌鶏はhenと呼ぶ。アメリカ、カナダ、オーストラリアやニュージーランドではcockではなく、roosterと呼ばれる。

風見鶏

キリスト教国では中世初期、ローマ教皇の命令によって教会の上に風見鶏（鶏をかたどった風向計）が設置されていた。風が吹く方向を常に向いているので、魔除けの意味があった。警戒心の強い雄のニワトリの習性から、「風に向かって雄々しく立つ」という意味でも用いられてきた。しかし、政界の重鎮だった中曽根康弘氏が「風向き次第で態度がすぐ変わる風見鶏」と揶揄されたことから、日和見主義の意味合いも持つようになった。また、神戸の異人館に風見鶏の館があることから、風見鶏が市のシンボルマークになっている。神戸を舞台にした1977年のNHK連続テレビ小説のタイトルは「風見鶏」であった。

ニワトリの歴史

現在のウズラ、キジ、クジャク、ヤマウズラ、野生のニワトリなどの祖先は2500万年から2000万年前に出現したといわれ、東南アジアから中国南部において家禽化されていた。家禽化された時期は前8000年頃とする説、牛より遅く、ウマと同程度の前5000年から前4000年頃という説などがある。家禽化された当初は、食用ではなく、朝一番に鳴く美しい声が求められ、太陽崇拝の祭祀用、ニワトリ同士戦わせる闘鶏用であったという。やがてヨーロッパにも伝わった。

古代ローマでは出陣前に闘鶏で前途を占い、また神前に捧げ、国家の無事を願った。家禽化されて間もなく、肉も食用となり、やがてそれが飼育の目的となった。

ニワトリ（高知大神宮）

ニワトリの祖先について、ダーウィンは「赤色野鶏（セキショクヤケイ）起源説」を唱えていた。赤色野鶏（Gallus gallus）は東南アジアを中心にインド、スマトラ、ジャワ、フィリピン群島に至るまでの広範な地域に生息していた。セキショクヤケイ、ハイイロヤケイ、セイロンヤケイ、アオエリヤケイのいずれか複数の種が交雑したものという多元説もある。現在では、セキショクヤケイもしくはその亜種に由来する可能性が強く示唆されている。現在のニワトリからハイイロヤケイ由来の遺伝子が見出されるなど、多元説を支持する報告もある。

世界中のニワトリの数は、ネコとイヌ、ブタとウシの数を合計した数よりも多い。地球上に、200億羽以上のニワトリが生息しているという。人間ひとりに対し3羽の割合である。ネズミ算式に増えるネズミの数よりもはるかに多い。世界で唯一、鳥小屋を置くスペースがないのはバチカン市国だが、南極ではペンギンを病気から守るため、国際条約により生きたニワトリはもちろん、生の鶏肉も輸入が禁じられている。

日本のニワトリ

ニワトリは日本には東南アジアから中国を経て渡来したとされるが、その時期は紀元前500年など諸説がある。『古事記』や『日本書紀』には、天照大神が高天原で弟、須佐之男命の乱暴な所業に怒って天の岩戸にお隠れになったとき、八百万（やおよろず）の神が常世（とこよ）（不老不死の理想郷）の長鳴鳥（ながなきどり）を集めて鳴かしめ、天照大神が岩戸から出てきたという神話が記されている。この長鳴鳥がニワトリとされている。伊勢神宮に「鶏真似の儀式」というのがある。20年ごとの式年遷宮では、夜になると神域の明かりがすべて消され、午後8時に神職が厳かに「カケコー、カケコー、カケコー」とニワトリの鳴き声を真似ると、奥の院の扉が開かれる。天の岩戸の故事にならったものである。

そのようなわけで、伊勢神宮にはニワトリ（神鶏）が放し飼いになっているが、放し飼いにしているのは伊勢神宮だけでなく、日本最古の神社とも言われる奈良県天理市の石上神宮でも約30羽が放し飼いにされている。夜になると木の枝で過ごすが、烏骨鶏とレグホンは、高く飛び上がれないので、鶏舎で過ごす。その他、鷲宮神社（埼玉県久喜市）、谷保天満宮（東京都国立市）、青井阿蘇神社（熊本県人吉市）、熱田神宮（名古屋市）、伊佐須美神社（福島県会津美里町）、松森天満宮（長崎市）などでも放し飼いにされている。狛鶏を祀る神社も香椎宮（かしいぐう）（鶏石神社。福岡市東区香椎）、和気神社（岡山県和気郡）、中野神社（青森県黒石市）、高知大神宮（高知市）、志（し）神社（島根県松江市）などが知られている。

中国では正月元旦をニワトリの日として、正月に飾る松飾にニワトリの絵を添える風習がある。ちなみに2日は狗（イヌ）の日、3日はイノシシの日、4日はヒツジの日、5日はウシの日、6日はウマの日で、すべて家畜である。それぞれの日にはその日の動物を殺さない風習だという。日本では飛鳥時代、近畿地方で年の初めに土や木で作ったニワトリを枝に下げる風習があった。ニワトリはめでたいものであった。

その一方で、嫌われる話もある。ニワトリそのものが嫌われるというよりは、ニワトリが鳴いたための不都合が生じたという話である。島根県松江市の美保関や揖屋（いや）では、七福神の恵比寿さんが嫌ったという神話から決してニワトリを飼わなかったという。恵比寿さんは美保から数10 kmはなれた揖屋にいる姫様に恋をして、毎夜のように木舟で通い、朝一番のニワトリが鳴くと帰られるのが習わしであったが、あるとき、姫とむつまじい語らいの最中に一羽のニワトリが鳴きだし、あわてた恵比寿さんが櫂を忘れ、足で漕いで帰られたところ、途中でワニに足を喰いつかれ、すっかりニワトリが嫌いになってしまったという。

平安時代になると遣唐使によって「小国鶏」が渡来した。このトリの華麗な姿は人々を魅了し、また闘争性と長鳴き性を備えていたので、報(ほう)晨(しん)（正確に時を告げる）に使われた。江戸時代にはチャボ、シャモ（軍鶏）、ウコッケイ（烏骨鶏）など、新しいトリが続々とやって来る。尾羽が5～7mになるオナガドリ（尾長鶏）、10秒以上も鳴くトウテンコウ（東天紅）、コエヨシ（声良）、トウマル（唐丸）、尾がほとんどないウズラオ（鶉尾）、闘鶏用に作られたサツマドリ（薩摩鶏）などがいる。これらの日本鶏はわが国個有の貴重なニワトリであることから、17種は国の天然記念物に指定され、保存されている。

闘　鶏

闘鶏は、古くから世界中で行われ、日本においても平安時代には小国が、江戸時代には大唐丸が使われていた。その後、シャモが闘鶏としてシャム（タイ）から渡来し、日本でいろいろと改良された。鋭い眼光、突き出した頭骨、硬くて丈夫な羽毛、筋肉隆々の肢体、大きく外側に張り出した翼肩、ほとんど直立する姿、勇猛果敢な声質など闘鶏用のニワトリとしての資質を備えている。このシャモの人気によって世界各地に独特の闘法が生まれた。日本では鹿児島県で作出された闘鶏として「薩摩鶏」がいる。別名剣付きニワトリとも呼ばれ、脚に刀剣をつけて闘っていた。現在では鑑賞ニワトリとして広く飼育されている。

さまざまなニワトリ

土佐の尾長鶏（別名長尾鶏）は1923（大正12）年に天然記念物の指定を受け、1952（昭和27）年3月に特別天然記念物「土佐のオナガドリ」と改称された。普通は年に1回、秋に毛が抜け替わるが、オナガドリに限っては生後7か月に達する頃から尾羽（尾の一部と、蓑毛と呼ばれる腰の回りにある細長い羽）が伸び始め、1年に1m前後長くなる。10年目を境に伸びは70cm前後に落ちるが、それでも伸び続ける。最長16mという記録があり、ギネスブックにも登録されている。愛好家は尾部の羽がすり切れないように細心の注意を払い、「とめ箱」という箱の中で飼っている。尾長鶏は日本独自のニワトリであり、尾の長さについては長年の選抜によってつくられた品種である。

チャボは日本鶏の中で内種が25種と多い。このような品種は他にはない。江戸時代より愛玩され、日本各地で飼育されている。体重は雄が600 g、雌が450 gで、小さく愛らしい容姿に人気がある。今日ではいろいろな羽色のものがおり、白色種、黒色種、浅黄種、桂種、赤笹種、碁石種などと呼ばれる仲間がいる。

烏骨鶏は江戸時代初期に中国から渡来した。烏骨鶏という名は他のニワトリよりもメラニン色素が多く、皮膚、肉、骨が黒いことから、カラスの烏の字が当てられた。羽毛は白いものと黒いものがある。その卵、肉、血は昔から身体によいとされ、特に卵は人気が高く、高価である。

ニワトリ飼育の問題

ニワトリの飼育はその集約性ゆえに動物福祉や衛生上の問題を引き起こしている。卵用ニワトリはバタリー式というケージに身動きもできないほどに詰め込まれ、照明と温度は雌が卵を産みやすい環境に保たれている。互いの距離が近く、共食いを起こしやすいので、突き合うのを防ぐため、嘴の一部がそぎ落とされている。ブロイラーと呼ばれる肉用ニワトリは温度、湿度が管理された広い小屋で飼育される。個体数が多く不衛生なので、病気を防ぐため、飼育の過程で抗生物質が欠かせない。さらに成長促進の化学物質も与えられているので、人間の健康に害を及ぼす可能性がある。集約飼育のブロイラーは6週間、平飼い（放飼い）のニワトリは8週間で、有機飼育のニワトリは12週で食肉になる。

少年時代、戦争で疎開した先の農家の庭先でニワトリを飼っていた。物資のない時代、卵は貴重なたんぱく源で、卵を産まなくなったニワトリは祭りやお祝いのときに庭先で潰して鶏鍋にして食べた。1年に数回しか味わえない大御馳走であった。今食べる鶏肉と比べると、よく運動し、年を経た肉の少ない皮の多い鶏肉で、鍋にすると、脂が出て、自家製の醤油とよくあう味であった。大学院時代に生協の食堂にわざわざ「若どりのソテー」と表示されていたりしたが、記憶の中の鶏肉は噛めば噛むほど味が出るものであったので、表示に偽りありと文句をつけたこともある。その後、1965年頃アメリカのブロイラーが輸入されるようになり、柔らかい鶏肉に代わっていった。

貧困撲滅とニワトリ

ニワトリや七面鳥などの家禽は肉や卵が安価なので、貧困層には貴重なたんぱく源である。牛や豚と違って、飼育に広い土地は必要なく、雑食で食べ物はなんでも餌にできるという。

2016年に、マイクロソフト社の創業者ビル・ゲイツ夫妻が貧困撲滅のため、発展途上国の農村部へニワトリを10万羽すると発表した。ビル・ゲイツ氏は「もし1日2ドル（約210円）で暮らさなければいけないとしたら、どのように生活の質を向上させるか？」という質問に「ニワトリを育てる」と答えた。ゲイツ氏はニワトリで貧困を解決できると考える理由について、「育てるのが簡単」「コストが少なくてすむ」「投資の対象として優れている」「子どもを健康にしてくれる」「女性に力を与える」と説明している。

ニワトリは地面に落ちているものならば何でも食べるので、餌代はかからない。小屋は安価な木材と針金で簡単にできるし、ニワトリを死に至らしめるニューカッスル病のワクチンにかかる費用は20セント（約20円）ほどである。世話なしの低コストである。

雌のニワトリを5羽、飼い始めたとする。隣に雄のニワトリを飼っている人がいれば、卵からヒヨコをかえして、3か月後にニワトリは40羽にはなる。1羽5ドル（約520円）で売れれば、最低ラインの年収700ドルを上回る1000ドルを得ることができる計算になる。その最初のニワトリをゲイツ氏が寄付するというわけだが、投資の対象としても優良と言えそうだ。

年間310万人を超える子どもが栄養失調で亡くなっていることへの解決策としてもニワトリ飼育が勧められる。育てたニワトリを売って栄養のある食べ物を手に入れるのもいいが、ニワトリの卵はたんぱく質をはじめとする栄養を多く含んでおり、卵のままでも栄養のある食事を子どもに与えることができる。

ニワトリは牛のように体が大きくなく、庭先で育てられるので、女性だけでも世話が容易だ。夫人のメリンダ・ゲイツ氏によると、家庭内で女性がお金をコントロールする方が、男性がお金をコントロールする時より貧困から抜け出すのに重要な教育・健康・栄養といったカテゴリーにお金を使う可能性が高いという。女性がニワトリでお金を得ることはその家族にとってメリットが大きいのだ。

トリにかんすることわざや故事

「徳のある鶏」——ニワトリでさえ5つの徳がある。まして人間は徳を備えてなければならない。

「牝鶏晨す（ひんけいあした）」「雌鶏（めんどり）勧めて雄鶏（おんどり）時を作る」——女性が勢力を振るうことのたとえ。

「連鶏倶（とも）に棲（せい）に止まる能わず」——闘鶏はすぐに喧嘩をするので、同じ止まり木に並んで止まらせることができない。そこから転じて、英雄や強国は、同時に並び立つことができないというたとえ。

斉の孟嘗君（もうしょうくん）が秦の昭王に招かれ、事実無根の悪口によって捕らえられた。昭王の妃、幸姫に助けを求めると、姫はただ一枚持っていた白狐衣を昭王に献じたので、白狐衣がほしいという。やむなく食客の一人が蔵からそれを盗んで姫に献上した。姫の助命が功を奏して孟嘗君は脱出し、秦の国境、函谷関まで来たが、まだ夜が明けない。門は鶏鳴によって開くので、一人がニワトリの鳴き声を真似ると、近くにいたニワトリがいっせいに鳴きだしたので門が開かれた。そのため一行はようやく無事に逃れたという。中国の『史記』にある話である。

内助の功のことを「鶏鳴之助（けいめいのじょ）」（「鶏鳴の助（たすけ）」）というと、『詩経』に書かれている。賢い妃が夜明けになると「鶏既鳴矣、朝既盈矣」と告げて王を早起きさせて、国政を誤らせないようにしたという。

スズメ

Sparrow

二羽の雀は一アサリオンで売られているではないか。だが、その一羽さえ、あなたがたの父のお許しがなければ、地に落ちることはない。あなたがたの髪の毛までも一本残らず数えられている。だから、恐れることはない。あなたがたは、たくさんの雀よりも優れた者である。　　　　　　　（マタイ 10：29-31）

新約聖書のマタイによる福音書には「空の鳥をよく見なさい。種も蒔かず、刈り入れもせず、倉に納めもしない。だが、あなたがたの天の父は鳥を養ってくださる」（6章26節）というイエスの言葉がある。

筆者の尊敬する日本聖公会主教高瀬恒徳師は『旧約詩編の黙想』の中で、詩編84編4節の「あなたの祭壇の傍らに小鳥さえも住みかを見つけ／つばめも巣をかけて、雛を育てています」について、「この詩人の目にとまったのは、神殿の屋根の陰に巣をつくっているツバメや雀であった。彼はツバメをうらやんでいる。神の宮に仕える祭司たちをうらやんでいる。この世の権威ではない。財宝ではない、享楽ではない。その魂の真の憩いの場は神の宮である。聖アウグスティヌスが言ったように、『人間は主を見いだすまでは、その魂に真の平安はあり得ない』」と述べている。

この詩編84編だけでなく、「私は荒れ野の鳥のように／廃虚のふくろうのようになった。私は眠らず／屋根にいる孤独な鳥のようになった」（詩編102編7-8節）、「渡り行く鳥のように、飛び行くつばめのように／呪いが理由もなく襲い来ることはない」（箴言26章2節）などに見られる鳥は、口語聖書では「雀」と訳されていた。

本節タイトル脇に示したマタイによる福音書のスズメの話もよく説教の題材になる。同じ話がルカによる福音書12章6-7節にもあるが、2

アサリオンで売られているスズメの数が5羽になっている。1羽あたりの値は下がっているが、その1羽でさえ神の前で忘れられることはないということになれば、価値は上がっていることになる。5羽目のスズメはスーパーの売り出しで、追加されるおまけと同じ発想とも言える。そのようなスズメも神の許しがなければ地には落ちないという有難い言葉なのである。この5羽目のスズメを主題とし、『五番目の雀』(宮内俊三著、日本基督教団出版部、1960年)と題した本も出版されている。

聖書の時代にはスズメは市場で価値の低いものとして取り引きされ、とるに足らないものの喩えに用いられた。それだけに庶民の手に入りやすいたんぱく源であったということも言える。

身近なスズメ

人家の近くに身近にいる野鳥のスズメ(Passer Montanus)はスズメ目スズメ科スズメ属に分類される小鳥である。北緯60数度を北限にポルトガルから日本にまで広く分布し、ボルネオ島、スマトラ島、ジャワ島などの熱帯や亜熱帯にも生息する。ヨーロッパでは「木のスズメ」(tree sparrow)と呼ばれ、都市部より農村部に見られ、都市部にはイエスズメ(P. domesticus)がいる。東アジアでは農耕地から都市部にかけて人の生活と共生している。

イギリスでイエスズメが人家近くで見られるようになったのは17世紀からで、農作物に有害と見なされるようになったのは18世紀半ば以降という。19世紀には懸賞金つき駆除が実施され、1860年代には年間5000羽のイエスズメが駆除されたという。ヨーロッパでは、イエスズメは後からやってきたようである。イギリス西部の諸島部には19世紀末にイエスズメが侵入すると、スズメは姿を消してしまった。イエスズメがいないドイツ南部やスイスの山間部の集落では、スズメが集落の中央部に棲んでいる。ひとまわり体が大きいイエスズメは小さな元来のスズメを追い出してしまうので、イエスズメが集落の中心部に棲み、元来のスズメが周辺部に棲むという棲み分けができたようである。

日本ではスズメとニュウナイスズメ(P. rutilans)が北海道から沖縄まで分布している。日本にはもともとイエスズメは見られなかったが、

1990（平成2）年8月に北海道の利尻島で、雄1羽と幼鳥2羽が見られ、1992年5月に雄5羽が見られた。イエスズメは乾燥気候を好むためか、雨が多いアジア東部の日本や中国は分布の空白地になっている。

害虫駆除とスズメ

ロンドンでイエスズメの数が5年で半減し、イギリス全体では25年間で9割も減少したことがあったという（朝日新聞2000年4月5日夕刊）。当時のブレア首相は「人里を好むイエスズメの減少は環境悪化の進行の兆候」と考えて、調査を指示、国を挙げて危機意識が高まり、その後イエスズメの減少は止まった。北アメリカには元来スズメはいなかったが、1850年、楡の木の毛虫駆除のため、イギリス産の8羽をボストンとニューヨークに放ったが、うまく定着しなかった。翌年は50羽を放鳥し、定着したようである。1853年にはイギリス産約100羽がニューヨークのセントラルパークとその周辺に放たれ、1871年にはサンフランシスコにも放たれ、その後20年間、1500羽がボストン、ニューヘブンやポートランドに放たれた。その結果、北アメリカで繁殖し、1865年にカナダ、1905年にはメキシコでも見られるようになった。放鳥後、1世紀で、北アメリカ全土に分布するようになり、農作物の有害鳥とみなされるようになった。南米では蛾の駆除のため、1872年にまずアルゼンチンのブエノスアイレスに放鳥され、1903～04年にブラジル、ウルグアイ、チリなどで大規模な放鳥がされ、南米の3分の2の地域に分布するようになった。

オーストラリアでも穀物や果物の有害虫を駆除するために1863年にメルボルンやシドニーで大規模な放鳥が行われ、ニュージーランドでも農作物の有害虫の駆除の目的で1866年から2年間、放鳥された。アフリカ大陸では、もともと北部にイエスズメが分布していたが、南部にも1890年にインド産のイエスズメが放鳥された。その他、南大西洋のフォークランド諸島、ノーフォーク島などにもイエスズメが分布しているのは物資の輸送などにともなって船で渡っていった「密航」によるものと考えられる。

ユーラシア大陸以外ではイエスズメは人為的に放鳥され、そのまま定

餌に群がる雀（大田区大森西６丁目鶴渡公園）

着した。日本で利尻島などで見つかった例は人為的なものとは考えられず、南シベリアが開発されて大麦の栽培が東に拡がり、シベリア鉄道が開通して分布がウラル山脈を越えて東に拡がったことと関係し、サハリン経由で南下して、北海道へ渡ってきたのだろう。

スズメは有害鳥か？

スズメは穀物、果実や樹の害虫を駆除するために世界各国で放鳥されたが、日本では実った稲穂を食べるので、害鳥とされてきた。2010 年と 2011 年の農林水産省の調査によると、スズメによる農作物への被害はほとんどが稲で、カラス、ヒヨドリ、ムクドリなどの野菜や果樹への被害と比べると、金額にして 40 分の 1 から 50 分の 1 である。害虫を取ることも考慮すれば、有害鳥とは言えないのではないだろうか。

スズメは育雛期に動物性たんぱくを雛に与える。ゾウムシ、ハムシ、コガネムシなどの甲虫、幼虫が稲苗の根を食害する大害虫のキウリジガガンボなどの虫を獲ることが確認されている。ある調査によると、隣家の屋根で育雛するスズメが運んできた雛への餌の半分以上がエダナナフシであったという。別の調査では、ほとんどがガやガの幼虫で、ハチやクモ、アブ、セミなども含まれていた。また、親鳥が 3 羽の雛に餌を運ぶ回数は朝 7 時から午後 7 時までの 12 時間で 290 回にも及ぶという。雛が巣立つまでに約 14 日、巣立ち後の給餌期間を約 10 日とし、1 回に虫 1 匹を運んだとしたら、1 羽の雛に与える虫の数は 6960 匹という計算になる。実際には 1 回に 2、3 匹運ぶこともあり、親鳥も虫を食べるので、捕まえる数はこれ以上になる。スズメは年に2、3回繁殖すると考えると、スズメが食べる害虫の数は数え切れないほどになる。

京都、伏見稲荷大社前のスズメの焼き鳥

「雀のお宿」が竹藪であった時代には、スズメの稲穂食害防止のため、その寝込みを襲い、スズメの大量捕獲が行われた。昼間に集まるのは10羽程度だが、夜、寝ぐらでは数万羽集まる習性が利用された。捕獲されたスズメは焼き鳥にして人間様が食べる。東京の多摩に住んでいた1973年頃、「うかい鳥山」という野鳥の焼き鳥を食べさせる店で、一献傾けながら、スズメやウズラの焼き鳥を食べたことを思い出す。スズメは小さいので、骨ばかりで固く、ウズラは肉がついていて、美味しかった。京都の伏見稲荷大社の周辺では現在もスズメの焼き鳥を食べさせる店があると聞いたので、出かけていった。スズメの焼き鳥は昔から「福良雀(ふくらすずめ)」と呼ばれ、寒中の酒の肴とされた。名の縁起のよさから、昔は田舎の結婚式の折詰料理にも出された。少年時代、親戚の結婚式の折詰の中にも入っていたことを思い出す。

スズメの捕獲量は1915年頃から1945年頃までは日本全体で200万羽から400万羽の間を上下していたが、1955年頃には500万羽近くになり、1962年には749万羽を超えた。その後は減少し、1983年には約300万羽、さらに平成に入ると、5分の1以下の150万羽前後となった。

18世紀後半プロイセン(ドイツ)のフリードリヒ大王はサクランボがお気に入りで、庭園に桜の木をたくさん植えていた。実がなると、自分よりも先にスズメがついばむのを見て、スズメ駆除を2年間にわたり行った。お蔭でスズメの姿は見られなくなったが、春先に毛虫が発生し、実がなるどころか見るに耐えないような状態になってしまったという。これと同じようなことが中国でも起こった。1950年代の四害(ネズミ、スズメ、蚊、蠅）追放運動で農作物の有害虫がはびこり、大凶作に見舞われ、1960年からはスズメが四害から外された。

スズメの天敵

スズメは稲田で稲をついばむが、水田地域の中央部には決して行かない。カラスや小型のタカ、ハヤブサなどの天敵が多いため、いざという時に生垣や、木立、竹藪に隠れられるように警戒をしている。

スズメの最大の敵は何といってもハシブトガラスやハシボソガラスであり、日常の生活圏が同じであるために、卵や雛を狙う恐ろしい存在である。モズも天敵だ。鎌倉時代の『吾妻鏡』には信州の桜井五郎が飼い馴らしたモズを使って、源実朝にスズメ３羽を捕って見せたという記述がある。江戸時代の『和漢三才図会』にも「人はモズを飼育し、鷹の代用にして遊猟をする」との記述がある。他に青大将、ネコ、ニホンイタチ、チョウセンイタチやオニグモなどもスズメの雛を狙っている。

スズメには食物のある場所を効率よく探し出し、食物を取る時間とエネルギーを少なくすることが重要なので、群れることでこの天敵に対処している。群れで採餌することによって、眼や耳の数が増えるので、危険に反応する時間も早くなる。

天敵を使ったスズメ猟として、明治から大正にかけて行われていた「スズメの叔母さん猟」と「スズメの叔父さん猟」というスズメ猟が知られている。前者は青森県弘前市で行われていた狩猟法である。スズメは天敵ハシボソガラスを警戒するが、ハシボソガラスが採餌しているということは、それを襲うタカの仲間がいないということなので、スズメはそこに採餌に集まってくる。このスズメの習性を利用して、子飼いのハシボソガラスを囮にしてスズメを誘（おび）き寄せ、無双網で一網打尽にする。これが「叔母さん猟」である。これに対して「叔父さん猟」の方は長野県で考案された。スズメの天敵イタチを利用した狩猟法である。スズメはイタチを見つけると、ジュクジュク鳴きながら集まって、大騒ぎをする。皆で集まれば天敵イタチも怖くないという強がりの先制の行動を起こす。こうしたスズメの習性を利用し、イタチの剥製や毛皮でスズメを誘き寄せ、十分集まったところを事前に用意したトリモチを塗った木の枝を差し出して止まらせ、手づかみにする。

精巧なカカシと友人（神戸布引ハーブ園）

スズメの語源

「雀」という漢字は奈良時代から知られ、『古事記』の雄略天皇の時代（712年）の文章に「ももしきの、大宮人は……庭雀うずすまり居て……」とあり、当時から庭で遊ぶ身近な野鳥であったようである。スズメの「スズ」は「チ、チ」「チュン、チュン」「シュシュ」などの鳴き声の擬声語で、古語「ささ」は「細かいもの、小さいもの」を賞美する接頭語で、「ささ」が「スズ」になった。スズメの「メ」は「群れ」のこと。漢字の「雀」は「小」＋「隹（鳥）」、すなわち小さい鳥という意味。『日本書紀』（720年）では「スズミ」とも呼ばれている。奈良時代には「スズメ」と「スズミ」の2通りに呼ばれていたようである。

ニュウナイスズメはスズメとは区別される。平安時代の『枕草子』にある「かしら赤き雀」はニュウナイスズメの雄ではないかといわれている。本居宣長の『玉勝間』には「にふないというスズメ。にふないは、新嘗（にひなへ）といふことなるべし、新稲（にひしね）を人より先にまずはむをもて、しか名づけたるなるべし」と説いている。ニュウナイスズメは、現在はあまり多くないが、戦前までは大群で乳熟期の稲穂を食べたので、この名称がついたようである。地方によって呼び名が異なり、東北や関東地方ではワタリスズメ、静岡県ではタビスズメ、近畿地方ではセンバスズメ、中国や九州地方ではホウライスズメやムレスズメなどと呼ばれている。本州の中部以北や北海道で繁殖して、秋に大群で南下して越冬する。

スズメの地名、家紋

スズメ（雀）が入っている地名は多い。たとえば、雀島、雀田、雀宮、雀森、雀舘、雀ヶ平、雀尾根、雀坂、雀柳、雀屋敷、雀石、雀林、雀、雀塚、小雀、雀岩、雀戸、雀の辻、神雀、正雀、大雀、雀岩、雀

京都市左京区更雀寺（左）と雀の置物（右）

磯、雀礁、雀居、遊雀、雀ヶ野など。

スズメを用いている家紋も幾つかある。最初に用いたのは、公家の勧修寺経房で、「丸に雀」の紋の丸を竹に代えたものである。有名なのは仙台藩伊達家の「竹に飛雀」で、2本の竹の下端を紐で結んで輪形に向き合わせて折り曲げ、その輪の中に羽ばたく2羽のスズメを阿吽の型に向き合わせている。スズメを用いた家紋は全部で36種もあるという。

スズメの神聖視

昔話「スズメ孝行」では、スズメは親が危篤になった時、なりふりかまわず普段着のまま駆けつけ、親の死に目に会うことができた。神さまがその報いとして身近な場所で五穀を自由存分に食べて暮らせるようにしてくれたので、スズメは米を食べられると好意的に説いている。アイヌ語ではスズメを「アマムチリカムイ」、ニュウナイスズメを「アマムチカップトノ」と呼ぶ。「穀物を食べる鳥の神さま」を意味している。

作者不詳の古い句「いくら食ふものか棄て置け稲雀」や小林一茶の「雀の子そこのけそこのけ御馬が通る」などにはスズメに対する大らかな気持ちが感ぜられる。

全国にスズメの名がついた雀宮神社や雀神社がある。栃木県宇都宮市の雀宮神社は、一条天皇の時代に藤原行成と諍い(いさか)を起こした藤原実方が陸奥に配流され、帰京が叶わぬまま死んだが、その霊がニュウナイスズメとなって帰京し、妻も夫を追って陸奥に向かい、当地で病没し、その時の遺言によって創設されたという。別の説では、スズメとなった実方の霊が飛んできて、妻の宝珠に入ったものを祀ったともいわれる。さらに別の説では、この地にいた賊を崇神天皇の第一皇子が討ち滅ぼしたのを記念した「鎮めの宮」が「雀の宮」と呼ばれるようになったという。

茨城県古河市にある雀神社は宇都宮の「雀の宮神社」を移したものと伝えられ、藤原実方の死後、鴨川に実方の亡霊が出たという。蔵人頭になれずに亡くなった怨念によりスズメに転生したという。京都左京区の更雀寺（きょうしゃくじ）には、法印により塚に埋め、供養したスズメ塚がある。庭には供養の焼き物も置いてある。

中将実方塚の五輪塔（更雀寺）

スズメは一般に茶褐色だが、メラニン色素の量の異常により、白いスズメが出現することがある。この稀少なシロスズメが朝廷や幕府に献上され、飼育されていた。白いスズメは仏教では、観世音菩薩の化身などと言われ、天皇をはじめ高貴な人に献上されていた。『日本書紀』（642 年）には蘇我臣入鹿（そがのおみいるか）の従者が白いスズメの子を捕え、その日の同じ時にある人が白いスズメを籠に入れて蘇我大臣（おおきみ）に贈ったと記されている。その後『続日本紀』（727 年）に河内国で捕獲された白スズメが左京職から聖武天皇に献上されている。

スズメは一般に飼育が困難といわれているが、スズメの雛が飼育されていたという記録がある。『源氏物語』には紫上が伏籠で飼っていたスズメの子を女童が不注意で逃がしたことに立腹して、カラスなどに見つかったら大変と書かれている。『枕草子』にも「雀の子飼い」が記されている。稲作をしない貴族には身近なペットであったようである。

小鳥の飼育が貴族の間に広まったのは鎌倉時代で、町民にまで広がったのは江戸時代だった。徳川綱吉の時代に生類憐みの令が出され、飼い鳥はすべて放鳥された。八代将軍吉宗は鷹狩を復興させ、それにつれてタカ以外の鳥の飼育も盛んになったという。

カラス

Crow, Raven

四十日たって、ノアは自分が造った箱舟の窓を開け、烏を放した。烏は飛び立ったが、地上の水が乾くまで、行ったり来たりした。
（創世記８：６–７）

ノアの洪水物語で、洪水の水が衰えたとき、偵察のためにノアが最初に放った鳥はカラスであった。ノアから信頼されていたのか、古くから人里で暮らしていたからなのか。預言者エリヤの物語にもカラスが登場する。神の言葉がエリヤに臨む。「ここを去って東へ向かい、ヨルダンの東にあるケリトの渓谷に身を隠し、その渓谷の水を飲みなさい。私は烏に命じて、そこであなたを養わせる」。そこで、エリヤを養うために、「烏が、朝にパンと肉を、夕方にもパンと肉を彼のもとに運んで来た」（列王記上 17 章 2–6 節）。なぜ神はカラスに命じたのだろうか。一般に貪欲とされるカラスが神の命令で、エリヤに餌を運ぶとは、神との信頼関係がよほど強いということなのだろうか。

神がカラスに餌を与えるという話もある。「烏の子らが神に叫び求め／食べ物がなくてさまようときに／烏に餌を備えるのは誰か」（ヨブ記 38 章 41 節）、「獣にも、叫び求める烏の雛にも／食べ物を与える」（詩編 147 編 9 節）。明日のことを思い煩うことなく生きている鳥の例として、カラスが挙げられている。「烏のことを考えてみなさい。種も蒔かず、刈り入れもせず、納屋も倉も持たない。だが、神は烏を養ってくださる。まして、あなたがたは、鳥よりもどれほど優れた者であることか」（ルカによる福音書 12 章 24 節）。人間はカラスより優っているのだから、明日のことを思い煩うことはない。

カラスは雑食性で腐った肉も食べるせいか、聖書の規定では汚れた動物とされている（レビ記 11 章 15 節、申命記 14 章 14 節）。しかし、「頭は金、純金で　髪は波打ち、烏のように黒い」（雅歌 5 章 11 節）は、女性の美しい黒髪をカラスの羽に喩えている。

世界には約45種のカラスがおり、カラス属のワタリガラス、ミヤマガラス、ハシボソガラスなどが知られている。丈夫な嘴と強靭な足を持ち、ユーラシア大陸全域、北アフリカ、アメリカ大陸の北部まで、北半球一帯に広くみられ、世界で最も広く分布する鳥の一種である。

カラスからパンを与えられる預言者エリヤ（14世紀、グラチャニツァ修道院、コソヴォ）

カラスは鳥の中では中ぐらいか、やや大きい。最小の種のひとつ、ニシコクマルガラスはオカメインコ程の大きさである。最も大きいのはワタリガラスで、鳴き声や翼が立てる音、鋭い注意力が特徴である。

日本のカラス

カラスは漢字では「烏」または「鴉」と書く。その名は「黒し」という言葉から来ているといわれている。『万葉集註釈』（仙覚、1269年）では「カラスとは、クロシといふ也」、『しおり栞』（谷川士清、1830年）にも「カラス、黒しと音通ずるによる」とある。また、『惶根草』（源兼勝、1737年）によれば、「加羅須は枯なり、即ち燥にて、東方卯の潤すに対していふ」と記されている。『大言海』には「カは鳴く声、ラは添へたる語、スは鳥に添ふる一種の語」とある。これは『枕草子』の「いと近くカラと鳴くに」にヒントを得たものであるといわれている。

日常的に見られるカラスはハシブトガラスとハシボソガラスの2種類である。全身黒いので区別しにくいが、ポイントは嘴である。ハシボソと比べるとハシブトの嘴は太く、峰から落ちるようにカーブを描くアール状になっている。カラスの嘴というと、製図用具に「カラス口」という器具がある。形が似ているために、この名称がついたようである。ハシブトの頭はハシボソよりも丸く、動きはハシブトの方が大雑把、ハシボソは繊細である。地上ではハシブトはピョンピョンと跳ぶことが多く、ハシボソはテクテクと歩く。ハシブトは全長約 56 cm、体重 600～800 g、ハシボソは全長約 50 cm、体重 400～600 g である。

ハシブトガラスは節をつけて鳴くことがある。森林性の鳥なので、「ここに移動したよ」という信号ではないかといわれている。森と都市部が好きである。人の出す声や音を真似ることもある。「ガラララ……」と独り言のように鳴きだすのは、キャリーバッグを引いている人が点字ブロックの上を通る音を真似ているようである。一方、ハシボソガラスはあまり鳴かない。平地の鳥なので、むやみに鳴く必要はないようである。時に濁った声で「ガーッ」と鳴く。農地や河川敷を好む。

渡り鳥としては、北海道にワタリガラス、九州にはミヤマガラスとコクマルガラスが冬鳥として飛来する。ワタリガラスは世界的にはユーラシア大陸から北アメリカに広く分布している。ミヤマガラスとコクマルガラスは広い農地に多く見られ、街ではほとんど見られない。

平安時代から鎌倉時代に、すでに「ヤマカラス」と「サトカラス」という語が見られる。ヤマカラスはハシブトガラス、サトカラスの方は農地に多いハシボソガラスといわれている。江戸時代になると、ハシブトガラス、ハシボソガラス、ミヤマガラスという名称が見られる。ミヤマガラスはあまり知られていなかったようで、江戸時代の図鑑には、筑紫地方の深い山に住み、紫色の羽をもつと書かれている。

黒くないカラス

カラスといえば、黒色でカーカーと鳴くというのが相場だが、コクマルガラス、ニシコクマルガラス、ズキンガラス、クビワガラス、ムナジロガラスなどは、白黒あるいは灰黒の二色模様で、シロエリオオハシガラスのように首の後ろが白いカラスもいる。頭の褐色がかったアフリカのチャガシラガラスや、全身が褐色っぽいニューギニアのハゲガオガラスもいる。ユーラシア大陸ではカラス科のカササギが知られている。中国では喜鵲(きかささぎ)といって、縁起がよい鳥とされ、韓国でも人気である。

道具を使うカラス

白いカラス（上野動物園）

カラスは飼い犬の餌を盗んだり、早朝にけたたましい鳴き声を発したり、死骸や腐敗物を餌にしているからか、毛嫌いする人が多い。しかし、カラスは人間、チンパンジーと並んで、道具を使う動物である。

ニューカレドニアのカレドニアガラスは高度な技術を持つ鳥として知られ、多彩な道具を使うことではずば抜けている。小枝を鉤付き、鉤なしの２種類の道具に変え、パンダヌスという長細く硬い葉から精巧な「階段状」の道具も製造する。パンダヌスにはもともと棘があり、棘の割れ目の中から虫を取り出せることもカラスは知っている。小さな穴から棒を突き出して好物である豚の心臓を獲得するという実験では、径の違う棒を幾つか与えると、一番細いものを選んで、穴に刺した。必要な道具を選べるのである。

イソップの寓話にも道具を使うカラスの話がある。喉が渇いたカラスがあまり水が入っていない水差しを見つけた。嘴が水に届かないので、水差しに小石を入れて水面を少しずつ上昇させ、水が飲めたという話である。これは実際に実験して確かめられたという。

普通のカラスも餌を貯食することが知られている。貯食のために100か所以上に隠すが、隠した場所を憶えているという。道路にクルミを置き、通る車に割らせるといった知恵もある。多摩川の上流ではハシボソガラスは川に流れてくるクルミを嘴にくわえ、川原の石の上に落とし、割って食べる。手に入れた煎餅を水で濡らして、ふやかして食べる。

脳の重さと体重から「脳化指数」（Encephalization quotient/EQ）というのが算出されている。ヒトは7.4～7.8、バンドウイルカは5.3、チンパンジーが2.2～2.5、カラスが1.25、イヌが1.2、ネコが1.0で、カラスは人間の子どもの７歳レベルの知能であるといわれている。

ゴミ問題

もとは森林に暮らしていたハシブトガラスは人間の食べ残しがゴミとして多く出る都市部に進出したようだ。カラスとゴミの問題が社会問題になってから久しい。カラスは元々掃除屋だが、人間の出すゴミの量がカラスが処理できる量を遙かに超えていれば、カラスがさらに集まってくるのは当然とも言える。ゴミを容器に入れ、カラス除けのネットが開発されてもカラスは知恵を絞っていろいろと考える。カラス対策に黄色のゴミ袋が考案された。どぎつい黄色のせいで鳥の目には中のものが違って見えるのだそうである。

カラス対策として捕殺があるが、ゴミがある限り、カラスはやってくる。ゴミが漁れないとなれば、カラスは行動場所を変えざるを得なくなる。餌のゴミを減らすのが一番のカラス対策ということになる。

カラスは都市部でゴミからの餌が十分でないと、都市部に多いドブネズミを捕食することが知られている。ドブネズミを捕食できるのはカラス以外にはいないという。さらに蛾も食べてくれる。また、木の実を食べ、糞として種を拡散させる役割も果たす。カラスは他の野鳥の巣を襲い、雛を食べたりもする。雛には気の毒だが、ある程度、淘汰されないと、自然界のバランスが崩れることになる

カラスをだます

富山市では富山城址公園周辺にカラスが大量に集まるようになり、糞や鳴き声への苦情が多くなっていた。市は捕獲作戦をとっていたが、効率がよくなかったので、カラスに向けて「鳥ニ告グ！ ココデ餌ヲ食ウベカラズ」と書いた高札を出すという奇策に出た。それと並行して、カラスの天敵オオタカの鳴き声や、「カラス語」をスピーカーで流し、カラスを誘導する実験的な対策を実施した。「カラス語」はカラスが仲間に危険か安全かを知らせる鳴き声に違いがあるという研究に基づいているという。高札の効果はともかくとして、こうした対策でピーク時の8割程度にまでカラスが減ったという。

仏教説話とカラス

カラスは仏教説話や童話などに計略に長けた知恵者として登場する。『仏教動物散策』には、山犬の誘いにのって猟師の罠にかかったシカに「死んだふりをしていろ。合図したら逃げろ」と助言し、シカを逃がしたカラスの話や、子どもをヘビに殺されたカラスの夫婦が貴人の金の鎖を盗み取ってヘビの穴に置き、鎖を探しにきた人間にヘビを殺させて復讐した話などが紹介されている。多くの因縁説話を集めた『雑宝蔵経（ぞうほうぞうきょう）』には「烏梟報怨縁」の巻に、仲間に酷い仕打ちを受けたと言ってカラスがフクロウの巣へ潜り込み、安心させておいて巣に火をかけるという話がある。インドではカラスとフクロウは生来の敵とされ、昼はカラスがフクロウをやっつけ、夜はフクロウがカラスをやっつけるといわれる。

『ミリンダ王の問い』では、カラスの警戒心の強さは王が見習うべきものであり、修行者の心得にも通ずると説明されている。『僧伽羅刹所集経（そうきゃらせつしょしゅうきょう）』ではカラスがこの世で一番苦しいことは「飢えに襲われたとき」としていて、「貪欲」のイメージに沿っている。カラスを題材に貪欲を戒める話は『沙石集』や『ジャータカ』にもある。

カラスと神道

京都と大阪を結ぶ京阪電車の八幡市駅から徒歩5分のところに「飛行神社」がある。この神社は日本の飛行機の祖、二宮忠八が1915年に建立した。二宮は1887年12月、丸亀の歩兵隊時代にカラスの滑空を見て、飛行機の開発を思い立ったが、アメリカのライト兄弟に先を越された。飛行機の開発以来、航空事故が多発することに胸を痛め、航空事故で亡くなった人の霊を祀る神社を建立した。本殿はギリシアの神殿風で、境内にはエンジンやプロペラが飾られている。鳥居は飛行機にちなんでジュラルミン製である。二宮が作った「烏（からす）型飛行器」や「玉虫型飛行器」にちなみ、カラスやタマムシも境内で見ることができる。

八咫烏（やたがらす）

『続日本紀』（705年）には神武天皇の大和東征に際して、天照大神が遣わした神鳥、八咫烏が熊野の山中で停滞する一行を大和へ道案内をし

師岡熊野神社の提灯に描かれた八咫烏

たという伝承がある。八咫烏の足が3本あることについては諸説あるが、熊野本宮大社では3本足はそれぞれ天、地、人を表し、神と自然と人が同じ太陽から生まれた兄弟であることを示すとしている。中国神話では、3本足のカラスは太陽に棲むといわれる。陰陽五行説では2は陰、3は陽であることから、2本足よりも3本足の方が太陽を象徴するのに適しているとされ、また、朝日、昼の光、夕日の3つを表す足であるともいわれている。前漢時代から3足のカラスが書物に登場している。

八咫烏を祀った八咫烏神社が奈良の宇陀市にある。日本サッカー協会はその前身である大日本蹴球協会の創設に尽力した漢文学者、内野台嶺氏らの発案に基づいて、八咫烏をシンボルマークとしている。サッカー日本代表のユニフォームにも八咫烏のエンブレムが付けられている。八咫烏神社にはヘディングしている八咫烏の像もある。

カラスが名に付けられたもの

動物で名前にカラスが入っているものにカラスヤンマ（トンボ）、カラスアゲハ（蝶）、カラスガイ（貝）がある。色に注目してのことだろう。植物ではカラスウリ（烏瓜）、カラスオオギ（烏扇）、ウバタマ（烏羽玉）、カラスザンショウ（烏山椒）、カラスノエンドウ（烏野豌豆）、カラスのゴマ（烏の胡麻）、カラスビシャク（烏柄杓）、カラスムギ（烏麦）など。植物に「カラス」とつけるのは、人間の食用には向いていないことを示すことが多いという。

カラスに関する慣用句にも「カラスの行水」「カラスの足跡」「三羽ガラス」「烏合の衆」などいろいろある。美しく艶のある黒髪のことは「カラスの濡れ羽色」と称えられる。「カラスを食べる」は「恥を忍ぶ」の意味だそうだ。「月夜烏（つきよがらす）」は夜遊びをする人を指す秋の季語で、「浮かれ鳥」ともいう。「カラスの鳴かぬ日はあっても……」は毎日必ず起こる、行うことを強調して用いられる。今の子どもたちも夕方、「カラスが鳴くから、かーえろっ」といって、家へ帰っていくのだろうか。

食材としてのカラス

帯広畜産大学教授の関川三男氏らは、将来の食糧難と有害鳥獣対策を見据えて、カラスの食用化、有効利用について研究を進めているという(読売新聞2003年8月8日)。カラスの胸肉はクジラに多く含まれているミオグロビンと呼ばれる物質が多く(「クジラ」の項参照)、赤みが強いのが特徴で、鉄分も牛のレバーの2倍であるという。カラスの肉には重金属や農薬は残留せず、微生物検査も問題なしで、食肉としての安全性はクリアしているとのことである。

ジビエ料理が注目されるようになったが、カラスにも古いジビエ料理のメニューがあり、ローストしたり、ソースの出汁にしたりする。特に秋の田園地帯のカラスが美味いといわれ、白黒のニシコクマルガラスがよいとされる。中国やベトナムにも食べる文化はあり、韓国では薬とされている。日本では信州の上田などが知られ、茨城県の一部では戦後まもなくから続いているそうだ。長野県には草食系のハシボソガラスを食べさせるジビエ料理店もある。料理の種類として、カラスジャーキー、カラスのパイ包み、カラスの赤ワイン煮、カラスのコンフィ、カラスのひき肉入りキーマカレー、カラス肉の素焼き、サムゲタン、ローストクロウ、マーボカラス、ロウソク焼き(カラス田楽)など。新潟県北部の荒川流域でもロウソク焼きがある。群馬県では戦前、フクロウを囮にしてカラスを獲っていたという。福島県の阿武隈山系の鉱泉宿で食べたという報告もある。

松尾芭蕉は『烏之賦』の中で、カラスの性質、徳と罪などを述べ、カラスの食味についても「肉は鴻雁(こうがん)の味もなく、声は黄鳥(こうちょう)の吟にも似ず」と書いている。このことから江戸時代にはカラスはかなり広い範囲で食べられていたことが想像される。

中田敬三氏は著書『なんでも食べるゾ信州人』(郷土出版社)の中で、正月七日の夜から八日にかけて上田市神川の国分寺で行われる八日堂縁日の名物、「蘇民将来」の護符（ごふ）とカラス田楽について記している。縁日の屋台にはカラスがぶら下げられているのだそうだ。縁日だけではなく、上田市内にはカラス料理の専門店もあった。元上田市教育長が「子どもの頃、家にお客があると、カラス田楽を買いにやらされた。私の家では上等なご馳走だった」と語っている。

●カラス田楽（ロウソク焼き）のレシピ

カラスの肉を骨ごと叩き、豚肉または鶏肉、オカラ、刻みネギ、山椒、味噌を混ぜて小判上に整え、串に刺して焼く。

〈材料〉（3人前）

カラス半身（骨なし100 g）、豚バラ肉（50 g）、オカラ（50 g）、ネギ（1本）、味噌（50 g）、片栗粉（10 g）、七味（適量、山椒を多め）、日本酒（大さじ1杯）

〈作り方〉

①長さ30 cmほどの竹串3本を用意。

②長ネギをフードプロセッサでみじん切りにして取り分けておく。

③フードプロセッサにカラス肉（胸、モモ、手羽元）と豚バラ肉を入れてミンチにする。

④みじん切りにしたネギ、オカラ、味噌、片栗粉、七味、日本酒を入れてよく混ぜ合わせる。

⑤用意した棒に小判状にした具を刺す。2本を五平餅のようにし、1本にはキリタンポのようにろうそく状に巻き付ける。

⑥炭火であぶり焼きにし、万遍なく焼けたら完成。

火鉢で行う場合、青竹で燗をつける「かっぽ酒」もできる。日本酒にもよく合うつまみである。

バッタ、イナゴ

Locust

このようにおびただしいばったの大群は前にも後にもなかった。地の全面を覆ったので、地は暗くなり、地のすべての草、雹を免れたすべての木の実を食い尽くした。エジプト全土には木も野の草も、緑のものは一つも残らなかった。　（出エジプト記 10：14）

アフリカなどでは大量に発生したバッタが農作物を食い荒らし、食糧危機を発生させる。2020年にはエチオピア、ケニアやソマリアで2500万人が飢餓に陥った（日本経済新聞2020年2月5日）。エチオピアとソマリアでは25年ぶりのことだという。過去70年、被害のなかったケニアにも広がり深刻な被害をもたらした。原因のひとつは異常気象である。インド洋西部の海水温が上昇する「インド洋ダイポールモード現象」が東アフリカの気候に影響を与え、バッタの大量発生を招いたとされる。

国際農林水産業研究センターの前野浩太郎氏によれば、降雨の影響でバッタの繁殖、発育が進み、新たな群れが誕生することで、被害はなかなか終息しない。雨期の到来で個体群が爆発的に増加し、農作物の作付けと重なれば、前例のない食糧危機が起こる。バッタの防除は大発生初期に対処するのが望ましく、移動能力が低い幼虫の段階で殺虫剤の散布などで駆除しておくことが重要である。成虫になってしまうと、日に100 km以上移動するため、防除は難しくなるという。広大な生息地を普段から監視し続けるのには費用がかかるが、大発生が起きてからの場当たり的対処では防除費用が170倍にもなるとの試算もある。バッタは夕暮れになると背の高い植物に群がって夜を過ごすので、一か所に集まり移動しない時が防除のチャンスで、バッタを誘引できれば殺虫剤を使わずに捕らえられることもできるそうだ。このような旱魃とバッタの大発生は古代から幾度も起こっていた。

聖書の中のバッタ

鳥取大学名誉教授、中島路可氏は著書『聖書の中の科学』の中で、聖書の「イナゴ」は「バッタ」の誤訳であり、一向に改められないと常々嘆いておられたが、2018年12月に出た『聖書　聖書協会共同訳』では初めて「バッタ」と訳が変更されたことを大変喜んでおられた。中国語ではイナゴやバッタには「蝗（いなご）」や「蝗虫」が用いられるが、日本語の聖書はこの字ゆえにバッタではなく、「イナゴ」と訳されてきたのだろう。

聖書のバッタはエジプトとの関連で登場する。「ばったはエジプト全土を襲い、エジプトの領土全体にとどまった。このようにおびただしいばったの大群は前にも後にもなかった。地の全面を覆ったので、地は暗くなり、地のすべての草、雹を免れたすべての木の実を食い尽くした。エジプト全土には木も野の草も、緑のものは一つも残らなかった」（出エジプト記10章14節）。

バッタは1日に自らの体重分の農作物や牧草を食べて、1億匹ほどの大群で移動するとされる。ヨエル書1–2章にはバッタによる荒廃の様子が描かれており、2章20節にはバッタの死骸のために「臭気が立ちこめ、悪臭が立ちこめる」とさえいわれている。さらにヨハネの黙示録9章9節「その羽音は、多くの馬に引かれて戦場へとひたすら走る戦車のとどろきのようであった」との記述がされている。聖書の時代にもバッタの大発生があったことがわかる。

レビ記の「食物の規定」では以下のように書かれている。

> 羽があって四本足で歩き、群がるものはすべて、あなたがたには忌むべきものである。ただし、羽があって四本足で歩き、群がるものであっても、その足に加えて、地を跳ねるための足のあるものは食べることができる。つまり、ばったの類、羽ながばったの類、大ばったの類、小ばったの類は食べることができる。しかし羽があって、四本の足を持ち、群がるものはすべて、あなたがたには忌むべきものである。
> （レビ記11章20–23節）

ここではバッタは食べることができるとされ、当時からバッタを食用としていたことがうかがえる。バッタは走行類と飛躍類に分けられ、走行類は名称の通り、這うための脚を持ち、これらは不浄とされている。後者の飛躍型には独特の後脚2本の構造を持ったもの、コオロギ、キリギリスおよびバッタ類が含まれる。「ばったの類」にあたるヘブライ語は「アルベ」という語で、サバクワタリバッタ（Acridum maetum）か、アフリカトノサマバッタ（Oedipoda migratoria）のいずれといわれている。サバクワタリバッタは貪食で、その破壊的な性質や繁殖力から、バッタのうちで最も恐ろしいものとされる。

主が命じられると　群がるばったと若いばったが襲来して
　　数えきれないほどになった。
それらは彼らの地の青草を食い尽くし
大地の実りを食い尽くした。　（詩編105編34–35節）

また、攻め寄せてくる敵の大群の喩えにもバッタが用いられている（士師記6章5節、7章12節）。ヨエル書は終末の到来に先立って、バッタが凄まじい荒廃をもたらすという預言で始まる（ヨエル書1章4、7、12節、2章3節）。バッタは軍馬に喩えられ（ヨエル書2章4節、ヨハネの黙示録9章7節）、その羽音のすさまじさは「戦車のとどろきのように」（ヨエル書2章5節、ヨハネの黙示録9章9節）といわれる。「王を持たないばった」（箴言30章27節）という表現は、止めることができないバッタの進攻を言っている。「彼らは勇士のように走り／戦士のように城壁をよじ登る。／おのおの自分の道を進み／進路からそれることはない。互いに押し合わず／おのおの自分の大路を進み／投げ槍によって倒れても、ひるまない。町を攻撃し／城壁の上を走り／家々によじ登り／盗人のように窓から侵入する」（ヨエル書2章7–9節）。

そして、最後は神の力が「彼らを乾いて荒廃した地に追い払う／先陣を東の海に、後陣を西の海に。／その臭気が立ちこめ／悪臭が立ちこめる」（ヨエル書2章20節）。これは出エジプト記の葦の海の奇跡と関わるのだろうか。「主は、非常に強い西風に風向きを変え、ばったを運んで、葦の海へ追いやった。それでエジプトの領土全体には、ばったは一匹も残らなかった」（出エジプト記10章19節）。

古代のバッタの群れについては、先に触れた出エジプト記の物語やヨエル書の預言のほか、メソポタミア神話の風と熱風の悪霊パズズは蝗害を具現化したものといわれている。前700年頃のアッシリアのレリーフには、串刺しにしたバッタを祭壇に捧げる様子が描かれている。

蝗害（こうがい）の歴史

トノサマバッタなどが大量発生して災害を及ぼすことは世界各地で見られる。1870年代にアメリカのネブラスカ州を襲ったロッキートビバッタ（Melanoplus spretus）の大群は幅160 km、長さ500 km（日本の本州のほぼ3分の1）であった。高さは800～1600mに達していたと報告されている。この群れの発生は異常であった。バッタ科の雌は産卵管を使って土中に産卵するため、背の高い草が多い場所での産卵は難しい。アメリカバイソンが減少して、草の丈が伸びたままになれば、産卵しにくくなり、バッタの大発生が起きにくくなる。

アフリカでは1907年、ブガルタ、キルイ、ルワザなどで蝗害が報告され、それ以後も綿花を中心に被害が多い。1980年代、モロッコトビバッタがアフガニスタンで1万6000ヘクタールにもおよぶ土地を荒廃させ、深刻な飢餓問題が引き起こされた。1987～1988年にはトノサマバッタの群れが西アフリカのマリ共和国を襲っている。2004年11月23日にはエジプトで大量発生したバッタがイスラエルに上陸した。2007年には、エチオピアで発生したサバクトビバッタが北ソマリア経由でインド洋を飛び越え、パキスタンやインドまで到達している。2013年にはマダガスカルでトノサマバッタが国土の半分以上に被害を与えた。

2018年、サイクロンが2度アラビア半島に上陸し、恵みの雨がもたらされたが、そのために植物が増え、翌2019年にサバクトビバッタが大発生した。2019年にはインドのグジャラート州でバッタが大発生し、農作物に大きな被害が出た。

国連食糧農業機関（FAO）はバッタの大発生による被害を示す「リスクマップ」を公表した。2020年にはエチオピア、ケニアのほか、サウジアラビアやイラン、パキスタンなどを「農作物への脅威がある」、スーダンやオーマンなどを「注意が必要」とされた。また、東アフリカやイエメンでは、蝗害の発生により1000万から2000万人の人が食糧難に陥っていたことが報告され、その範囲はさらに広がると危惧された。特に被害が深刻なのはアフリカ大陸東端の国々である。ケニアでは農業が国内総生産（GDP）の3割を占めるが、天候不良でもともと農業が振るわないことに加えて「過去70年で最悪」といわれるバッタの大量発生で地元住民の生活は圧迫されている。エチオピアもGDPの30～40%を占める農業への依存度が高い。コロナ禍の中、政府は食料の確保、避難民の対応に加え、バッタ駆除にも追われ、経済・財政的な負担となっている。

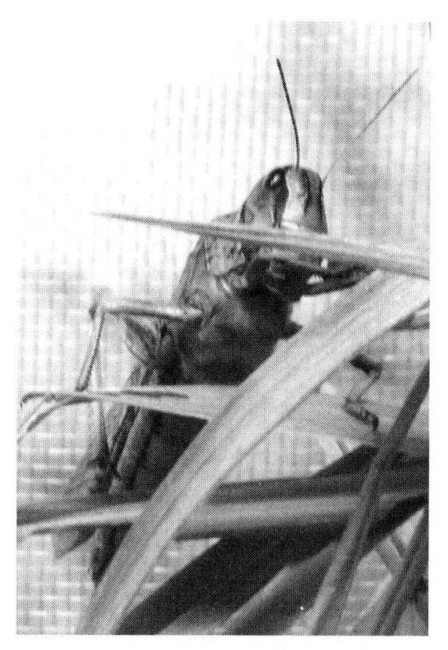
トノサマバッタ（多摩動物公園）

中国では大規模な大雨や旱魃が起こると、必ずトノサマバッタの群れが発生して、大規模な農業被害が出る。古くは殷代に蝗害の記録が甲骨文字で記されたものが残っている。『詩経』にもバッタの駆除の記述があり、漢代の漢書や後漢書には20回以上の蝗害の記録がある。宋代には本格的な対策がとられるようになり、12世紀には朱子学を興した朱熹が夜に火を焚いて飛蝗を誘い込む方法を提案している。明代の1630年代、徐光啓は『屯塩疏』の第3編『除蝗疏』として対策を記している。この内容は後に『農政全書』にも登場している。韓国では『三国史記』に日蝕、地震、冷害などと並んで蝗害が天変地異とされている。

日本の場合、ほとんどがイナゴの蝗害である。日本は狭く平原が少ないのでバッタ科が数代にわたって集団で生活する環境がないからとされる。しかし、平野部が比較的多い北海道で蝗害が発生している。1875年9月27日、道東の太平洋沿岸を台風が直撃し、未曽有の大洪水が引き起こされた。その後の数年間、ヨシやススキなどイネ科の植物が生い茂る草原が出現し、好天が続いたことで、トノサマバッタが大繁殖した。1880 年にはバッタの大群が日高山脈を越えて胆振国勇払郡を襲い、札幌を経て空知地方や後志地方へ至った。別の群は虻田に達した。陸軍がバッタの群れに大砲を撃ち込むなどして駆除に努めたが、バッタは入植者の家屋の障子紙などを食い散らした。翌 81 年にも再び発生し、渡島国軍川までバッタが広がった。当時の記録では捕獲数は 360 億匹を超えたという。1971 ～ 74 年には沖縄県大東諸島、1986 ～ 87 年には鹿児島県馬毛島で、3000 万匹のトノサマバッタが発生している。2007 年には、オープン直前の関西国際空港 2 期空港島で大量発生している。

昆虫食

イエスの先駆者とされる洗礼者ヨハネは「らくだの毛衣を着、腰に革の帯を締め、ばったと野蜜を食べ物としていた」（マタイによる福音書 3 章 4 節、マルコによる福音書 1 章 6 節など）。昆虫食が最近注目されているが、古くからさまざまな昆虫食が知られている。筆者も戦後の食糧難のとき、貴重なたんぱく源としてイナゴや、タニシ、ハチの子を食べた。当時は農薬がほとんど使用されていなかったので、田圃にはイナゴやタニシがかなり多くいた。大人になって職場近くの居酒屋でイナゴの佃煮が「付き出し（お通し）」として出てきたときには、戦後の食糧事情を想い出し、懐かしさが込み上げてきた。その後、母が鶯谷の佃煮屋さんでイナゴの佃煮を見つけ、それ以来、鶯谷の近くにいったときには購入している。定年で退職したころ、突発性難聴（メニエール病）になった。ハチの子が効くというので、信州から缶詰のものを取り寄せて常食していたが、酒(しゅ)が進み過ぎるので、買うのをやめた。

『なんでも食べるゾ信州人』によれば、ハチの子が「日本一の昆虫食」である。大正 8（1919）年の『食用及び薬用昆虫に関する調査報告書』によると、長野県は食用が 27 種類、薬用が 18 種類、2 位の広島、3 位の山梨県を引き離してトップであった。主なものはハチの子、イナゴ、バッタ、カミキリムシの幼虫、蚕のサナギで、そのほか、コオロギ、セミ、カマキリ、ゲンゴロウ、マゴタロウムシ（ヘビトンボの幼虫）、カタツムリ、オケラ、シンクイムシ、カイコのガなども食べていたという。

川釣りの餌になるザザムシも食べていたし、ハチの子もジバチのだけでなく、スズメバチ、クマバチやアシナガバチのものも食べていた。

昭和22（1947）年に昭和天皇が松本市へ行幸した際、「県民が日常食べているもの」ということで、ハチの子が出された。最初は1粒ずつ召し上がっていたが、2杯目はご飯の上にまぶして召し上がったという。昭和25（1950）年頃には、皇太子時代の上皇陛下がスキーで信州に来た際、お土産としてハチの子を差し上げたところ、「こんなに美味しいものはなかった。今年もいただけるならばハチの子にして下さい」というリクエストがあったという。

薬用虫

昆虫の薬用虫として、疳の病に効くマゴタロウムシ（孫太郎虫）というのがある。戦前まで「奥州斎川名産孫太郎虫」と書いた旗を薬箱にさした行商人が全国を回っていた。1串に5匹刺して売っていて、最盛期には年間3万から5万串売れたという。含まれている成分は必須アミノ酸、脂肪、パントテン酸である。1980年代には紙箱か桐箱に入ったものが10串で2500円であった。1匹50円の勘定である。明治時代には「奥州はァ　斎川の名産〜っ　まごたろうむし〜　五疳驚風（ごかんきょうふう）いっさいの妙薬〜っ」という口上で売り子が売り歩いていたという記録がある。その後の口上は「箱根の名産　さんしょうの魚」「えばたのむし（イボタロウムシの白蝋）」と続くが、売薬が規制される法律ができて、「妙薬」という語が使えなくなり、「薬」を抜いて「妙」とだけ唄っていたという。

『信濃の民間薬』（信濃生薬研究会編）によると、アブラムシ、アリ、アカアリ、クマアリ、イナゴ、カマキリ、ザザムシ、セミ、トンボ、ナメクジ、ハエ、ハチ、ヒル、ミミズ、ムカデ、ヤゴの他、イタドリの虫、トウキの虫、柳の木の虫なども民間薬として使われていた。

中国では皇帝の秘薬「冬虫夏草（とうちゅうかそう）」が不老長寿の薬として知られている。名は「夏には草として実を結び、冬には虫と化して動き回る」という意味だが、正体は昆虫を栄養として生じたキノコの総称である。日本には17世紀初めに『本草綱目』（李時珍）で紹介された。冬虫夏草は皇帝のみが用いる秘薬とされていた。

霊薬「九龍虫（きゅうりゅうちゅう）」というのもあった。キュウリュウゴミムシダマシという体長6mmほどの小さな甲虫で、一世を風靡した。呼吸器系の病気と精力増進、貧血、鎮痛、解熱、ガンに効果があるという万能薬とされた。この虫を生きたまま服用すると活力が全身にみなぎり、鼻血まで出るという精力剤で、昭和初期、戦前、1950〜60年代に3回の流行があった。1960年代には東京オリンピックのマラソンで金メダルを取ったアベベ選手もこれを服用したとか、プロ野球選手もこれで首位打者になったとかいう噂が流れ、この虫を浮かべた酒を出す店も現れた。

昆虫食で食糧問題は解決できるのか

世界の人口は2022年の秋あたりに80億に達し、2050年には100億人になるといわれ、世界的な食糧難が心配され始めている。地球温暖化などの影響で、災害が続き、農作物の生産は安定しない状態がつづく。

国際連合食糧農業機関は2013年、「昆虫が今後の食糧になり得る」というリポートを発表した。日本でも内山昭一氏が「昆虫料理研究会」を1999年に立ち上げ、昆虫食の啓蒙活動をしている。2000年4月からは「農業共済新聞」が2年にわたって、虫を食べる話として昆虫食の連続掲載を行った。2020年春には、渋谷パルコ、無印良品、ドン・キホーテなどの企業が昆虫食に参入した。

スペインのアラーニャ洞窟には旧石器時代に描かれた「ミツバチの巣から蜜を集める女性」の絵が残されていた。当時、蜂蜜とともにミツバチの幼虫やサナギも貴重な食糧だったものと思われる。その後、昆虫を食べなくなったのは、農耕や畜産、漁労技術の進歩などによって昆虫を食べる必要がなくなったからなのかもしれない。

日本の食虫で最も知られているのはイナゴの佃煮である。平安時代の記録が残っているが、今や全国どこでも手に入る。一時、水田に強い農薬が使われていたことでイナゴは減少したが、最近では無農薬栽培が主流になってきたので、増加の傾向にある。イナゴは戦前はハネナガイナゴとコバネイナゴの2種類であったが、今ではハネナガイナゴが減り、ほとんどがコバネイナゴである。食用イナゴの主要産地は仙台平野で、シーズン中は日に10t、1シーズンで100tを超えるという。不足したときは中国や韓国から輸入される。イナゴの食べ方は甘露煮や佃煮が中心だが、粉末にして味噌と混ぜ、イナゴ味噌としても食される。かつては乾燥品や粉末が保存食として利用されたという記録もある。

東京の馬喰町駅近くにある昆虫食専門のレストランでは「コオロギラーメン」が人気だという。ダシに2種類の乾燥コオロギをブレンドし、タレには独自に開発した「コオロギ醤油」を使用。麺にもコオロギパウダーを練りこみ、1杯に100匹のコオロギが使われているという。味にコオロギらしさは感じられず、エビの風味で上品な味だとか。従来のコオロギやサナギを用いた昆虫食に比べると、抵抗感がない。

ちなみに、たんぱく質1kgを生産するのに必要な餌の量は、豚はコオロギの約3倍、牛は約6倍である。必要な水は豚はコオロギの875倍、牛は5500倍にもなる。排出する温暖化ガスは豚がコオロギの11倍、牛は28倍にもなるという。昆虫食はいまや食糧問題だけでなく、水不足や地球温暖化などの環境問題とも直結している。

近畿大学農学部の学生が開発した「コオロギコーヒー」は食用に飼育された「フタホシコオロギ」を焙煎して粉末にし、コーヒーにブレンドしたもの。酸味と苦みのバランスが取れ、深いコクがある。東京の表参道にはカイコを原料に、パテには牛挽肉と半分ずつになっているハンバーガーが売られている。あっさりした味が特徴で、見た目からはカイコを使用していることはわからないので、昆虫嫌いの人も食べやすい。

『人生が変わる！ 特選昆虫料理50』では昆虫の姿をそのままで料理にした昆虫レシピが掲載されている。代表的なものとして「いなごのかき揚げ」「ジャンボカイコのボンゴレ風」「バッタのチーズフォンデュ」「コウロギのピザ」「カミキリムシの照り焼き」「セミ親子の串揚げ」「バッタのフライ」「虫寿司」など。秋葉原には、「昆虫食自販機」も登場して、昆虫食が手軽に入手できる。

世界の昆虫食事情

アフリカではバッタの蝗害も大きいが、飢えを救ってくれるのもバッタである。アジアの食虫文化はラオス、ミャンマーを結ぶ一帯の山岳地

イナゴの佃煮（左）とコオロギ（ソース味、右）

帯、中国では雲南省で、海から遠く、畜産も発達していなかったので、昆虫食が栄えたようである。100種類の昆虫を生で食べたり、蒸したり、焼いたり、また、油炒め、空揚げ、天ぷらにして食べている。

アメリカでは、ネイティブ・アメリカンが松につくバンドラガという大きなイモムシを好んで食べる。メキシコは古くから世界有数の昆虫食大国である。メキシコの酒、テキーラの一部の銘柄には、原料となるリュウゼツランを食べるイモムシが瓶の中に1匹入れてある。これはボクトウガの幼虫で、白く脱色されているが、実際は紫紅色のイモムシである。これは幼虫が腐っていないことで、酒のアルコール度数を保証する役割を果たしているという。

古代ギリシアの哲学者、アリストテレスの好物はセミだったといわれている。『動物誌』には「セミは脱皮直前の幼虫がうまい」「成虫になったセミは、最初は雄が美味いが、交尾後は卵が詰まった雌が美味い」と記されている。アメリカ東部では17年または13年毎にセミが大発生するという。大挙して一斉に出現して、捕食者を圧倒して生き延びる戦略らしい。セミの大発生の周期性は日本でも知られている。

身近な昆虫、ゴキブリ、タガメなど

ゴキブリは3億6000万年前から2億8600万年前の石炭紀に起源するといわれ、人間よりも遥かに先輩である。雑食性で腐敗食品を食べるの

で不潔であるが、無毒で味もよいと、100年ほど前から世界各地で食べられていた。特に薬効は万病におよぶといわれている。

中国ではゴキブリとナメクジをブタの胆汁と混ぜて飲むと、梅毒に効くと言われ、アメリカではゴキブリ煎茶が破傷風に、ペルーではゴキブリ酒が風邪に効くとされる。日本でも潰して、しもやけ軟膏にされる。ヨーロッパではチャバネゴキブリで作った心臓薬がかつて売られていた。ゴキブリの成分が腎臓の分泌機能を活性化することがわかっている。中国の野生のチュウゴクゴキブリが血管拡張の特効薬として現在も売られている。

タイをはじめとして、インドシナ半島から中国南部にかけての地域では食虫文化は何といってもタガメが中心だが、他の地域では食用例は少ない。タガメは肉食の水生昆虫で、養魚場では大害虫である。日本では今やペットショップで売られる珍しい虫になってしまったが（地域によっては絶滅危惧種に指定されている）、タイでは食用として幅を利かせている。灯火に飛来する性質を利用して集めたり、溜池にネットを掛けて魚を餌にして積極的に養殖したりしている。タイではタガメは昔から益虫なのである。

雄のタガメの成虫はよい香りを分泌する。雌は香りが薄く、雄が1匹80円ほどなのに対して、雌の値段は5分の1程度である。食べ方は蒸したり、煮たりのほか、刻んでスパイスとして利用されたりする。タガメを漬けた魚醤も人気がある。タイの小さな農村から世界の食糧問題解決と貧困撲滅を目指す挑戦として、次世代たんぱく質としての「コオロギ農園」の計画が進んでいるという（日本経済新聞2021年4月21日夕刊）。

竜、ドラゴン

Dragon

あなたは力をもって海を分け／大水の上で竜どもの頭を砕かれました。あなたはレビヤタンの頭を打ち砕き／荒れ野の獣の餌食とされました。（詩編 74：14）

多くの文化において象徴的な意味のある想像上の生き物がいる。竜（龍）やドラゴンはそうした生き物の代表例と言える。旧約聖書にもそうした怪物がいくつか登場するが、ヘブライ語で「タン」あるいは「タンニーン」と呼ばれた生き物に「竜」という訳がされている。これがギリシア語で「ドラコーン」と呼ばれたものと重ね合わされるようになっていった。しかし、ドラゴンの古い用例は大蛇であったようである。一般に言われるドラゴンは、鱗に覆われた爬虫類を思わせる体、鋭い爪と牙を備え、口や鼻から炎や毒を吐く。主として洞窟に住み、翼があり、空も飛べる地を這う大蛇のような怪物とイメージされている。

聖書の中の竜

天地創造の五日目に創造された「海の怪獣」が「タンニーン」で（創世記1章21節）、これが別の箇所では「竜」とも訳される。前の新共同訳では「海の怪物」であったのが協会共同訳では「海の怪獣」となった。海という語は本来使われていないが、海と深く関係していることは以下の多くの箇所から明らかであろう。「その日、主は／鋭く大きく、強い剣によって／逃げようとする蛇レビヤタンと／曲がりくねる蛇レビヤタンを罰し／また、海にいる竜を殺される」（イザヤ書27章1節）、「ラハブを切り刻み、竜を刺し殺したのは／あなたではなかったか」（同51章9節）、「私は大海でしょうか、竜でしょうか。／あなたは私の上に見張りを置きます」（ヨブ記7章12節）、「地上から主を賛美せよ。／海の竜たちよ、すべての深淵よ」（詩編148編7節）、「バビロンの王ネブカドレツァルは／私を貪り、困惑させ／私を空の器にしてしまった。／竜のように私を呑み込み／ごちそうで腹を満たして／私を洗い流した」（エレミヤ書51章34節）。

「タンニーン」はワニとも訳される。「エジプトの王ファラオよ／私はあなたに立ち向かう。／ナイル川に腹ばう大きな鰐よ」（エゼキエル書29章3節）。英語の欽定訳聖書（1611年）では同じ箇所が「ドラゴン」（dragon）と訳された。今日において一般に言われるドラゴン（竜）の姿は当時の欧米ではまだイメージとして固まっていなかったと思われるが、ドラゴンという語は聖書の怪物にふさわしいと見られるようになっていたのであろう。ちなみに、創世記1章21節の「海の怪物」は欽定訳では「大きなクジラ」（great whale）と訳されている。

ヨハネ黙示録の「竜」はその姿が具体的に描写されている。「もう一つのしるしが天に現れた。それは巨大な赤い竜であって、七つの頭と十本の角を持ち、頭には七つの王冠をかぶっていた。竜の尾は、天の星の三分の一を掃き寄せて、地上に投げつけた。そして、竜は子を産もうとしている女の前に立ち、生まれたら、その子を食い尽くそうとしていた」（12章3–4節）、「天で戦いが起こった。ミカエルとその天使たちが竜に戦いを挑んだのである。竜とその使いたちもこれに応戦したが、勝てなかった。そして、もはや天には彼らの居場所がなくなった。この巨大な竜、いにしえの蛇、悪魔ともサタンとも呼ばれる者、全人類を惑わす者は、地上に投げ落とされた。その使いたちも、もろともに投げ落とされた」（同7–9節）。聖書原典で「ドラゴン」という語そのものが使われているのはヨハネの黙示録だけである。古代ギリシア語訳（70人訳）でも「ドラコーン」という訳語は一切用いられていない（旧約続編のギリシア語訳エステル記、ダニエル書補遺「ベルと竜」を除く）。

旧約続編のダニエル書補遺「ベルと竜」は、ダニエルがベルという神と巨大な竜を崇めるバビロニア人の王にそれがまやかしであることを暴露する話である。ベル神への供物がなくなっているのは、ベル神が食べているからではなく、祭司とその家族が食べていることをダニエルは実証し、巨大な竜のことは、剣も棍棒も使わず殺して見せると豪語する。果たしてダニエルは竜を倒すが、バビロニアの人びとに逆恨みされ、命

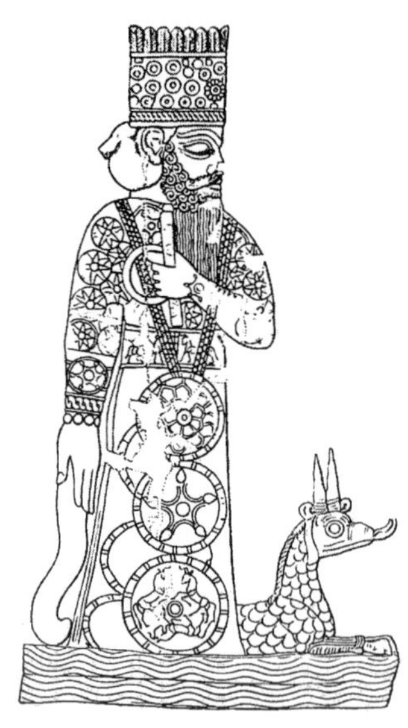

円筒印章に描かれた男神マルドゥクとドラゴン（前９世紀、バビロニア）

の危険に晒されるという話になっていく。ここではドラコーンという語が用いられているが、どういう姿をしているのか聖書には描かれていない。

ギリシア神話

ギリシア・ローマ時代には、ドラゴンとヘビは区別されていなかったようだ。ギリシア神話には、英雄が竜を退治する話がいくつかある。竜は宝物を守っていたり、自然の猛威の象徴として登場したりする。ヘラクレスは黄金のリンゴを守る竜を屠（ほふ）り、カドモスはアレースの泉を守る竜を倒し、イアーソーンは金の羊毛を守る竜を討ち取る。

インドの竜

インドの神話にはナーガというヘビの精霊、蛇神が登場する。上半身は人間で、下半身はヘビとして描かれることもあるが、インドコブラの容姿を思わせる記述もあり、インドや上座部仏教が広まっている地域では純粋にヘビとして描かれ、東南アジアでは頭が７つある姿とされることも多い。八岐（やまた）の大蛇（おろち）もこの系統であろうか。

蛇神ナーガは釈迦が悟りを開くときに守護したとされることから、仏教に竜王として取り入れられ、仏教の守護神になった。特に法華経の会座に列した八大竜王は有名である。天候を制御する力を持ち、怒ると旱魃に、崇（あが）められると雨を降らす。元々コブラを神格化した蛇神であったため、コブラがいない中国で「竜」と漢訳され、中国に元来あった龍信仰と習合し、日本にそのまま伝わった。仏教に帝釈天として受容されたヒンドゥー教のインドラ神は悪しき竜ブリトラを退治したとされる。

中国の龍

中国における龍は水、雨、台風、洪水を支配する強力で縁起がよい動物とされている。一般に四足のヘビに似た形で描かれている。最古の龍は前4000年頃の墓にトラとおぼしき図像とともに貝を敷き詰めて描かれている。これほど早い時代の龍の存在は驚くべきことである。青銅器時代（前1600年以降）に入ると、呪術性に富んだ祭礼用の青銅器に龍が描かれるようになる。中国最古の文字、甲骨文字にも「龍」の文字は見える。殷代には青銅器の芸術が盛んで、龍や鬼神の抽象的な模様の入った青銅器が多く作られた。

龍は空想上の動物であるため、描かれる姿はさまざまである。前2世紀末の『淮南子』には、飛龍、応龍、蛟竜、先龍がいて、これらからそれぞれ鳥類、獣類、魚類、甲殻類が生まれたという記述がある。

龍はあらゆる動物の祖であり、創造主のような存在とされた。龍の姿が定まってくるのは漢代とされる。水中に棲み、天空を飛翔し、天と地を媒介する境界的存在で、猛獣や猛禽類の一部を持ち合わせ、地上から超越した複合動物、善と悪、死と再生、創造と破壊の要素を一つにした神、またはその使いとされた。龍は権力者の権威づけに利用されるようになり、秦の始皇帝は自身を「相龍」と称し、漢の高祖は「赤龍の子」であると『史記』に記されている。中国の皇帝が最も重要な祭事の時に着た服には君子の備えるべき美徳を象徴した十二の文様があしらわれ、龍の文様もそのひとつであった。この文様は太古の君子、帝舜の時に定められたとされるが、まだ権力のシンボルではなかった。龍が変化することも君子が時勢に応じて柔軟な政治をすることが象徴される。唐代には権力のシンボルとして皇帝の服を飾るようになり、位の高い官人には龍の服が与えられた。

孔子が編纂したとも言われる『春秋左氏伝』には、龍が身近な存在として描かれている。龍が実在する動物であるかのように、肉は柔らかく鳥肉に似ていたとか、王が飼い、貴族が狩りの対象にしていたという記述や図も残されている。龍信仰が盛んになると、四方の海に龍王がいると考えられるようになり、唐の玄宗はそれぞれに広徳王（東海）、高利王（南海）、高潤王（西海）、広沢王（北海）の称号を授けた。

揚子江鰐（野毛山動物園）

「龍」という漢字の原型から「龍は揚子江鰐である」という説が唱えられた。春秋時代の龍の図がワニに似ていること、鳴き方が龍の描写を思わせること、ワニの骨が中国各地の遺跡で出土していること、ワニの肉も鶏肉に似ていることなどが理由として挙げられた。

日本の龍

日本には弥生時代中期に中国から龍の図柄を描いた壺が持ち込まれた。紀元1世紀頃の池上曽根遺跡（大阪府和泉市）のものをはじめ、龍の図柄を持った出土品は、全国で30点余発見されている。

仏教の伝来とともに中国の龍神が日本でも広がった。龍神は水の神であるために川や池を守っていると考えられていた。また、雨乞いが僧侶の仕事であったので、仏教の広がりによって龍伝説も広がった。水の神の形象は「大蛇（おろち）」として表現されてきた。大蛇も龍神も元をただせば、ヘビの神格化とされるので、日本の伝承では、大蛇に角があったり、龍の姿で描かれたりしている。

日本の大蛇・龍神信仰の中で、特異なのは「九頭龍（くずりゅう）」である。本来の龍神は頭に角を生やしたヘビ状の神秘的な生き物として描かれるが、九頭龍は頭が九つである。『古事記』に語られる八岐の大蛇がこれと関係する。アマテラスによって高天原を追放されたスサノオが出雲の国の斐川を遡って行ったところ、アシナズチ・テナズチの夫婦の家に至る。そこでは年に一度、ヤマタノオロチに若い娘を生贄として差し出すことで安泰が保たれていたが、その年は娘クシナダヒメを差し出さねばならなかった。これを聞いたスサノオが大蛇（おろち）を退治して、クシナダヒメと結ばれる。この大蛇は胴はひとつだが、頭と尾は八つある。九つではないが、九頭龍で「九頭」になったのは、大和政権に抵抗して制圧された「国栖」(国津神) と繋がっているのではないかといわれている。九頭龍伝説は戸隠山の九頭龍伝承と箱根山のものが中心とされ、鹿野山、平城京、三井寺、猪名川・五月山、阿蘇山宝池、葛城二十八宿犬鳴山、青森県十和田神社などが知られている。

鹿島神宮の龍舟

辰年の龍は十二支の中で唯一の架空の動物である。中国では龍を鳳、麟、亀と並ぶ霊獣とされているが、西洋のドラゴンが魔物扱いであるのは興味深い。日本で辰年に龍の代役をつとめるタツノオトシゴが魚であることはあまり知られていない。雌の生む卵を雄の下腹部にある育児嚢で孵化させ、小魚になるまで雄が育てる。雌は産みっぱなしである。

コモドドラゴン

コモドオオトカゲ (Varanus komodoensis) は英語では「コモドドラゴン」という。全長 3 m を超える例もあるというオオトカゲである。小型のゾウを捕食するために大型化したともいわれるが、分布域にはすでにゾウは生息していない。嗅覚が発達していて、4 km 先にある動物の死骸の匂いも察知できるという。乾燥した土地に好んで生息し、幼体は樹上に棲むことが多い。深い水の中でも泳げる。雄なしでの単為生殖をする種もいることが知られている。腐敗菌が口の中に増殖していて、噛みつかれると敗血症を起こして死ぬと信じられてきたが、腐敗菌ではなく、ヘモトキシンという毒がショック状態を引き起こすことがわかった。1974 年以降 30 人が噛まれ、5 人が死亡している。ワシントン条約に掲載されているが、恩賜上野動物園と札幌丸山動物園での飼育実績がある。

五色龍歯

奈良の正倉院に「五色龍歯」という薬が収蔵されている。天平時代の目録『種々薬帳』に「五色龍歯　24斤」とある。鎮静薬として重宝された貴重な舶来品であった。鑑定によって、象の臼歯の化石で、インドのシワリク山地（ヒマラヤ山脈南麓の丘陵地帯。世界有数の哺乳動物の化石の産地として知られる）から発見されるナルバダ象の化石とわかった。『種々薬帳』には他に「龍骨」「白龍骨」「龍角」「五龍骨」などが記されており、インドおよび中国の山西、河南産の化石で、鹿の角、歯、四肢骨などの断片とされる。龍骨、龍歯は中国ではかなり古くから鎮静剤、精神安定剤として使われている漢方薬の一種である。前漢の『神農本経』（前50年頃）にも記されており、唐代の『新修本草注』（659年）には「五色のものがよい」とされ、「五色龍骨」「五色龍歯」として知られるようになったようである。

文化元（1804）年旧暦11月、琵琶湖西岸の近江国志賀郡伊香立村南庄（現・大津市、旧・堅田町）の農夫、市郎兵衛が畑を耕していると、奇妙な動物の骨を発見した。領主であった近江膳所藩主、本多康完（やすさだ）が調査を命じ、書物にある龍骨に間違いないという結論を得た。康完はこの発見を吉兆とし、出土地を龍ヶ谷と命名、祠を建て、発見者には「龍」の姓を許し、新しく開墾した土地4畝15分の年貢を永代に免除した。

龍は架空の動物であるので、当然のこととして、龍歯や龍骨を龍のものとする古来の考えは疑問視されていた。その後、発見されたのは象の化石であることが明らかになった。ドイツから招かれて地質学の東京大学教授になったナウマンが1882年に「史前時代の日本の象」という論文をドイツの『古生物学報』に載せ、近江国、横須賀、紀州、霞ヶ浦、東京江戸橋などで見つかった象の化石を体系的に記載した。これに因んで日本に存在した象の名称は「ナウマン象」と命名された。1973年3月に長野県野尻湖の湖底で発見されたナウマン象の臼歯の化石は放射性炭素年代測定で2万年前のものであることがわかった。

龍　骨

龍骨には漢方薬と別に、もうひとつ意味がある。船の船底中央を縦にに船尾から船底までつなぐ構造材のことで、英語では「キール」(keel) という。古典的な造船では、まず龍骨を準備し、それに対して直角方向に肋材を組み、これを梁固定することで船の基本的な骨組みを完成させる。この基礎部分が船の強度の決め手となる。

司馬遼太郎・陳舜臣両氏の『対談中国を考える』によると、唐代にアラビア人が沿岸に押し寄せ、航海術、天文学、造船術を中国人に伝授したというが、三国志の時代に、呉の孫権は「長安号」という船を作って、3000人を乗せ、揚子江に浮かべたという。

日本人の祖先は魚を獲るのは上手だったが、魚獲り用の船は大木を刳り貫いた刳(くり)舟、丸木舟で十分であったため、船の作り方は発展しなかったようだ。日本の遣唐使船は遣隋使の時と違って、新羅との関係が悪化していて朝鮮半島沿岸を行くことができなかったので、大型船で黄海、東シナ海を遠距離、航海しなければならなかった。しかし、百済の技術を導入して、百済から渡来した船大工は、船に龍骨が必要であることを知らなかったので、龍骨のない戸板を張り合わせたような船を作った。海水が入ってきてはいけないため、本来ならば隙間をピッチというアスファルトに似たもので埋めるが、この技術も知らず、乾燥した水草で埋めてあった。水草が海水を吸って膨張し、戸板の隙間が閉じるという程度の防水力しかもたない船であった。

恐　竜

今から2億5000万年から2億年前の三畳紀、2億年から1億4500万年前のジュラ紀、さらに6600万年前の白亜紀の時代に生存した両生類・爬虫類の大型化石が世界各地で発見されている。いわゆる「恐竜」の化石である。英語では「ダイナソー」(dinosaur) という。イギリスの生物学者リチャード・オーウェンが1842年に名付けた「ディノサウリア」(Dinosauria) からの変形で、「deinos」(恐ろしい) と「sauros」(トカゲ・爬虫類) からなる。直訳すれば「恐ろしいトカゲ」である。「恐竜はなぜ子どもたちに人気があるのか」と問われた児童心理学者は「大きくて、獰猛で、絶滅しているからだ」と答えたという。

日本地質学会広報誌『ジオルジュ』に寄稿されたコラム「サウルスを

竜と訳した人」によると、東京帝国大学の教授で地質学科第1回の卒業生であった小藤文次郎氏がまず「魚竜」「蛇竜」という言葉に訳し、同大学第4回卒業の横山又次郎教授が元の意味に近い「恐竜」という言葉を初めて生み出したという。

2007年1月、兵庫県丹波市で全長約20mの国内最大級の恐竜化石が見つかった。巨体から伸びる長い首と尾、太い4本足が特徴の「竜脚類」とみられる1億年以上前の化石で、「タンバリュウ」の愛称がつけられ、地域おこしに役立つと地元は活気づいた。最近では化石の発見場所から愛称として「○○竜」の名がつけられている。福井県の「フクイリュウ」、三重県の「トバリュウ」、福島県の「フタバスズキリュウ」などが知られている。

日本で発見された恐竜の化石は1934年に当時は日本領であった南樺太で発見されたニッポンリュウが最初である。その次に古いのは1937年、宮城県稲井地方の道路工事で三畳紀の粘板岩を切り崩していたときに発見された「イナイリュウ」である。海に住む恐竜で、体長1.3mでアジアで初めて発見された珍しい恐竜であった。学名としては「メタノトサウルス・ニッポニクス」(Metanothosaurus nipponicus)という。最初に発見されたニッポンリュウよりも1億年以上も古いというだけでなく、「爬虫類の繁栄時代の先駆けとなる進化史上重要な要素」を秘めていた。ノトサウルスというのは「偽竜類」に分類されることを意味している。

しかし、この「イナイリュウ」の化石は名称が悪かったのか、戦中、戦後の混乱の中、研究室の移動などで行方不明になってしまった。1960年代の小学館の『地球の図鑑』には「日本にもこんな竜がいた！」と題されて掲載されていたが、1970年代を過ぎると、「イナイリュウ」は図鑑や書籍からまさにいなくなってしまった。

4 水に群がるもの、地を這うものと海の魚

床モザイク「５つのパンと２匹の魚」
（４世紀、タブハ、イスラエル）

カエル

frog

ナイルに蛙が群がり、這い上がって来てあなたの家を襲い、寝室に入り、寝台に上がり、あなたの家臣や民の家にまで入り、かまどにもこね鉢にも入り込む。
（出エジプト記７：28）

身近にいる生き物のカエルだが、その化石は両性類最古の化石として、約３億5000万年前の地層から発見されている。地球は白亜紀末、6500万年前までに２つの大陸から現在の５大陸に分裂したが、原始的なカエルのムカシガエル科は、ニュージーランド北島に３種が分布し、北アメリカ北西部には１種が分布していた。その化石はジュラ紀前期から後期にかけて、南北両アメリカとヨーロッパや北米に分布している。

カエルの災い

旧約聖書の出エジプト記には、イスラエルの民がエジプトを出ていくのをファラオが認めなかったことで、国に次々と災難が降りかかる話が出てくる。ナイル川が赤く腐敗する「血の災い」（出エジプト記７章14–24節）に続き、「蛙の災い」（同７章25節–８章３節）が起こる。

日本同盟基督教団川西聖書教会の森脇章夫牧師はこの箇所に描かれている自然現象について説教の中で次のように話している。

> 文脈から季節は６月頃と考えられますから、ナイル川は低水期で、水量が不足して富栄養化が起こり、日照による温度の上昇から動物性プランクトンの大発生が起きやすいのです。もしそうだとすると、赤潮の発生と見ることができます。その結果、水中酸素濃度の低下で、鰓（えら）呼吸の魚類の死滅が起きます。これは７章21節の魚の大量死と符合します。これが事実だとすると、当時のカエルの大発

生は当然のことです。

蛙は卵を水中の藻などに産みつけます。浅い場所ですから、酸素の供給は途絶えません。卵が孵っていれば、なお安全です。両生類の蛙の子はオタマジャクシで鰓と肺の両方を持っています。たとえ水中の酸素濃度が下がっても空気呼吸で酸素を補うことができ、死滅することは免れるのです。オタマジャクシを捕食する鯰や鯉などの魚類が死滅してしまうので、オタマジャクシには大変好都合です。魚の死骸は餌となり、天敵のいない川はオタマジャクシの天下です。上流から長大なナイルを下ったオタマジャクシは次々に河口近くのデルタ地域で蛙に成長して塩水の手前で川から押し流された地域全体に溢れ出てくることでしょう。

これはごく当たり前の生態系の破滅による自然現象です。8章3節に見られる蛙の洪水は、ナイル河口に発達したエジプトでは当然予期しなければならない出来事です。そうして蛙の大発生は宿命的に大量死を招きます。なぜならば、高温乾燥地域に移動した蛙は水分の補給ができずやがて死滅する運命にあるからです。（一部割愛）

コロラド州立大学名誉教授、杜祖健氏によると、赤潮は浅い沿岸に起こることが多いが、川でも起こる可能性はあるとのこと。実際に前1200年頃、北緯35度以南の気候が乾燥化し、ナイル川の水位が著しく低下したといわれている。また、東京大学名誉教授竹内均氏はこの水位の低下という現象は前1400年頃に起きたサントリーニ島での火山活動によるものであると説明している。

カエルの生態

少年時代、疎開先で田植えが終わり、6月初旬頃から梅雨に入ると、家の前の田圃では、カエルの大合唱が始まった。カエルにまつわる話や歌は多い。カエルの詩人、草野心平は「ぎゃわろッぎゃわろッぎゃわろろろろりッ」（誕生祭）と表現している。また、「カエルの歌が聞こえてくるよ。クワッ、クワッ、クワッ、クワッ……クワッ、クワッ、クワッ」という歌は輪唱に使われ、子どもたちの高い声が聞こえてくる。

地方によっては「ゲロゲロゲロゲロ」「ケロケロケロケロ」「ゲゲゲゲゲゲゲゲ」「ケケケケケケケケ」と歌詞が異なる。童謡にも「月夜の田圃で、ころろ、ころろ、ころろ、ころころ鳴く声は……」や、小学唱歌「朧月夜」にも「蛙の鳴く音も鐘の音も、さながら霞める朧月夜」などとあって親しまれてきた。これらのカエルはアマガエルで、初夏の夕立が近づくと低気圧に反応して、盛んに鳴いて、合唱が始まる。雨を教えてくれるということから、「雨(あま)ガエル」と呼ばれてきた。

アオガエル科のうち、カジカガエルは体色が褐色、体長は雄3～4.5 cm、雌が4～8 cm で、その美声がシカの鳴き声に似ているということで、「河鹿」から「カジカ」の名がついたという。万葉集の中のカエルの歌はカジカガエルを詠ったものである。

田圃にいるカエルは稲や農作物の害となるものを捕食している。過去にカエルを養鶏用の餌として捕獲した結果、天敵がいなくなった稲の害虫が増えてしまったことがあり、それ以来カエルを餌として捕獲することが禁止されたという。天敵のヘビを食べるカエルもいる。日本のヒキガエルや中南米の熱帯の密林に住むアマゾンツノガエルはトカゲやコウモリなどを捕食する。1m もあるヘビを食べたという記録もある。

世界では約4700種のカエルが知られている。主なものはヒキガエル科370種、ユビナガガエル科840種、アマガエル科720種、アカガエル625種、アオガエル科200種、ジムグリガエル科310種などである。カエルは一般に平地から山地にかけて、池沼や小川の水辺の草むら、水田、耕地、雑木林、森や人家などの陸地や水中まで広い範囲に住んでいるが、苛酷な半砂漠地帯にも住んでいる。樹の上で生活するもの、地中で生活するものもいる。

平安時代の書家、小野道風にカエルが柳に飛びつき、努力することを教えている花札の「雨」の絵柄は有名である。カエルは水に潜る、跳ねる、保護色で隠れる、擬態、警告色などで自衛をするが、テン、イタチ、カワネズミなどの肉食哺乳類や、サギ、モズ、サシバなどの鳥類、大敵のヘビのほか、コウモリなどにも捕食される。コウモリの中には自身の体重が30 g と軽いにもかかわらず、1時間に6匹のカエルを捕まえる強者(つわもの)もいる。カエルクイコウモリの棲家にはコウモリの糞に集まる昆虫類を餌とするドクガエルとオオヒキガエルが同居している。ヒキガエルは毒を持つ上に体が大きいし、ドクガエルも毒があるので、コウモリも手を出さない。

ベルツノガエル（上野動物園）

カエルの毒と効用

ニカラグアからブラジル東部までの熱帯地方に分布するヤドクガエル科の160種は体長2、3 cmから5 cmで、黄、オレンジ、赤、緑、青などの鮮やかな色彩に黒い斑点がある。これらの中には、真赤な地色に黒点が散在し、イチゴのような色のイチゴヤドクガエルや、赤と黒、黄と黒というコントラストで道路標識のようなもの、幅広い赤、オレンジまたは黄色の帯をもつものもいる。これらのヤドクガエルにはアルカロイド化合物バトラコトキシンが含まれ、原住民が狩りの際に、矢の先端に塗って使用する。この毒は0.1 mgで、ジャガーやバクを倒す。ある研究で5000匹のヤドクガエルの新鮮な皮膚から粗塩基物質157 mgを得、単離精製し、4種のバトラコトキシンの構造が決められた。この毒はフグ毒テトロドトキシンの4.5倍の強さである。1980年代に「ステロイドに関する講義」で、このヤドクガエルの話をしたが、当時講義を聴いていた学生が、中年になってこの話を覚えていてくれたのには驚いた。

ヒキガエルは平地の雑木林や人家の庭先で見ることができる。体長8～17 cmで雌の方が大きい。人家では庭の石の下や縁の下に棲み、あまり移動しない。両眼の後方には毒液を分泌する耳腺が発達して盛り上がり、捕食者に遭うと、頭を下げ、尻を持ち上げて耳腺を敵の前にさらす。カエルを好物とするヘビもヒキガエルは敬遠するが、ヤマカガシはこの毒の作用を受けないので、好んでヒキガエルを捕食する。

このヒキガエルの耳腺から集めた白い汁で作ったのが有名な「ガマの油」である。江戸時代初期、大坂夏の陣と冬の陣で家康に随行した光誉（こうよ）上人は、陣中救急薬「陣中膏」を処方したところ、よく効く傷薬と評判

ヒキガエル（ガマガエル）（斎藤哲氏提供）

になった。「さて、お立会い」の口上で始まるガマの油売りは茨城県新治郡新治村出身の永井兵助が考案し、江戸へ出て広めたとのこと。筑波神社では毎年8月1日に「ガマ祭り」が開かれ、口上のコンクールがある。「四六のガマ」は「前足の指が四本、後ろ足の指が六本」あって、筑波山のふもとにある薬草「大葉子」を食べて育つとのこと。ヒキガエルは前足の指が5本であるが、親指の骨が退化して4本にしか見えず、後ろ足付近には穴掘り用の突起があって、指が6本に見える。この突起を使って地中に穴を掘って潜る習性がある。ガマから出るブファジエノリドの代表的な化合物はブファリンと呼ばれている。中国ではこの毒液を固形化した漢薬として、センソ（蟾酥）という名で知られる。1匹のガマから取れるのは約2mgで、強心作用や冠血管拡張作用などの薬理作用がある。

六神丸

碓井益雄『蛙』によると、センソは強心剤として知られる六神丸という漢方薬の主剤で、麝香、牛黄（牛の胆嚢にできた凝固物）、熊胆（熊の胆）、沈香、人参といった高貴薬と並べられるとされ、センソが貴重な薬品であったことがうかがえる。木村清友らの『食用蛙』（1926年）には六神丸の配合が記されている。六神丸はヒキガエルの分泌液中に存在する毒成分ブフォタリンおよびブフォニンを含有するが、それらは「従来ガマの皮膚分泌液以外には発見されない物質で、察するに本品（六神丸）は、ガマの皮膚より分泌せる分泌液を集め、とろ火を以って乾燥し、更に適当の熱を加えて軟化せしめ、鋳型に流し込み製造したるものの如し」としてある。このヒキガエルの毒素も「適当に用うれば、所謂、毒薬変じて薬となるとの譬の如く、諸病に奇効を奏するものとなるが、特に強心薬として特効を有するものの如く、彼の起死回生の偉力を有し、奇蹟的効力ありと称する六神丸は、小児の生肝なるかの如く揣摩憶測せられたるが、何ぞ知らんとヒキガエルの皮腺の分泌液を原料とするものなり」と述べている。

薬用として、アマガエルは喘息に効くといわれ、小さいものを生きたまま服用した。アカガエルも肺病、リウマチ、下痢、胃腸薬として効果があるとされ、焼いて黒焼きにしたものや、肝臓や臓器も民間療法として用いられている。

ウシガエルの味

夏の暑い日に水田や貯水池から牛のような太い鳴き声を出すウシガエルがいる。大きいものは頭から尻まで 20 cm 近いものもいる。その鳴き声は、静かな夜など 400m 先まで届くという。トンボ、エビ、小魚、小さなヘビまで、生きている動物を丸呑みにする。

1917 年に食用としてアメリカから 24 匹輸入され、日本で殖え、野生化したものが池や沼に棲みついた。戦後、疎開先で兄貴分の仲間とこのウシガエルを捕まえた。今は閉店してしまった池袋駅東口の三越の裏にあった「木曽路」という呑み屋で、焼いたウシガエルの脚を食べたことがある。鳥のささ身のような味であった。この他、カエルを使った料理は韓国のスタミナ料理、中国や台湾料理の「田鶏（でんけい）」や「水鶏（くいな）」、さらにフランス料理にも使われ、チェーホフの『桜の園』でも紹介されている。

貝紫

Royal purple

この文字を読み、その解釈を私に示す者には誰でも、紫の衣を着せ、金の鎖を首に掛け、王国を支配する第三の位を与えよう。
（ダニエル書５章７節）

紀元前1600年頃、地中海沿岸のフェニキアで採取された巻貝、アクキガイ科のシリヤツブリガイ（Bolinus brandaris）やツロツブリガイ（Hexaplex trunculus）の鰓下腺（さいかせん）（パープル腺）から得られる分泌液が太陽光に当たると紫色になることが発見された。その染料が貝紫と呼ばれ、その色も貝紫色と呼ばれる。1gの染料を得るためには約2000個の貝が必要とされ、その貴重な染料で染めた紫色の布や糸が特権階級にもてはやされた。マケドニアのアレクサンドロス大王も、この紫の色の衣を好んで身にまとい、ユリウス・カエサルの紫のマント、エジプトの女王クレオパトラ７世の旗艦の帆もこの貝紫で染められていた。帝政ローマの歴代皇帝も紫を愛し、特権階級以外で紫を着た者や販売した者を死刑にした皇帝もいたと伝えられている。

十字架にかけられたイエスに「紫の衣を着せ、茨の冠を編んでかぶらせ、『ユダヤ人の王、万歳』と挨拶し始めた」（マルコによる福音書15章17-18節）というシーンの「紫の衣」も貝紫で染められたものである。神殿の祭壇に掛けられた布も紫であった（民数記4章13節）。その他にも、紫の布や服、糸や毛糸への言及は聖書の随所に見られる（出エジプト記25章4節、26章1、31節、士師記8章26節、箴言31章22節、エステル記1章6節、8章15節、雅歌3章7節、エレミヤ書10章9節、哀歌4章5節、エゼキエル書27章7、16節、ルカによる福音書16章19節、ヨハネによる福音書19章2、5節、ヨハネの黙示録17章4節）。

貝紫の成分

貝紫の主成分はジーンズなどを染める天然藍の成分であるインディゴに臭素原子２個が導入された6,6′-ジブロモインジゴ（6,6′-Dibromoindigo）である。1909年にドイツの化学者フリードレンダーが１万2000個の貝から1.6 g の色素を単離して、その構造を決めた。採算が取れないのか、合成品を用いた染料への利用報告がなかったが、明星大学の澤田忠信博士のグループが合成染料の染色に関する研究を行っている。佐賀県の吉野ヶ里遺跡からも貝紫で染めた絹織物片が発見され、弥生中期から後期初めのものとされる。

千葉県の「夢紫美術館」には貝紫染色の染織工芸品が収蔵され、愛知県の佐久島や伊勢志摩の「海の博物館」では貝紫の染色を体験できる。貝紫染は肉食の巻貝、イボニシガイ（Thais clavigera）やアカニシガイ（Rapana venosa）の鰓下腺から取れる分泌液で染めるが、何キロも貝を割って採取して、やっと乳鉢の底に少し貯まる程度で、いかに貴重かがわかる。この作業はニンニクの腐ったような臭いが手について取れなくなるという。

巻貝の全体を表す言葉に「ニシ」というのがある。漢字は「螺」の字を充てる。『大言海』には「ニシ」の「ニ」は丹、すなわち赤で、丹肉（ニシシ）の省略だろうと書かれている。貝原益軒は、殻が赤いからとし、「ニシ」とはアカニシのことを指すと述べている。イボニシなどのアクキガイ科の貝は他の貝やフジツボの殻に穿孔する酸を体内に持っているので、食べると少し辛い。この種の貝は二枚貝を襲って捕食する際、鰓下腺から神経毒と酸を分泌して相手を弱らせる。そのため、カキの養殖では天敵になっている。この毒と酸が人間の舌にも強い刺激を与えるので、その部分を食べるのは敬遠されている。

しかし、貝の身の方は細かく刻んで、野菜などと共に炒めて食べると美味しいらしい。殻はその他の貝の殻と合わせて砕き、さらに擂鉢で細かくしたものを味噌汁に溶かし、その上澄みを飲むと、辛くて苦いが二日酔や胃病に効果があるともいわれている。この料理は志摩地方では「螺汁（にし）」といわれている。湘南・葉山の一色海岸の岩場にもこの種の貝が多く生息するので、この地方でも螺汁が食べられてきた。園伊玖磨

晴明神社（左）と五芒星（右）

『続々パイプのけむり』に螺汁の味が紹介されている。「いやいやこれからなのです。辛みが効いてくるのは……」「口の中が辛くなってきた」「おう、ぴりぴりし始めた」「ほら、効いてきたでしょう……」「大変だ。こりゃ相当だ。本当だ。胡椒みたいだ。カレー粉みたいだ。口の中が、咽喉が熱くなってきた。ひりひりする」「おゝい、水だ、水だ」「辛い、辛い。然し美味しい辛さだ」。

紫の力

志摩の海女たちは潜水中の事故から身を守るため、安倍晴明や蘆屋道満から授かった星印のゼーマン（セイマン。五芒星）や格子印のドーマン（ドウマン。4×5の格子状の印）を貝紫で染めた磯手拭をお守りとして用いる習慣がある。特に星印の方は隙間が少ないので、呪力が強く、線が始めの点に戻ることから、必ず戻って来れると信じられているそうだ。このお守りにはもうひとつ役目がある。海女が最も恐れているのが、作業中に亡くなった人の霊（トモカズキ）に海中に引き込まれることで、仲間の海女とトモカズキを区別するためにこのお守りをつけるのだという。安倍晴明は朝廷に仕え、彼を祀った晴明神社が京都上京区にある。魔除け、厄除けでご利益があり、境内には五芒星がいたるところにある。

日本聖公会の祭服は、かつて白、赤、緑、紫、黒の5色が用いられていたこともあるが、最近では主として黒を除いた4色である。紫など祭

伊勢市相差海女文化資料館ポスター（被り物の額にあるマークに注目）

服の色について、竹内謙太郎師の著書『私たちと礼拝』には以下のような説明がされている。

> (紫は) 古代社会では王権を示す色でした。それがどのような経緯で今日のような (司祭の祭服という) 用い方になったかはよく分りません。ただ、紫色も暗い感じで現在のような慎みを表現するものとなったのではないかと思われます。降臨節と大斎節が紫の季節です。英国聖公会の伝統では、降臨節では水色を使う習慣があります。水色は聖母の色として用いられ、聖母の記念の祝日に祭色として用いられてきました。主イエスのご誕生を待ち望む降臨節という季節は聖母マリアの季節であるということで、降臨節に水色が使われるようになりました。

吉野ケ里遺跡の貝紫

佐賀県神埼郡吉野ヶ里町と神埼町にまたがる吉野ヶ里遺跡から3100基以上の甕棺（かめかん）墓が見つかり、絹布を主とした多数の繊維断片が出土した。その中には貝紫染や茜で染めた布片が確認されている。甕棺は堅牢な素焼きの土器であったため、内部の空間が保たれ、遺骨の他、鏡、剣に代表される青銅器、鉄器、各種の玉類、腕輪など多数の遺物が保存のよい状態で出土する。

吉野ヶ里遺跡の絹織物は織りの密度からすると、中国から渡ってきたものではなく、日本製だそうである。このことから弥生時代の九州北部では、目の透いた絹の衣を死者に着せたか、遺体を覆ったり包んだりしたのではないかと考えられている。各地で絹の織物が見つかっていることから、養蚕はすでに弥生時代に行われていたようだ。しかし、養蚕は蚕種（さんしゅ）（カイコの卵）をどこかからもってこなければ始められず、中国からもたらされたと考えるのが普通である。仲哀（ちゅうあい）天皇4年（西暦195年？）に秦始皇帝を祖とする功満王が来朝して蚕種を奉ったという記録が延喜元（901）年の『三代実録』に残されている。弘仁6（815）年にも同様の記録があるが、邪馬台国よりも以前の吉野ヶ里遺跡の甕棺は前2世紀から後1世紀とされるので、もっと以前に始まっていたはずだ。前3世紀の始皇帝の時代以降、中国は養蚕技術を国外に伝えることを厳しく制限したとされており、日本にはそれ以前に養蚕技術が伝わっていたのではないかとされる。

貝紫染めの技術も中国からの伝播と考える学者もいるようだが、日本独自のものであるという。中国では植物染料と鉱物性染料だけで、動物性染料は使われていなかった。パープル腺を有する貝は吉野ヶ里に近い有明海に生息している。貝紫の貝はメキシコ、地中海沿岸、アフガニスタン、スリランカ、インド、インドネシア、ニューギニアなど、世界各地で産し、世界に78種いるという。

日本での紫

3世紀頃の卑弥呼の時代には赤や青が基本的な色で、赤は茜、青は藍が中心であった。聖徳太子（厩戸皇子）が中国の隋の制度を採り入れ、中国で正色とされる「青、赤、黄、白、黒」の上に紫を加えて6色とし、それぞれを濃淡で分けて12階の冠の色が定められた。孝徳天皇の時代、647年頃には「7色13階の冠制」が定められる。やはり最上位は紫で、紫草の根、紫根で染められた。685年、天武天皇のときに「48階」になり、朱華（はねず）（薄紅色）が最高位となり、冠ではなく服色を指すようになった。

『万葉集』に紫を詠んだ歌がある。「紫草の　にほへる妹を　憎くあらば　人妻ゆゑに　吾恋ひめやも」（大海人皇子）、「茜さす　紫野ゆき　標

野ゆき　野守は見ずや　君が袖振る」（額田王）、「紫は　灰さすものぞ　海石榴市（つばいち）の　八十の衢（ちまた）に　逢へる児や誰」などから、当時は紫根で灰を使って染めていたことがわかる。

トリカブトは中国では「菫（きん）」と呼ばれ、美麗な紫色の花を咲かせる植物として知られている。「朱の孔孟、老荘の紫」という言葉があるが、孔子や孟子を代表とする儒学、老子や荘子を代表とする道学では、最高とされる色がそれぞれ異なっている。儒学者は朱を最高の色とし、紫を卑しい色と考え、逆に道学者は天宮の最高の色は紫であると考えた。この考えが日本にも伝わり、紫が最高の色とされたという。

紫　根

紫草はムラサキ科（Lithospermum erythrorhizon Sieb. et Zucc.）の植物の一種で、高さ 60 cm ほどに成長する。中国最古の薬物書『神農本草経』に「紫草」として掲載されている。多年草で夏には白い小花が咲く。朝鮮半島、中国、アムール川流域に見られ、日本では北海道から九州に分布している。染料や薬品にされるのは根で、太く直下して、分枝しているものもある。染料や生薬で用いる場合、5 月か 10 月頃に根を掘り、日干しで乾燥後、石臼に入れて杵で突く。麻袋に入れて湯を注ぎ、紫根から紫の色が出なくなるまで麻袋を絞り、染液を取る。生地や糸を染める場合、あらかじめ灰汁の上澄みに浸しておく。灰汁は椿、柃（ひさかき）、沢蓋木（さわふたぎ）などの枝を焼いて用いた。成分はナフトキノンの誘導体のシコニンやアセチルシコニンの他、アルンカナン、多糖体などを含んでいる。痔、火傷、凍傷、腫れ物、皮膚病等の外用として用いられる。紫根は紫雲膏（しうんこう）という軟膏の材料にも使われる。

紫雲膏をはじめとする多くの軟膏、膏薬を改良、考案したのは麻酔医術で知られる華岡青洲先生である。筆者の祖父は同郷の紀州藩医、青洲先生の偉業に発奮して、明治の時代に医者を志した。筆者は小学校時代に青洲先生の話を耳に胼胝（たこ）ができるほど聞かされたが、医者よりも化学の道を選んだ。学生時代、尊敬する人物の欄に「華岡青洲」と書くと、面接はほとんど青洲先生の説明で費やされたが、その後、有吉佐和子『華岡青洲の妻』が出版され、青洲先生は一躍有名になった。華岡家常用の膏薬として左突膏、青蛇膏、破敵膏、白雲膏が知られる。これらは腐蝕を止め、新肉を再生、速やかに瘡口を癒す効果がある。

東北帝大に最初に入学した女性化学者、黒田チカ氏は紫根の化学構造を確定し、人工合成の道を開いた。しかし、彼女ほか2名の女性の入学が発表されたときには、文部省が「前例無之事ニテ頗ル重大ナル事件」と批判する文書を東北帝大の学長に送るほど、社会の注目を浴びた。女性が大学に進むことがまだ考えられないこととされていた1911（明治44）年のことである（毎日新聞2013年7月5日）。

藍

貝紫の主成分インディゴとは藍のことである。かつてインディゴ染料の中心地はインドであったようである。染料を意味するギリシア語のインディコン（indikon）、ラテン語のインディクム（indicum. 顔料）はインド（India）という地名から派生した。英語のインディゴも同様である。

古代ローマ人はインディゴを顔料、医療用、化粧品として用いていた。中世ヨーロッパではウォード（西洋菘藍）というヨーロッパ原産のアブラナ科の二年生草本を用いていたが、15世紀にインド、中国、日本との貿易が始まると、大量の藍がヨーロッパに入った。

藍は世界各地の遺跡で発見される。前2000年頃のエジプト、テーベの墓では藍で染めた麻布がミイラに巻かれていた。前3〜2世紀に栄えた南米パラカス文明の遺跡からも藍染めの木綿布が見つかっている。

天然の藍は大部分が熱帯植物のコマツナギ属（Indigofera）、温暖な気候では大青やダイアーズ・ノットウィード（Polygonum tinctorum）であった。アジアでは木藍、インド藍、ナンバン藍、タイワンコマツナギなどであり、中南米ではアニールとナタルインディゴが中心である。

日本には中国から伝わった。染色関係の古書『天工開物』（1637年）には茶藍（菘藍）、蓼藍、馬藍、呉藍、莧藍の5種類の藍が紹介されている。現在、使用されている藍は蓼藍、琉球藍、インド藍、大青、ウォードなどである。

藍染めに関する日本最古の記録は平安時代の『延喜式』に見える。藍の色を濃淡いくつかに分け、それぞれの色合いを出すための材料の按分が示されている。これ以前では、『日本書紀』に「藍野の陵」、『古事記』に「藍の陵」の記述がある。直接、藍染めとは関係ないが、藍の栽培を示すものと考えられる。藍は濃淡で微妙に色が変わるので、「藍四十八色」という表現もある。淡い水色から紺、限りなく黒に近い濃紺に至るまで、ひとつひとつに名称がある。

飛鳥時代や平安時代は華やかな澄んだ青空のような縹（はなだ）（薄い藍色）に染めた衣服が好まれ、鎌倉時代、室町時代には藍を濃く染めた褐色が武家の間で用いられた。江戸時代になると、藍染めが庶民の間にも広がり、藍染の木綿の衣服がよく用いられるようになった。明治時代、英国人教師アトキンソンは『藍の説』の中で、藍色の衣服を「ジャパン・ブルー」と表現した。作家のラフカディオ・ハーン（小泉八雲）も『知られぬ日本の面影』のなかに青い暖簾と青い着物について述べている。

青　花

最近は草木染が盛んで藍色以外の青花などが滋賀県草津を中心に栽培されている。子どもの頃、夏になると露のかかった露草をよく見つけた。その花が青花である。

露草は鴨頭草（つきくさ）、月草、鴨跖草（おうせきそう）とも呼ばれている。万葉集に「鴨頭草に衣色どり摺（す）らめども移ろふ色というが苦しさ」という歌がある。草木染めの色が消えやすいことを「愛しいあなたは気が変わりやすい」に重ねているが、消えやすいのを逆手にとったのが「青花紙」である。花の青い色素を絞りだし、その花色を和紙に浸透させると、濃い青色の紙ができる。この紙を水につけると青色の染料が出てくる。それを友禅染などで糊を乗せる前の下絵に使う。下絵の役割が終わる頃には青色の絵具は消えているというわけである。

真　珠

Pearl

天の国は、良い真珠を探している商人に似ている。高価な真珠を一つ見つけると、出かけて行って持ち物をすっかり売り払い、それを買う。（マタイ 13：45-46）

真珠、パールは貝類の殻の中にできる光沢のある玉である。炭酸カルシウムが主成分で、貝の体内に侵入した砂粒などの異物を外套膜から分泌された真珠質が包むことでできる。美しい銀色で、古くから装飾品として愛好されている。6月生まれの誕生石で、石言葉は「健康、富、長寿、清潔、素直」などである。

聖書でも真珠はやはり貴重なものとされている。「さんごと水晶は言うに及ばず　知恵から得るものは真珠にまさる」（ヨブ記28章18節）。また、「十二の門は十二の真珠であって、どの門もそれぞれ一個の真珠でできていた」（ヨハネの黙示録21章21節）とあるように、新しい世界の描写にも用いられ、喩えでも天の国と関連づけられている。「天の国は、良い真珠を探している商人に似ている。高価な真珠を一つ見つけると、出かけて行って持ち物をすっかり売り払い、それを買う」（マタイによる福音書13章45-46節）。また、婦人の装飾品のひとつとして挙げられているが（テモテへの手紙一2章9節、ヨハネの黙示録17章4節）、いずれも着飾ることへの戒めであるのは興味深い。

よく知られた「豚に真珠」という言葉は、真珠の価値がわからない豚に真珠を与えても、豚にとっては何の役にも立たないという譬えである。「聖なるものを犬に与えてはならない。また、豚の前に真珠を投げてはならない。豚はそれを足で踏みつけ、犬は向き直って、あなたがたを引き裂くであろう」（マタイによる福音書7章6節）。真珠が宝石の類の中でも特に貴重なものであることが喩えの効果を増幅させているといえる。

真珠の歴史

エジプトでは紀元前3200年頃から知られていたが、宝飾品、薬として珍重されるようになるのは後の時代である。日本でも縄文時代の北海道や岩手県の遺跡から加工跡のある淡水真珠が出土している。

『魏志倭人伝』には邪馬台国の台与（とよ）が魏（ぎ）に白珠（真珠）5000を送ったと記されている。『日本書紀』『古事記』に記述があり、『万葉集』でも56首に詠まれている。当時は「たま」「まだま」「しらたま」と呼ばれていた。「真珠」という表記の最古の例は『日本書紀』で、淡路島の海底で阿波国の白水郎、男狭磯（をさし）が自分の命と引きかえに採ってきた大鰒（あわび）（鮑）から真珠が出たと書かれている。『万葉集』の大伴家持の歌にも「奈良の海人の潜き取ると真珠の……」とあるが、「しらたま」と訓ませている。「淡海の海　沈着く白珠　知らずして　恋せじよりは　今こそまされ」（巻2-445）は琵琶湖（淡海）の淡水真珠を歌ったものである。

真珠は志摩（三重県）の英虞（あご）湾や伊予（愛媛県）の宇和海でアコヤガイから採取されていたが、日本以外で採れる真珠に比べると、小粒である。真珠は呪術的な意味も持っていた。仏教の七宝に数えられ、寺院の建立時に地鎮祭の祭具としても用いられる。独特の輝きから眼病薬や解毒剤として効能があると信じられていた。日本の真珠の美しさはヨーロッパまで伝わり、コロンブスも憧れたという。

真珠の化学

クレオパトラが宴会の席で真珠を酢に溶かして見せたという話が伝わっているが、実際に酢に溶かしてみると、その大部分は発泡しながら溶解してしまい、無機物質とコンキオリンという貝殻に特有のたんぱく質が残ったという実験結果が残っている。また、真珠の化学成分を天然真珠と養殖真珠の良質のものと劣質のものを比較したところ、主成分の炭酸カルシウムをはじめ他の成分もほとんど同じで、含まれる微量の色素、真珠の色彩を左右するものではないという。

養殖真珠

真珠の養殖は中国の『文昌雑録』（1167年）に記事があり、また、13

世紀には真珠貝の内側に鉛の仏像を貼り付けて育て、仏像表面に真珠層を形成させる仏像真珠の例があるが、本格的な養殖は19世紀後半から20世紀初頭にかけてヨーロッパなどで研究が行われ、日本では1893（明治26）年、東京大学の箕作佳吉氏の指導を受けた御木本幸吉氏が英虞湾神明浦で養殖アコヤガイの半円真珠の生産に成功し、1905（明治38）年には英虞湾の多徳島で半円の核を持つ球状真珠の採取に成功した。真円真珠の発明者としては、西川藤吉、見瀬辰平の両氏があげられるが、両者は特許権をめぐって争った。現在の真珠養殖は西川藤吉氏の技術によるところが大きいという。

1921年、イギリスで天然真珠を扱う真珠商や宝石商が中心となり、養殖真珠は偽物であるという排斥運動がおこった。パリでは裁判沙汰になったが、全く違いがないという判決が下った。その後も訴訟がくり返されたが、逆に養殖真珠の評判が上がっていった。

1950年代を通じて養殖真珠生産体制を確立した日本は1953年の台風で三重県の養殖筏が全滅するという被害もあったが、世界の市場で9割のシェアを占めるようになった。1960年には輸出高が100億円を超えるが、1967年のミニスカート流行を境にファッションの流行が変わり、真珠は敬遠されるようになっていった。

現在、日本で真珠を養殖している主な県は愛媛、長崎、三重の3県である。2009年頃までは愛媛と長崎が競っていたが、その後、愛媛県が安定した生産量を保ちつづけ、宇和島市などの沿岸地域で7.6 t を生産している。2位は長崎県だが、2009年以降、徐々に生産量を減らしている。真珠養殖発祥の地、三重県は3位で、熊本、佐賀、大分でも真珠は生産されている。

コンクパール

カリブ海を中心に生息するピンクガイ（Strombus gigas/Queen conch）はホラガイに似た巻き貝だが（次章「シェヘレト香」参照）、この貝からは1000～1万個につき1つの割合で、天然真珠が採取される。浅海の海草群落や砂底に棲み、「巻き貝の女王」（Queen conch）の異名もある。巻き貝の貝殻のことを英語などで「コンク」ということから、この真珠はコンクパールと呼ばれる。真珠層はなく、稜柱層真珠である。螺塔は比較的高く、大きな瘤あるいは先端が丸い棘を持つ。殻は外側がクリーム色で、殻内は鮮やかなピンクあるいはやや淡いピンクである。これが名の由来だろう。真珠がどの部分で生成されるかによって、ピンク、クリーム、白、茶、黒などの色になる。色むらが強いのも特徴である。真珠光沢の代わりに、表面には絹糸状の光沢があり、陶器に似た外観である。比重は2.81～2.87で、アコヤガイの真珠より重い。巻き貝であるため養殖が難しいので価値も高い。

カリブ海の住民にとっては太古の時代から貴重な食糧であった。20世紀に入るまでは、貝の成長と現地人による採取のバランスがとれていたが、20世紀中頃から新奇な食材として、アメリカ合衆国へ輸出されるようになった。さらに、中華料理の素材として香港などにも輸出されるようになり、成長と消費のアンバランスが生じ、アメリカ合衆国やメキシコのユカタン州では採取が禁じられるようになった。

1800年以降、貝殻がカメオの材料とされた。カメオ製作の技術は15世紀からあるが、1805年前後からシチリア島を中心に技術が復活し、1880年代まで流行した。貝殻を粉末にして陶磁器の材料にもなる。

淡水真珠

淡水真珠は「天然真珠」「無核真珠」と呼ばれ、欧米でも多くの愛好家がいる。川や湖から採れることから「湖水真珠」とも呼ばれている。真珠を抱く母貝は淡水系ではイケチョウガイ、サンカクボガイ（ヒレイケチョウガイ）、カラスガイ、シュウモンカンムリガイ、カワシンジュガイなどが知られている。一般的な養殖の場合、アコヤガイに核を入れるが、淡水真珠の場合、核は入れず、一年貝の外套膜に同じ一年貝から採取した細胞（外套膜の肉片）を入れる。やがて細胞は吸収されて無核の状態になる。生育には長い年月を必要とする。

日本の淡水真珠を代表するイケチョウガイは、池に棲むイシガイ科に属する二枚貝で、琵琶湖などに生息する。殻を開くとチョウのような形に見えることから名がついた。貝殻の内部には青白く強い真珠光沢がある。大きいものは30 cmにもなるので、殻が灰皿、菓子皿などの工芸品や、米櫃（びつ）から米を掬（すく）う道具に使われた。

カラスガイは殻の外見がカラスのように黒い色をしている二枚貝である。池や沼などの泥砂底や泥底の水流の穏やかな場所に多く生息する。大きさが似ていることからイケチョウガイと混同された。少年時代、夏場に水が田圃へ供給された後の用水池の底を掘ってカラスガイをとった。焼いて蓋が空いたところに醤油を垂らすと、香ばしい香りがした。物資不足の中、タニシと並んで動物性たんぱく質の供給源であった。

サンカクボカイは日本のイケチョウガイの近縁種で、中国の揚子江流域の比較的温暖な地域の沼や湖に生息する。中国では三角帆蚌（どぶがい）あるいは三角蚌（どぶがい）とよばれている。中国の古い書物によれば、13 世紀には太湖や洞庭湖などから真珠が採れていたとされる。現在では、中国の淡水真珠養殖の技術は質、量ともに世界を制している。

カワシンジュガイは寒冷地の急流に生息する二枚貝である。日本でも北海道の支笏湖を水源にする河川に生息していた。昔アイヌの人たちもこの貝を食べていたという記録がある。アメリカでも食用にされていたが、1850 年から 1900 年にこの貝から真珠が見つかり、ブームが起こったが、ボタン業者が貝殻に目を付けたことから乱獲が進んで絶滅し、アメリカの真珠産業はあっという間に幕を閉じた。

真珠貝の採取

真珠貝はプラスチックが発明されるまでは、ボタンの材料として使われていた。採取した貝に運よく真珠が入っていれば、高額の収入となった。オーストラリアの北部沿岸のブルームという町は西オーストラリア南部の真珠貝が枯渇したため、北部のローバック湾に真珠貝漁のために作られた。当初は素潜りで採貝していたが、潜水服や潜水夫にポンプを送る技術の開発と共に、深い海底で採貝されるようになった。

オーストラリアの真珠貝産業を支えたのは日本人、マレー人、フィリピン人などのアジア系契約労働者であった。第 1 次大戦前のピーク時には、日本人がブルームでは 1300 人以上、木曜島では 700 人近く働いていた。1925～26 年の木曜島の真珠貝漁では契約労働者の半分、ダイバーの 99% が日本人であったという。

1884年4月、契約移民でポート・ダーウィンに渡った和歌山県串本町の岡田甚末（善次郎）氏らが最初の日本人グループであったとされる。1884年6月、ダーウィンに12人、7月には3人の日本人が上陸している。3年後の1887年、移民のひとりが200円の大金（当時は100円もあれば、立派な家が建てられた）を携えて帰国したことで串本町周辺の町では渡豪熱がにわかに高まった。当時、大工の日当は22銭であった。その時代に貧しい南紀の地から3年契約で200～500円もの大金を手に戻ってくるのだから、困苦労働も厭(いと)わず渡航したのだろう。

真珠貝採取のダイバーは潜水服をつけて10～30mの海底で作業をする。潜水服、ヘルメット、ブーツ、錘を含めて、装備は100 kgを超える。1930年代になると、ヘルメット、地下足袋、軍手といった軽装で「素潜り」と呼ばれる潜水法が考案されて、50～70m潜るのが一般的となった。潜水の際、命を託すのは船上で命綱を預かるテンダーである。船の構成員は6～9名であるが、ダイバーとテンダーの信頼関係が大切なので、同郷出身者で構成することが多かったという。

多くのダイバーが、潜水病で命を落したり、手足が麻痺する障害を負った。長期にわたる船上生活では、十分な栄養が取れないため、脚気を患ったり、サイクロンや突風で乗組員全員が命を落とすこともあったという。西オーストラリアでは1866～1957年に約1100人、クインズランドでも1878～1941年に約700人が死亡している。休漁期には陸に上がって賭博に走り、多額の借金をする者もいれば大儲けをする者もいた。真珠漁で日本人の存在が目立つようになり、1890年代に西オーストラリア、クインズランド、南オーストラリアの各植民地で、アジア人が真珠貝のライセンスを取得することを禁止する法令が施行された。

ダーウィンという地名は1839年にイギリス海軍によって近郊で発見された港、ポート・ダーウィンに由来する。そのときの船長がビーグル号の探検航海（1831-1836年）で『種の起源』のチャールズ・ダーウィンと同船仲間であった。ビーグル号はこの地に寄港していないが、船長はダーウィンに因んで港を命名した。ダーウィンの町はオーストラリアではアジアから最も近い位置にある。ジャカルタから2700 km、那覇から4300 km、東京から5400 kmである。

イボソデガイ（シェヘレト香）

Silver Conch

> 香料を取りなさい。ナタフ香、シェヘレト香、ヘルベナ香といった香料を純粋な乳香と同量ずつ取り、それを香料作りの技に倣って調合し、塩を加えて、純粋な聖なる香を作りなさい。　　　（出エジプト記 30：34–35）

知恵が放つ香りは幕屋から漂う心地よい香の香りに喩えられる。「私は、シナモンやかぐわしいアスパラトのように／極上の没薬のように、芳香を放った。／ヘルベナ香、シェヘレト香、ナタフ香のように／また、幕屋にたちこめる乳香の煙のように」（シラ書〔集会の書〕24 章 15 節）。聖書において知恵文学という場合、教訓文学を指しているが、ここで香りを放っている知恵は人格的な存在として捉えられる。

出エジプト記には神殿で献げる香の調合が記されており（出エジプト記 30 章 34–35 節）、その用い方の規定も記されている。「その粉の一部を、会見の幕屋の中、証しの箱の前に置きなさい。私はそこであなたに出会う。これはあなたがたにとって最も聖なるものである。同じ割合で作った香を自分たちのために作ってはならない。これはあなたにとって主の聖なるものである。これと同様に作って香りを嗅ぐ者は誰でも、民から絶たれる」（同 36–38 節）。レビ記 10 章 1 節には、モーセの兄であるアロンの子ナダブとアビフはこうした規定に反した香を焚いたために、神の火に焼かれて死んだと書かれている。

イボソデガイ

神殿で献げる香の調合に出てくる「シェヘレト香」はディオスコリデスの『薬物誌』やプリニウスの『博物誌』（ともに 1 世紀）に出てくるオニュクス（ラテン語 onyx）で、ソデボラ属のイボソデガイ（Strombus lentiginosus）と同じものであると推定されている。ディオスコリデスは

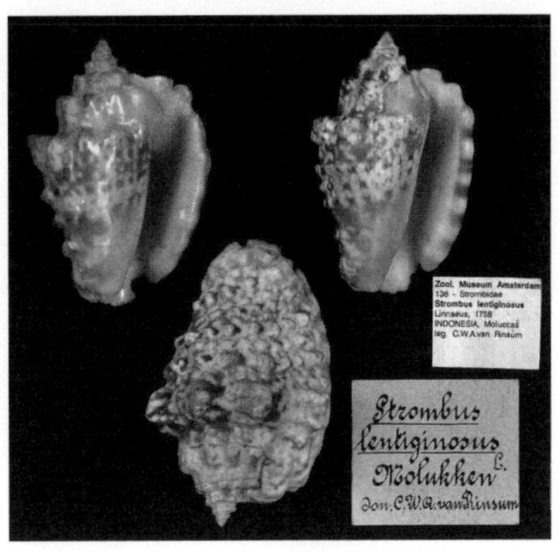

イボソテガイ

オニュクスについて「インドではナルドの採れる湖に見られ、テツボラに似た蓋を持った貝である。この貝はナルドを食べているので、芳香を持ち、暑気で干上がった沼で採集される。紅海から採れるものが最高品で白色に輝いている。バビロニア産のものは黒っぽく他のものより小さい。両方とも焼くと甘い香りがして、その香りはまるでカストレム（海狸香）のようである」としている。古典ギリシア語のオニュクスは、爪または鉤爪、あるいはスイショウガイ科の貝蓋を指す。この貝蓋は爪形で、鋸歯があり、アラブ人はこの軟体動物を「悪魔の爪」と呼んだ。スイショウガイ科の別種の貝蓋が古い書物に収録されている図と一致することから、「丸焼きにすると、人によっては甘い香りとされる芳香を放つ」とされた。『聖書動物誌』の著者ボシャールはシェヘレト香について、芳香樹脂の一種であろうと考えている。

イボソデガイは漢字では「疣袖貝」と書く。『世界の貝大図鑑』によると、インド太平洋の熱帯域に広く分布し、群れをなして生息している。ポリネシアでは一部の地域にしか生息していないが、生息しているところでは普通に見られる。特に水の澄んだ海域の潮間帯から水深4mぐらいまでの堡礁や礁湖のサンゴ砂の積もったところでよく見かけるが、奄美大島、沖縄などのサンゴ礁の潮間帯下から10mまでに棲むという。殻高約7cmの方形で、殻は固く、螺層にイボ状の突起があり、表面は灰白色の地に褐色の雲形模様がある。殻口は淡赤色で、縦に細長く開く。軟体部には緑の斑紋があり、外套の縁は黄色い。眼は黄色く、赤で縁取られる。地域によって食用にされ、フィリピンでは市場でも売られている。殻は観賞用や貝細工に使われる。

沖縄本島の貝塚から見つかっており、沖縄では古くから動物性たんぱくとして食用にされていたようである。貝はほとんどが移動しないので、捕獲が容易で、特別な道具も必要なかったので、好都合であった。アフリカ大陸東岸のインド洋上のコモロ諸島からなるコモロ連合ではイボソデガイが1985年に記念切手の図案となっている。

沖縄からフィリピンにかけて生息する同じスイショウガイ科のベニソデガイは紅色で色がきれいなので、1968年6月に3セントの「沖縄（琉球）切手」の図柄になった。1972年5月14日の本土復帰前日までしか発行されない限定物だったので、本土の買い付け業者が定価の3倍で買い取ったという。しかし、1973年5月頃から大暴落し、大きな損失を被った人が続出する社会問題となった。その一方で、当時の使用実態がよくわかる切手が人気になり、消印の偽造なども発覚している。

貝香（甲香）

シェヘレト香に相当するものとして、日本の香道の貝香がある。貝香は甲香ともいわれ、ホラガイ、テツボラ、ヤコウガイなどのほか、タニシ属、バイ属、サザエ属など、種々の巻貝の殻口を閉じる蓋を細かく砕いたもので、大型の巻貝のものであればよいとされる。貝香そのものを燃やしたときに出る匂いは、貝に付着した微量のたんぱく質が燃える匂いで、あまりよい匂いではないが、香りを安定化させる保香効果がある。主成分は炭酸カルシウムなので、それ自体に匂いはない。中国では制酸作用を利用して胃腸薬などに使用されている。現在、日本で薫香用に使われている貝香はアフリカ産の貝から作られたものである。

薫物（たきもの）（練香（ねりこう））

奈良・平安時代の文化は唐の影響を強く受けていたが、平安中期には和様の文化が芽生えるようになった。「平仮名・片仮名」の発明と完成にともない、和歌などの文学も発展し、王朝文化が栄え、それとともに薫物と呼ばれる調合香が生み出された。『源氏物語』には黒方（くろぼう）、梅花、荷葉（かほ）、侍従、えび香、薫衣香（くのえこう）、百歩香などの薫物が登場する。伝来の沈、白檀、丁子、ウコン、藿香（かつこう）、甘松（かんしょう）、大ウイキョウ、青木香（しょうもつこう）、零陵香（れいりょうこう）、桂皮、貝香、安息香、麝香（じゃこう）、龍脳香（りゅうのうこう）、膽唐香（たんとうこう）、龍涎香（りゅうぜんこう）、薫陸香（くんろくこう）などを丁寧に粉末にして調合したものを香炉で加熱し、香りを楽しむ。

これらの香は薬としての役目も果たした。この「香薬」という考え方を日本に伝えたのは鑑真和上（688–763 年）である。鑑真の事績を記録した『過海大師東征伝』によれば、麝香、沈香、甲香、甘松香、龍脳香、膽唐香、安息香、桟香、零陵香、青木香、薫陸香が 600 余斤（約 360 kg）持ち込まれた。「お香は信心の使い」と言われ、神仏がよい香りを望まれると同時に、当時から抗菌作用、精神鎮静作用、強心作用、血液循環の促進作用が知られていた。

『薫集類抄（くんじょうるいしょう）』によると、「梅花」は「梅の花の香りに擬（なぞら）えるもので、春に用いる」とされる。「荷風」は「荷（はす）の香りに擬え、夏に用い」、「侍従」は「秋風が蕭颯（しょうさつ）と吹き、心にくきおりの風情をあらわす」。「菊花」は「菊の花に似た香」、「落葉」は記載がなく、「黒方」には「冬凍て氷るとき。その匂いにふかみあり」などと注記がされている。

ウナギ

Eel

水に住みながら、ひれやうろこのないものはすべて、あなたがたには忌むべきものである。　(レビ記 11：12)

最近、夏は猛暑つづきだ。しかし、夏バテ防止によいとされる土用の丑の日のウナギの値段はニホンウナギのシラスウナギの減少で、まさに「うなぎ上り」となっている。

聖書の食物規定では魚類について「水の中に住むすべてのもののうち、食べることができるのは次のとおりである。水の中、すなわち海や川の中にいて、ひれとうろこのあるものはすべて食べることができる。しかし水に群がるものや、水の中に住むすべての生き物のうち、海や川にいても、ひれやうろこのないものは、あなたがたにはすべて忌むべきものである。あなたがたには忌むべきものであるから、その肉を食べてはならない。その死骸は忌むべきものとしなければならない。水に住みながら、ひれやうろこのないものはすべて、あなたがたには忌むべきものである」としている（レビ記 11 章 9–12 節）。ウナギにはひれはあっても、うろこはないと考えられていたので、忌むべきものであった（実際にはウロコはある。後述）。

ウナギはウナギ科ウナギ属に分類され、世界で 15 種 3 亜種のウナギ属魚類が知られ、3 分の 2 は亜熱帯に生息している。日本にはニホンウナギ（Anguilla japonica）とオオウナギ（Anguilla marmorata）の 2 種がいる。タウナギ、ヤツメウナギ、エラブウナギと呼ばれるものは、ウナギと形が似ているが、ウナギとは遠縁の生物である。ニホンウナギは北海道を除く日本全土に分布し、国内で養殖されているのはこの種がほとんどとされてきた。だが、最近は温暖化のため、北海道の河川で幼魚や稚魚が発見されている。オオウナギは西日本の温暖な地域に生息し、大きいものは2mを超える。ヨーロッパウナギは北アフリカ、スペイン、オランダ、フランス、イギリスや北欧まで分布している。欧州で漁業の対象になっている魚の中では、最も多くの国に分布しており、ウナギ漁で生計を立てている漁師は2007年には2万5000人いるとされる。

ウナギ発生の謎

アリストテレス（前384–322年）は『動物誌』の中で、ウナギは「大地のはらわた」から発生するとし、「ウナギの異常な発生」と題した一章で通常の生物とは異なった生殖と発生をすると述べている。

> 鰻(うなぎ)は交尾によって生まれるのでも、卵生するのでもなく、いまだかつて白子を持っているものも卵を持ったものも捕れたことがないし、裂いてみても内部に精管も子宮管（卵管）もないので、有血類の中でもこの類だけは全体として、交尾によって生まれるのでも、卵から生じるのでもない。明らかにそうなのである。なぜなら或る池沼では、完全に排水し、底の泥をさらっても、雨の水が降ると、また鰻が出てくるからである。しかし日照りの時には、水のたまった沼にも出てこない。雨の水で生き、身を養っているからである。ところで交尾によって生まれるのでも、卵から生じるのでもないことは明らかであるが、ある鰻には小さな寄生虫がいて、これらが鰻になると思われるので、鰻が生殖すると思っている人びともある。然しこれは正しくないのであって、鰻は泥や湿った土の中に生じる「大地のはらわた」と称するもの（ミミズ）から生ずるのである。またすでにこれら（ミミズ）から鰻が出てくるところも観察されているし、ミミズを切りきざんだり、切り開いたりすると、鰻がはっきり見えるのである。　（『動物誌』第6巻第16章より）

アリストテレスの見方は、特に水生生物に関しては先進的で、ウナギが小さなエラを持ち、夜行性で日中は水の深いところに隠れていて、淡水と海水を行き来できるという正しい見解を示している。しかし、「大地のはらわた」から自然発生するとも言っている。ウナギほど難解な生き物はいなかったということだろう。大プリニウスも「ウナギの皮膚が剝げ落ちて別の鰻が生まれる」と説明している。

17世紀になってもウナギに寄生する虫をウナギの子と考える科学者がいた。ヨーロッパでは近世までウナギの自然発生説が横行していたのである。日本でも江戸時代の絵入り百科事典『和漢三才図絵』(1712年頃)に「山芋変じて鰻と化す」とある。明治時代の新聞にも山芋が半分ウナギになったものが採れたという記事が図解つきで載っている。

『江戸たべもの歳時記』に「鰻めし菩薩の中の虚空蔵」という川柳が見える。菩薩は米(こめ)の異名、虚空蔵は仏様で、この場合は御本尊ということでウナギを指している(虚空蔵菩薩はウナギ信仰とつながっている。後述)。普通、鰻は「菩薩の上」に乗っているが、僧侶の鰻めしは米の飯の中に鰻が埋めて隠してあった。昔から坊主とウナギは風刺と笑いの対象であった。幕末の浮世絵「狂気百図」のひとつにウナギにまつわる話が添えられている。

> 和尚が俎板(まないた)へ鰻をのせて、包丁を取り上げたところに、偶然檀家の人が来た。このとき和尚少しも騒がず、和尚いうには「世界みな不思議をもって成り立つ。昔より山の芋は年経れば鰻になると申すのを、虚説ならんと疑ったが、これご覧ぜよ。山の芋を汁にして食おうと思ったら、見る見るうちに鰻になりて候」。

見事なおとぼけである。むかしは坊主は殺生禁断で、卵さえ食べてはいけない時代の話である(読売新聞2020年7月20日「編集手帳」)。

ウナギはヌルヌルした皮膚をもっている。このネバネバした物質はたんぱく質と糖が結びついた高分子物質で、「ムチン」と総称され、納豆やオクラにも含まれている。山芋にもムチンが含まれているので、ウナギが山芋になったりする考えもあながち的外れでもないようだ。また、実はムチンに覆われた皮膚の下にうろこが隠れている。この事実からすると、聖書的には清いことになる。このムチンの役割は、体を守り、外敵から逃れることだが、ウナギの細胞内に水分が入り込んだり、流出したりするのを防いでもいる。ネバネバを取ってしまうと、周囲の水分が体の中に入り込み、ウナギは水膨れとなって死んでしまう。

ウナギの生態

ウナギの生態に関して様々な見解が出されてきたのは、ウナギの産卵場がどこなのかがわからなかったからである。1763年にウィリアム・モリスによってレプトセファルス・ブレビロストリスというウナギの幼生が発見された。この魚は自力では泳げず、ウナギとは似ても似つかない姿で、発見された当時は別の魚と思われていた。イタリアの生物学者グラッシー博士は1892年にメッシーナ海峡で少し筒状の形に変化したレプトセファルスを発見した。この状態はシラスウナギに姿を変える過程であった。このレプトセファルスは徐々に筒状になり、ほとんど餌を食べずに1か月ほどで小さなウナギに似た細長い姿に変わっていった。20世紀初めには、デンマークの海洋学者ヨハネス・シュミットがレプトセファルスの成長段階ごとに追跡し、サルガッソ海を大西洋のウナギの産卵場であることを突き止めた。

レプトセファルスの平らで透明な体は、海の中を漂いながら暮らすことにうまく適応し、比重も軽いということもわかった。長い時間をかけ、旅をしながら徐々に成長し、やがて浮遊生活に別れを告げ、沿岸に辿り着き、体の形を川に上るのに適した形に変える。この時期のウナギが「シラスウナギ」である。この時期には少し前のレプトセファルスに比べて20%ほど体が小さくなる。近縁のアナゴやウミヘビの中には、変態後に体長が半分以下になる種もある。

ニホンウナギの産卵場所

日本人が主として食べているニホンウナギは日本から2000 kmも離れたグアム島近くの海で生まれる。黒潮に乗って日本の沿岸に辿りつくときには、体長は5～6 cm、体重は0.2 gに育っている。

ウナギの産卵場の調査が日本で始まったのは1930年代である。当初、日本近海でウナギのレプトセファルスが採れたとの報告があったが、アナゴ、ウツボ、ウミヘビ、ハモなどは幼生期にウナギと同じようなレプトセファルスの段階を経るため、ウナギのものとは区別がつかなかっ

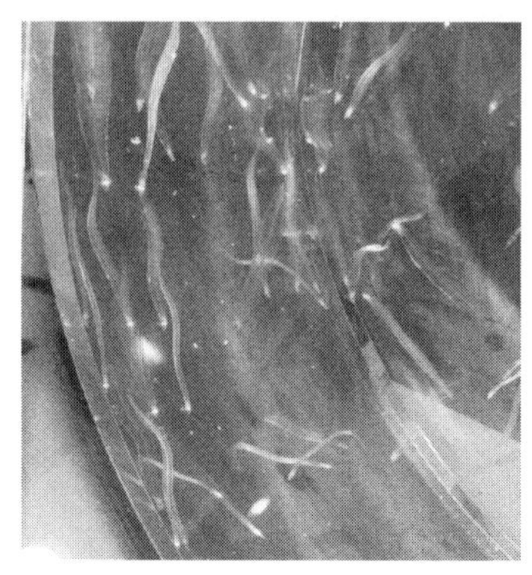

レプトセファルス（日本大学生物資源科学部海洋生物資源科学科ウナギ研究室塚本勝巳教授所有。「うなぎプラネット」で撮影）

た。その後、1967年に太平洋でレプトセファルスを発見。1975年1～2月には台湾東方海域で変態期3尾を含む52尾を採集。大きさは50～60 mmとかなり発育の進んだものであった。1986年の調査では、フィリピン東方域で40 mm前後のレプトセファルスが発見され、耳石（じせき）の日周輪から80日間海流を遡った場所が産卵場であると推測された。1991年には全長10 mm前後の小型のものが1000尾採集され、産卵場はほぼマリアナ諸島西方海域と特定することができた。2005年6月の新月の日、西マリアナ海嶺南部のスルガ海山西方100 kmの地点で、孵化から2日後の全長5 mm前後のレプトセファルスが採れ、産卵場の特定はほぼ達成された。2008年からは親ウナギの捕獲作戦が始まり、3尾の精巣が発達した雄の親ウナギが捕獲された。同じ日に14個体のプレレプトセファルスが採集され、親と同じ場所で採れた最初の例となった。

ウナギの塩分調整能力

金魚やフナは淡水で生きているが、海水では全く生きられないのかというと、そういうわけではない。10％の海水（海水1、淡水9）では普通に生活でき、20～30％でも金魚は死なない。35％で水槽の底で動かなくなり、40％以上では生存できなくなる（海水の塩分濃度は約3.4％、魚の体内の塩分濃度は約0.9％）。これは塩化ナトリウム、つまり塩のイオン濃度および、それに起因する浸透圧が要因といわれている。海に住む魚の体内塩分濃度は、大量の塩分を含む海水に比べて非常に低い。そのため、体内の水が外に出てしまうので、これを防ぐために海の魚は大量の水を飲み、水と一緒に取り込んだ塩分を鰓や腎臓で排出している。淡水魚は鰓などから水と一緒に塩分を取り込み、水は腎臓から排泄し、塩分を体内に残す。海水魚とは反対である。

ウナギが他の魚にはないユニークな手法で淡水に適応している。東京工業大学の広瀬茂久教授によれば、ウナギは海水中では海水中に含まれている硫酸イオンを捨てるが、淡水中ではいったん自分の尿に入った硫酸イオンを腎臓の尿細管から体に引き戻している。一般の淡水魚は、淡水中に僅かに含まれる塩素イオンを体内に取り込んで体内の塩分濃度を維持しているのに対し、ウナギは自身の体でも生成できる硫酸イオンを利用して、体内の塩分濃度を維持することで、生存競争に優位に立った。ウナギの祖先は海水魚であったという説は有力で、海で生まれたウナギが敵の少ない川や湖に棲めるように長い進化の過程で「硫酸イオン貯留システム」を発展させたという。

ウナギの減少

天然ウナギの漁獲量は1969年には3200 tほどもあったが、1985年には2000 tを割り、1999年には817 t、2000年には756 t、2001年には677 tまで減少した。さらに2011年には230 tまで減少した。2000年に日本人が食べたウナギの量は約6万tなので、天然ものは0.5%以下であったことになる。

養殖ウナギはシラスウナギを養殖種苗で殖やすので、シラスウナギの安定供給が必要である。1970年にはシラスウナギの供給は約150 tであったが、1997年には12 t、1997年には11 t、2012年には過去最低の9 tにまで落ち込んだ。

2014年、絶滅の恐れがある野生生物を指定する最新版の「レッドリスト」にニホンウナギが加えられた。絶滅危惧種の3区分のうち危険度で2番目に当たる「絶滅危惧1B類」である。乱獲や河川の変化、河川の巨大構造物の影響が減少の原因と考えられ、遅まきながら2013年5月に水産庁から『鰻をめぐる最近の状況と対策について』が出され、愛知、宮崎、鹿児島の3県で、2013年度の漁期からシラスウナギの漁期短縮や河川の下りウナギの漁獲自粛などの取り組みを始めた。

食用としてのウナギ

ヨーロッパウナギは古代ギリシアの時代から知られ、食用として歴史がある。ヨーロッパ各地で、干物、燻製、フライ、煮込み、焼き魚として料理され、ロンドン・イーストエンドのウナギゼリー寄せやオリーブオイル漬けなど、各地の郷土料理にも使われている。スペイン料理にはシラスウナギの料理がある。土鍋でオリーブオイルを徐々に熱して、そこに採れたてのシラスウナギと唐辛子を入れて食べる「アングーラ」というバスク地方の名物料理である。

韓国料理にはコムチャンオ（メクラウナギ、ヌタウナギ）を丸のまま藁で焼く伝統料理、中国料理には「うなぎ百選」と呼ばれるくらい多くの料理があるが、ウナギをニンニクとチャーシューで煮込んだ「火腩炆大鱔（フォーナンマンダイシン）」という鍋料理が有名である。アメリカでは、ドラゴンロールというウナギ、海老のてんぷら、白ゴマ、スパイシーマヨネーズ入りの巻き寿司が定着している。

日本では北海道など一部の地域を除く全国の川や海で採れ、古く縄文時代から食べられてきた。日本最古の歌集『万葉集』には大伴家持による2首がある。家持は知人の石麻呂が夏痩せしているのを見て、ウナギを食べるように奨めた。「石麻呂に　吾物申す　夏痩せに　良しといふものぞ　武奈木漁り食せ　痩す痩すも　生けらばあらむを　はたやはた武奈木を漁ると　川に流るな」（巻十六、三八五三–三八五四）。「武奈木」がウナギのことで、奈良時代にも夏バテに効く滋養強壮の食べ物として知られていた。

織田信長が天正10年に徳川家康を安土城に招待したときの献立や、同18年に千利休が豊臣秀吉を茶会に招いたときの懐石料理の献立にもウナギが見られる。安土城での献立にある「うちまる」は「宇治丸」で、ウナギのことだそうである。山城の宇治川で、ウナギがよく捕れたからだが、ウナギのなれずしが出たようだ。

京都の吉田神社の社家の記録『鈴鹿家記』（1399年）に出ている「鱣（うなぎ）のかば焼き」はブツ切りにしたウナギを串にさして焼いたものであった。串に刺した形が「蒲の穂」に似ているので、蒲焼の名がついた。現在のような蒲焼は江戸時代になって庶民に愛されるようになり、浮世絵、草双紙、落語や川柳にも登場する。江戸っ子たちは「江戸前」のウナギを愛し、外から持ち込まれるウナギを「旅鰻」と呼んで、格下と見

鰻重（左）と精進料理の豆腐の蒲焼（右。豆腐と山芋で作られ、
皮の部分は焼き海苔。鰻のタレと山椒もついている）

ていた。当時のウナギ漁については、釣りの指南書『江戸海川録』に「本所川、中川、高輪、築地の川尤も良し」と書かれ、神田川、深川で採れるウナギは上質で、隅田川の中流で、浅草川、宮戸川と呼ばれる吾妻橋付近で採れるウナギも質の高いウナギとされていた。

江戸の蒲焼は京都で始まった料理法が元禄時代に伝わったようである。上方ではウナギの腹を裂いて骨つきのまま串に刺して焼き、諸白酒と醤油を混ぜたタレをつけたが、江戸では背から裂いて骨を外し、白焼きにしたあと、醤油と味醂を混ぜたタレをつけて再度焼く方法に変わっていった。その境界は「東海道の豊橋と二川辺り」にあったという。

裂き方が異なる理由は「関東は武士の国、腹を切るのは縁起が悪い」からだとよくいわれるが、寛政時代に橋本竹堂が両国橋詰のうなぎ屋での包丁さばきについて書いたものには「ウナギの背を外にし、腹から刀を入れ、次にアゴを切り、次に背骨を去る」とある（本山荻舟『飲食事典』）。寛永6年（1853年）の喜多川守貞の江戸風俗誌『守貞漫稿』にも「京坂は背より裂きて中骨を去り、首尾のまま鉄串三、五本を横に刺し（略）江戸は腹より裂きて中骨および首尾を去り、能（よ）ほどに斬りて小竹串を一切れ二本づつ横に貫き……」とあり、現在いわれている関東と関西の開き方とは逆である。明治になって武士の世が終わってから逆になったということになる。「関東は武士の国」はこじつけだろうか。

筆者が大学の助手時代、「土用の丑の日」に屋台を少し大きくしたようなうなぎ屋で、薄給ながら学生さんにウナギをご馳走したことがある。その店で食べたのはウナギの頭を串に刺した串焼きだった。ウナギであることに変わりはなく、頭ごと食べてカルシウムも取れるし、値段も安かった。大阪にはウナギの頭を食べる文化があり、ウナギの頭のことを「半助」というそうだ。『大阪ことば事典』（講談社）によると、明治・大正時代に1円のことを「円助」と呼んでいて、その半分の50銭で売っていたからという説、明治時代に半助という男がウナギの頭を売って小遣いを稼いでいたからという説などがあるという。関東で「半助」を食べないのは焼く前に頭を落としてしまうからだろう。半助は脂が乗って、濃厚なダシが取れる。コラーゲンも多く含まれ、美容によい。半助と豆腐を一緒に炊く「半助豆腐」という料理もあるそうだ（日本経済新聞2014年7月2日）。半助3つをコップ1杯ほどの日本酒に入れて煮立て、煮立ったら豆腐を半丁入れ、市販の昆布だしを大匙2杯程度加え、じっくり煮込む。半助も柔らかくなり、もちろん食べられる。

間近に迫る完全養殖

ウナギの完全養殖を目指した研究は1960年代に始まった。石廊崎にあるウナギ種苗量産研究センターでは、2002年に世界で初めて卵からシラスウナギを育てることに成功し、2013年にシラスウナギを大量に育てる研究が始動。2018年夏からは、人工飼育のシラスウナギを鹿児島県志布志市のウナギ養殖場で成魚に育てる実験がスタートした。

シラスウナギまで育てられれば後の問題はないようで、変態前のレプトセファルスを育てるのが難しく、給餌と水の取り替えが苦労の種だという。自然界では130〜150日でシラスウナギに成長するが、養殖場では300日もかかり、現状では、ウナギ1匹5000円から6000円になるので、コストにも問題がある。

バナナウナギ

千葉県茂原市の一宮川でバナナの皮のような黄色と黒のまだら模様の体長55 cmのバナナウナギが釣り上げられたという。このようなウナギは10万匹に1匹。突然変異で時々現れるとのこと。以前にも漁師が見つけて、愛知県美浜町南知多ビーチランドに持ち込まれている。その3年前に持ち込まれたバナナウナギは、オレンジ色が抜けて、白黒のバ

鰻信仰の三嶋神社（京都市）と鰻の絵馬

ナナウナギになったという。対比のために、並んで隣の水槽に陳列されているという。水族館の職員の人によれば、ウナギはエビを食べるのでその色素が関与しているのではないかという。

ウナギ信仰

日本の神社で、神使いと祭神の組み合わせはいろいろあるが、ウナギは京都の三嶋神社と結びついている。三嶋神社は祭神の主神が大山祇大神（おおやまづみのおをかみ）で、「山の神」だが、別名「和多志大神（わたしのおをかみ）」と呼ばれ、山と海（水）の両面を司る神とされている。この神社は京都市東山区渋谷通上馬町にあり、地名の「渋谷（しぶたに）」は「滑谷（しるたに）」「汁谷」から転じたものとされ、この辺りはぬかるみの地、湿地帯であった。渋谷街道の北側は三嶋嶽とも呼ばれる急な谷で、清水寺の「音羽の瀧」を主流として、阿弥陀ヶ峰から湧き出る小川「音羽川」が流れ、その小川にウナギが屯（たむろ）していたという。後白河天皇の中宮、平滋子（建春門院）が皇子誕生を三嶋鴨神社（大阪府高槻市）に祈願したところ、夢の中で「汝に男子を授（さず）く、依って三島の神をお祀りせよ」との神託を受け、第80代高倉天皇が誕生した。このことを受けて、後白河院が京都に三島神社を勧進し、朝廷の中宮女官の安産祈願所として利用されるようになった。

この神社の神使いがウナギであることからウナギに関わる信仰が起きた。三嶋神社には江戸後期の『禁食鰻文書』という古文書が伝わっており、三嶋神社の氏子をはじめ、崇敬する信者は神使であるウナギを食してはならないとされている。今でもこの「ウナギ絶ち」は受け継がれ

妙行寺（西巣鴨）のうなぎ供養塔

ているという。三嶋神社を訪ねたが、歴史のある神社としては、狭い路地の奥にあったのには驚いた。負債によって境内と社殿を失ったとのことである。

ウナギを神聖視する信仰は三嶋神社以外に、虚空蔵菩薩を祀る寺院や本地の神社にある。虚空蔵菩薩信仰が盛んな地域は、洪水の被害が多い地域で、ウナギが洪水の際に現れることから、ウナギが水神的存在と見なされ、天変地異の際、慈悲をもって急難を救う仏である虚空蔵菩薩がそれに重なり、ウナギ信仰が生まれたといわれる。東北地方にもウナギ信仰が多くあり、ウナギを食べない寺院が多い。宮城県から岩手県に分布する信仰に雲南神がある。この神は湧水や田畑の近くに祀られている。「雲南神＝ウナギ→水の神→田の神」の信仰が形成された。

東南アジアやオセアニアの一部の部族には、ウナギの鰓（えら）が人の耳と同じに見えることから、人間に一番近い動物とされ、神格化されたという神話が伝わり、人間の祖先として崇敬することが多く、ウナギの禁食や禁漁をしている。

東京の西巣鴨にある妙行寺は四谷怪談の「お岩様」の墓がある寺として有名だが、この寺には「魚河岸で犠牲になった生類の供養塔」や、鰻屋やウナギの販売業者で建てた「うなぎ供養塔」もあり、新しい卒塔婆（そとば）もある。これらを見ると「犠牲」となった動物の供養をする日本人の動物観が感じられる（「クジラ」の項も参照）。

Snake

神である主が造られたあらゆる野の獣の中で、最も賢いのは蛇であった。
（創世記３：１）

ヘビは聖書の中で最初の人間に罪を犯すよう仕向けた動物として登場する。筆者は巳年なので、ヘビには親近感を持っているが、残念ながら聖書では呪われた動物として扱われている。子どもの頃、ヘビの抜け殻を財布に入れておくとお金が財布に貯まるということを聞き、ヘビの抜け殻を捜した。田舎には青大将と呼ばれるヘビが多くいて、尻尾を摑み、ぐるぐると回し、石の上に叩きつけたことを思い出す。

アダムとエバとヘビ

神である主が造られたあらゆる野の獣の中で、最も賢いのは蛇であった。蛇は女に言った。「神は本当に、園のどの木からも取って食べてはいけないと言ったのか」。女は蛇に言った。「私たちは園の木の実を食べることはできます。ただ、園の中央にある木の実は、取って食べてはいけない、触れてもいけない、死んではいけないからと、神は言われたのです」。蛇は女に言った。「いや、決して死ぬことはない。それを食べると目が開け、神のように善悪を知る者となることを、神は知っているのだ」。女が見ると、その木は食べるに良く、目には美しく、また、賢くなるというその木は好ましく思われた。彼女は実を取って食べ、一緒にいた夫にも与えた。そこで彼も食べた。
（創世記３章1–6節）

神である主は女に言われた。「何ということをしたのか」。女は答えた。「蛇がだましたのです。それで私は食べたのです」。神である主は、蛇に向かって言われた。「このようなことをしたお前は／あらゆる家畜、あらゆる野の獣の中で／最も呪われる。／お前は這いずり回り／生涯にわたって塵を食べることになる。お前と女、お前の子孫と女の子孫との間に／私は敵意を置く。／彼はお前の頭を砕き、お前は彼のかかとを砕く。 （創世記3章13-15節）

これらの箇所を読むと、神が造られた動物のうち、ヘビが一番の狡猾であり、呪われ、邪悪な動物とされている。ヘビは巧みに女に話しかけ、神との禁令を破らせた。

日本聖公会東京聖テモテ教会司祭・竹内謙太郎師の説教では次のような話を聞いた。

ヘビが男ではなく女を誘惑したのは、女の方が感覚的に鋭く、「賢くなる」ことへの憧れが男よりも強いことを意味している。男は何の抵抗もなく女から渡されるままに禁断の実を食べている。3章11-13節で神に「裸であることを誰があなたに告げたのか。取って食べてはいけないと命じておいた木から食べたのか」と問われたアダムは、「あなたが私と共にいるようにと与えてくださった妻、その妻が木から取ってくれたので私は食べたのです」と答え、女は「蛇がだましたのです。それで私は食べたのです」と答えた。自分の意思でやってしまったことに対し、反省せず責任の転嫁をしている。自分の責任であると認めない。

その説教では、日頃の生き方を考える機会を与えてくれるという解釈だった。ヘビは「食べろ」とは言っていない。男女をだまして、罪を犯させた。アダムはエバに、エバはヘビに責任を押し付けた。ヘビは全責任を負わされた。神はまず、ヘビを呪い、「お前は這いずり回り／生涯にわたって塵を食べる」と言い渡す。本文から察すると、これ以前にはヘビには肢があったようにも読める。現在、ヘビには肢がないが、古い時代のヘビの仲間、ニシキヘビ、ボア、メクラヘビなどには後肢の痕跡がある。ヘビには肢がないので、体の筋肉に連結したおびただしい数の椎骨と肋骨がロープ（筋肉）と滑車（骨）のように働き、体をうねらせて蛇行し、波動型の推進力を使って移動する。

ヘビの賢さが肯定的に述べられる場合もある。「私があなたがたを遣わすのは、狼の中に羊を送り込むようなものである。だから、あなたがたは蛇のように賢く、鳩のように無垢でありなさい」（マタイによる福音書10章16節）。

エジプトを脱出した後の荒野の旅では、モーセに不満を訴える民に向けて、神は「炎の蛇」を送る。

> 民が、神とモーセに対して「なぜ、私たちをエジプトから導き上ったのですか。この荒れ野で死なせるためですか。パンも水もなく、私たちは、この粗末な食物が嫌になりました」と非難したので、主は民に対して炎の蛇を送られた。これらの蛇は民をかみ、イスラエルの民のうち、多くの者が死んだ。　（民数記21章5–6節）

ヘビに咬まれる恐れから民は悔い改め、神に怒りを解いて蛇を取り去るようモーセに祈ってほしいと頼んだ。神はモーセの祈りを聞き入れ、蛇にかまれてもそれを見れば生き延びることのできる「青銅の蛇」をモーセに造らせた（民数記21章8–9節）。この青銅の蛇の像は時がたってユダ王ヒゼキヤの時代になると、その像自体が人々の崇拝の対象となってしまったことから、神への信仰に背くものとして異教の神アシェラ像とともに、粉々に打ち砕かれてしまう（列王記下18章3–4節）。ヘビは旧約聖書の中で人間の不信仰の象徴として描かれる動物のようだ。

イギリスの動物学者デズモンド・モリスは著書『人間とヘビ』の中で、ヘビはグノーシス主義のキリスト教の一派、オフィス派で崇拝されていたとしている。オフィス派はアダムとエバに知恵の実を与えたヘビが人間の真の解放者であるとしてヘビを信仰し、信仰しない人たちを非難した。ユダヤ教の一派ナアセン派は、最初の男女を誘惑したヘビを悪魔ではなく、キリストの化身と主張した。キリストをヘビとして崇拝し、奇妙なセレモニーでヘビを祠った。

> かれらは数個のパンをテーブルに積み上げ、神聖な動物としてヘビを呼び出す。バスケットのふたが開き、出てきたヘビはテーブルに這っていって身をよじり、聖体に変身する。そのあと、ヘビはパンの間を動き回り、聖体拝領者たちにパンを分配し、かれらはパンを食べる。……かれらはそれぞれにヘビの口に接吻し、この神聖な動物の前に身を伏せる。つまり、この夕食会はヘビの体内にロゴス（神の言葉）を現出させることにある。ヘビは接触によってパンを神聖にする。神聖なパンが飲み込まれると、ヘビは平穏な接吻を与え、忠実な信徒の感謝を神に伝える。

ギリシア神話のヘビ

ギリシア神話の中でヘビは生命力の象徴である。蛇が巻きついた「アスクレピオスの杖」はよく知られ、その図柄は世界保健機関（ＷＨＯ）のマークになっている。アスクレピオスはケンタロウス（半人半馬）から薬草の効き目や病気を治す呪文を教わり、人から慕われる医者になったが、自分の力を誇って自然の法則を超え、死者を生き返らせようとした。冥界の神ハデスが死者が蘇ると、世界の秩序が乱れると訴えたため、アスクレピオスはゼウスによって倒された。アスクレピオスはその後、神とされ、各地に320を超える神殿が建てられた。アスクレピオスの忠実な従者であったヘビは生命と死に関わる半魔術的な存在とされ、ローマに疫病が蔓延したときには、アスクレピオスの代理としてローマへ行き、テヴェレ川の中洲に這い上がり疫病を追い払ったという。

アスクレピオス医師団は外科的切開手術を行った。医師団の出身者としてヒポクラテスが知られている。メスを使って大脳の手術も手掛けたが、残された臨床ノートによれば、全員が死んでいる。また、当時、オリンポスの神々の名によって、病気を治すという触れ込みで高価な貢物を要求して加持祈禱を行う者たちのことを詐欺師と告発している。

聖書の世界では罪悪、不誠実、誘惑などを象徴するヘビだが、脱皮は生命の再生と見なされ、永遠の生命（不死）をもつと見なされることも多い。『ギルガメシュ叙事詩』の英雄ギルガメシュは不老不死の植物を

キングスネイク（上野動物園）

やっとの思いで手に入れたが、故郷ウルクの人々に食べさせてやりたいと持ち帰る途中、水浴びをしている間にヘビに奪われてしまう。その植物を食べたヘビは毎年脱皮をくり返すようになり、永遠に生き続けると信じられたのである。

日本のヘビ

日本でもヘビは古くから、知恵、豊穣神、雨や雷を呼ぶ天候神として、光を照り返す鱗身ゆえに太陽神として原始的信仰対象となってきた。また、ネズミをよく捕り、大事な食糧を守ってくれるので、崇められてきた。

縄文時代にはすでにヘビ信仰が見られる。縄文土器や土偶の頭にはヘビを形どった模様が付けられている。日本列島に大陸から新たな天候神として入ってきたのは、ヘビに似た龍神であった。弥生時代になると、人間がヘビを追いかけて殺す絵が登場する。弥生中期には、銅鐸に描かれたヘビ殺しの絵や土器に龍の絵が描かれているのは、新たな信仰を示すものである。中国では龍信仰が主流になったが、ヘビ信仰の一部は雲南地方へと移動していった。この地方から発掘された青銅像には龍ではなく、ヘビが彫られている。

日本ではヘビ信仰が残っていたため、ヘビを殺すと祟りがあるとされ、ヘビを食べる風習は広まらなかった。それでもヘビ料理の店は浅草、大阪、沖縄などにあり、ヘビの蒲焼、から揚げなどが知られている。しかしながら、ヘビの肉を調理するレシピは一般の料理本には出ていない。ヘビの肉はウナギに似ているが、風味は鶏肉、ウサギ、子牛、

井の頭弁財天のヘビ像（左）
大豊神社本殿前狛ヘビ（右）

ウズラ、カメ、カエルに似ているという。

出羽三山の神社正面の鏡池から多くの鏡が発見されている。この鏡はヘビの目を表し、鏡を池に沈めて、ヘビを水に返し、祖先を祀り、祈雨と豊穣を願ったという。出雲大社と諏訪神社のご神体は大蛇であると言い伝えられている。『古事記』に記されている話では、大国主命が素戔嗚を訪ねて黄泉の国へ行くと、ヘビがたくさんいる部屋へ案内された。これはヘビが黄泉の国と深く関わっていたことを示している。

無実の罪で筑紫に流罪となった菅原道真にもヘビにまつわる話がある。道真は死んで怨霊となり、罪に陥れた左大臣藤原時平に復讐する。時平は病気になり、看病の甲斐もなく病気は悪くなった。祈禱師を呼んだところ、時平の両耳から青いヘビが鎌首を出して、「私は時平に復讐しようとしている」と言った。この２匹のヘビが時平を呪い殺す様子が北野天神縁起絵巻に描かれている。

お盆に墓に供える「ほおずき」の袋はヘビの頭を、赤い実はヘビの目を象徴している。やはりヘビは冥界との繫がりが強い。

ヘビの効用

ヘビは１億3000万年前に進化の過程でトカゲから分れたとされる。

2600種以上、知られているが、次々と新種が発見されている。その長さは15 cm以下の小型のものから10 mを超えるものもいる。

日本に生息するヘビは46種である。このうち18種が1 m以上になり、2 mを超えるものは7、8種である。最大種はアオダイショウで、全長1.0〜2.3 m、中には3 mを超えるものもいる。大型ヘビはアカマタ、シュウダ、ヨナグニシュウダ、サキシマスジオ、ハブなど、琉球列島に多く生息する。なかでもシュウダとサキシマスジオが群を抜いて長く、それぞれ1.3〜2.5 m、1.8〜2.5 mになる。最長記録のハブは奄美大島で捕獲された2.41 mであるという。

体長1 mのネズミヘビは、ネズミの巣を見つけるのがうまく、1週間に1匹のラットを食べる。ヘビの皮の取引が盛んなインドでは、蛇の数が減って、ネズミが爆発的に殖えてしまったため、ヘビを保護するようになった。アメリカでは殺虫剤のDDTが原因でタカ類の生息数が減少したとき、天敵がいなくなったネズミとガラガラヘビが増加した。ネズミはペスト菌や急性呼吸不全の原因となるハンタウイルスを媒介するので、ネズミの個体数制御のためにヘビは保護されている。

毒をもつヘビは、コブラ科（Elapidae）、クサリヘビ科（Viperidae）、モールバイパー科（Atractaspididae）、ナミヘビ科（Colubridae）である。なかでもコブラ科に属するコブラやウミヘビなど、固定前牙をもつヘビは非常に危険である。大型のコブラなら、300 mgほどの毒を蓄えることができるが、LD50値（50%致死量。Lethal Dose 50）が1 mg/kgの毒なら、マウス150 kg分、人なら体重60 kgの人を2人半殺せる。

コブラ科のヘビに咬まれて、死の原因となるのは神経毒の作用である。神経毒は動物の神経・筋接合部の神経伝達を遮断するため、咬まれた動物は横隔膜が麻痺し、呼吸困難に陥って窒息死する。この毒はα神経毒と神経・筋接合部の神経側に作用し、アセチルコリンの放出を妨げるホスホリパーゼ A_2 である。

ヘビとその体の一部は民間薬としてアジアで広く用いられ、焼酎のような蒸留酒にマムシを漬け込み、精力増強剤として市販されている。

サメ

Shark

モーセが海に向かって手を伸ばすと、海は夜明け前に元に戻った。エジプト人は水が迫って来るので逃げたが、主は彼らを海の中に振り落とされた。水は元に戻り、戦車も騎兵も、彼らの後を追って海に入ったファラオの軍隊すべてを呑み込み、一人も残らなかった。（出エジプト記 14：27–28）

葦の海の奇跡

モーセが海の水を分け、イスラエルの民をエジプトから脱出させた奇跡物語はよく知られている。

> モーセが海に向かって手を伸ばすと、主は夜通し強い東風で海を退かせ、乾いた地にした。水が分かれたので、イスラエルの人々は海の中の乾いた所を進んで行った。水は彼らのために右と左で壁となった。エジプト人は彼らの後を追って行き、ファラオの馬も戦車も騎兵もすべて海の中に入って行った。朝の見張りのとき、主はエジプト軍を火と雲の柱から見下ろされ、エジプト軍をかき乱された。主が戦車の車輪を外し、進みにくくされたので、エジプト人は言った。「イスラエルの前から逃げよう。主が彼らのためにエジプトと戦っているのだ」。主はモーセに言われた。「海に向かって手を伸ばしなさい。水はエジプト人の戦車と騎兵の上に戻るだろう」。モーセが海に向かって手を伸ばすと、海は夜明け前に元に戻った。エジプト人は水が迫って来るので逃げたが、主は彼らを海の中に振り落とされた。水は元に戻り、戦車も騎兵も、彼らの後を追って海に入ったファラオの軍隊すべてを呑み込み、一人も残らなかった。
>
> （出エジプト記 14 章 21–28 節）

この物語の舞台とされることもある紅海には「モーセウシノシタ」（ウシノシタ科）と呼ばれる舌平目（シタビラメ）に似た魚がいる。サメはこの魚を絶対に襲わない。それどころかこの魚を敬遠する。イスラエルの人々はこの魚とサメの関係を知っていて、この魚を利用してサメを避けていたかもしれない。東京大学の橘教授（当時サントリー生物有機科学研究所）は「モーセウシノシタ」がサメの忌避物質をもっているのではないかと考え、この魚が出すミルク状の粘性物質の構造を決定し、そのうちのひとつの成分を「モーセシン」と命名した。沖縄の石垣島にいる同属のミナミウシノシタも強い魚毒性分泌液を出すことが知られている。ハコフグの防御物質、パフトキシンももち、これが界面活性剤として働く。この粘性物質にヒントを得たのか、合成界面活性剤（ラウリル硫酸ナトリウム）——歯磨き粉、シャンプー、髭剃りクリーム、泡風呂に用いられる——も低濃度でサメに対する忌避効果があるとのことである。

＊　＊　＊

「サメ」は眼が細長いので、「狭目（さめ）」というのが名の由来とされる。漢字の「鮫」は交尾をする魚ということから選ばれたようである。名前にサメがついていてもサメでないものもいる。世界三大珍味キャビアはチョウザメの卵の塩漬けであるが、チョウザメはコバンザメ同様、硬骨魚類で、軟骨魚類のサメは分類が全く違う魚である。エイも軟骨魚類である。区別の仕方は水を排出するエラ孔で、サメには5つ、なかには6つ、7つあるものもあるが、チョウザメやコバンザメには1つしかない。

サメ除け

1980年頃、筆者の研究室ではケトンのα-位（カルボニル基の隣りの位置）へヨウ素を導入する合成法を研究していた。この反応は、生成するヨウ化水素が強い還元性を示すので、この生成物をトラップすることができれば、ケトンのα-位へヨウ素を導入することが可能になると考えた。いろいろな金属塩を試したところ、このI^-イオンをトラップし、ヨウ化銅（CuI）として反応系外へ出すのに、酢酸銅(II)がもっともよいことがわかり、酢酸中でケトンにヨウ素と酢酸銅(II)を反応さ

シュモクザメ（葛西臨海水族園）

せ、酸性中で初めてα-ヨードケトンの合成に成功した。酢酸銅(II) の性質などを調べていたところ、第2次世界大戦初期にアメリカ海軍がサメ除けに酢酸銅(II) と黒色染料ニグロシンを混ぜていたものを使っていたことを知った。酢酸銅(II) の臭いでサメを追い払えたが、目隠しに使われたニグロシンはあまり効果がなかったので、その後は使われていない。

子どもの頃、水泳の際は六尺褌（ふんどし）を使うように小学校で薦められた。当時は物資のない時代であったので、海水パンツというようなものはなく、また学校にもプールなどなく、川や池で泳いだ。先生の話では、褌だと溺れた時に摑んで助けやすいし、何本か結び合わせて溺れている人に投げて助けられると教えられた。海での海水浴の場合、サメは自身よりも大きいものは絶対に襲わないので、サメに出会ったら褌を外し、それをたなびかせるようにすれば、大きく見えて襲われにくくなるとも教わった。当時は、なるほど一理はあると感心した。過日、R 女学院でご一緒させていただいている小生よりも年配の理事 M 氏に話の弾みでこのことをお話ししたら、六尺褌はサメに効果があることをご存知であったので、一般的な通説であったようである。

日本の周辺に住むサメ類の60％以上が沖縄から琉球列島周辺の海域に生息している。どう猛で人や船を襲うことが最も多いとされるのはホホジロザメで、その後にイタチザメ、オオメジロザメ、シロワニ、メジロザメ、シュモクザメ、ヨシキリザメ、アオザメが順に続く。シロワニはおとなしいが、ダイバーがちょっと触ってみようと「手出しをした結果」襲われたという場合が多い。

一本釣り、かご網漁業、潜り漁、生簀、定置網、引網やダイバーなどにサメの被害が出ていて、サメの忌避物質の研究が行われてきたが、電源装置や制御装置を必要としない装置が求められる。海水中で電位の異なる２種の材料を用いて電気的に導通させて電流を生じさせ、周辺にサメを寄せ付けない装置も開発されている。

シロワニ（品川水族館）

サメ料理

サメ（別名フカ）といえば、高級中華のふかひれ料理が有名である。サメの水揚げ量が日本で一番多いのは宮城の気仙沼で、香港などへも輸出されている。ひれを取った後、残りの部位は廃棄されるということで、ふかひれ工場は「残忍な殺戮工場」と外国で報道されたこともある。

サメの肉も高たんぱくで、低脂肪、ビタミン B_6 や B_{12}、DHA（ドコサヘキサエン酸）を多く含むことで注目されている。高齢化が進み、膝の軟骨が痛む症状に悩む人が増えているが、サメの軟骨は関節を滑らかにするコンドロイチン硫酸が多く含まれていることでも注目される。このコンドロイチン硫酸はウナギ、ドジョウ、スッポン、豚足、マグロの目玉などにも含まれている。

コンドロイチンやコラーゲンを摂取するため、煮付け、さめなます、焼きサメ醤油焼き、さめそば、サメ酢じめ、さめのから揚げ、サメカリーインド風、さめ皮と豚肉炒めなど、いろいろなサメ料理のレシピが考案されている。また、海のない栃木県の那須高原の郷土料理として、さかんぼ（サメ）の煮つけ、サメのつみれ汁、サメのなます、フライや醤油漬け焼きなどがある。宮崎県には白い斑点の入った星ザメの料理がある。熱湯で２分ほど湯引きにし、鱧（はも）のような食感に仕上げ、酢味噌で食べる逸品である。

広島県庄原市には「ワニ料理店」と称するサメ料理の店がある。この地方ではサメのことを「鰐魚（わに）」と呼ぶのだそうだ。「因幡の白兎」にも白兎がワニザメを騙した話が出てくる。因幡は鳥取の一部だから、北隣りである。庄原は山間の地だが、なぜ海から離れた土地にサメ料理があるのだろう。サメは浸透圧を調整するために体内に多量の尿素をもっている。死ぬと尿素からアンモニアが発生し、「防腐剤」の役目を果たすので、内陸部まで輸送ができ、ワニの刺身文化ができたようだ。

コラーゲンブームのせいなのか、大きなスーパーの鮮魚部で青森産のアブラツノサメの切り身が売られていたので、早速購入し、ムニエルや煮つけにして食べたところ、柔らかい淡白な味がした。小骨がなく、コラーゲンも豊富で、老人や子どもにも食べやすいように思った。気仙沼、和歌山、静岡、福岡、長崎などから入荷されているようだ。

雲仙市小浜町木津地域にはサメを開きにしたこいのぼりならぬ「サメのぼり」がある。この地域にしかないものだという。それが空を泳ぐ光景とともに、正月料理としての「サメのナマス」や「サメの酢の物」、サメのひれ料理などが紹介されていた（NHK「ふるさと一番」2010年12月9日放送）。

サメの肝臓に多く含まれる肝油には、スクアレン（$C_{30}H_{50}$）という物質が含まれている。戦後、栄養サプリメントとして注目されていた時期が長く続いていたが、有効性を裏づける資料はないらしい。スクアレンは化粧品や皮膚の保湿剤、軟膏、座薬の原料として利用されている。

スクアレンはメバロン酸からイソペンテニル二リン酸が生成、ジメチルアリル二リン酸と作用して C_{10} のゲラニル二リン酸が生成する。次いでゲラニル二リン酸とイソペンテニル二リン酸からファルネシル二リン酸を経由して、ファルネシル二リン酸２分子にイソペンテニル二リン酸が働き、スクアレンが生成する。このスクアレンから環化してラノステロールに変換され、コレステロールを経由して有用なステロイドが得られる。

クジラ

Whale

主は巨大な魚に命じて、ヨナを呑み込ませたので、ヨナは三日三晩その魚の腹の中にいた。　（ヨナ書2：1）

旧約聖書のヨナ書には、大嵐に見舞われ、それを鎮めるためのくじを引き当てた預言者ヨナが海に投げ込まれるという話がある。「主は巨大な魚に命じて、ヨナを呑み込ませたので、ヨナは三日三晩その魚の腹の中にいた」（ヨナ書2章1節）。そして、「主が魚に命じると、魚はヨナを陸地に吐き出した」（同11節）。この話は新約聖書にも参照されている。「ヨナが三日三晩、大魚の腹の中にいたように、人の子も三日三晩、大地の中にいることになる」（マタイによる福音書12章40節）。しかし、この「巨大な魚」がクジラであるとは書かれていない。

童話『ピノキオ』では、ピノキオとおじいさんが大きなフカ（サメ）に呑み込まれ、お腹の中で生活をするが、ディズニー映画ではクジラに呑み込まれたことになっており、こちらの方がよく知られているかもしれない。メルヴィルの『白鯨』にもヨナについての記述があり、「神は鯨の腹中にいるヨナの上に降（くだ）りたまい、生ける審判の淵の底へと嚥（の）み下したもうた」となっていて、呑み込まれたのはやはりクジラである。

カナダの昔話「クジラのおむこさん」では、「鯨にさらわれた娘は、鯨のおなかの中にのみこまれ、その中でくらすことになりました。大きなおなかの中ならば、どこへいくのも自由ですが、外へ逃げることはできません。外へ出るときは、むすめの腰にはロープがつけられるのです」と書かれている。いずれもヨナ書からの発想ではないか。

小森厚著『聖書の中の動物たち』によれば、旧約聖書時代のヘブライ語には「クジラ」を意味する言葉はなかった。英語の「欽定訳聖書」（1611年）では、創世記1章21節が「クジラ」（whale）と訳され（聖書協会共同訳では「海の怪獣」）、ヨナ書の「大きな魚」もクジラとされている。英国は島国なので、クジラの回遊を見る機会が多かったのだろう。イスラエルの地の周辺の海、西の地中海、南の紅海は、大型のクジラの回遊コースからは外れているが、餌を求めて地中海の奥まで迷い込んできたことがなかったとは言えない。日本でも東京湾の奥の品川沖まで迷い込んできた話はときどき聞かれる。暴風などで迷い込んだのだろう。江戸時代にも市中に号外が出て、徳川家斉が浜離宮でクジラ見物を行ったという話もある。東品川の利田(かがた)神社には鯨塚がある。

クジラの祖先

クジラの祖先は、メソニックスという陸棲哺乳類で、オオカミくらいの大きさの蹄のある生き物とされる。地中海あたりの水辺に生活していたが、突然変異が起こり、水の中に適するものが出てきた。約5000万年前の地層からパキケタスというクジラの化石が発見されている。このパキケタスは、プロトケタスと呼ばれる科に属し、クジラ目に分類され、ハクジラ、ヒゲクジラと並ぶ第3のクジラ亜目を形成している。初期のプロトケタスは約2.5 mであったが、さらに大型化した。恐竜が絶滅した後、爬虫類の王と呼ばれるムカシクジラ亜目のバシロサウルスは巨大なウミヘビとして海を自由の新天地とした。恐竜が絶滅していなかったら、海に進出したクジラは恐竜との闘いに敗れ、生き残れなかったものと思われる。

2500万年前、ハクジラ（歯鯨）とヒゲクジラの2つのグループが発展していった。海洋生活に適し、鼻の穴が頭頂に移り、合わせて上下の顎が発達した。ハクジラは口内に歯を持ち、ヒゲクジラは食物濾過器を口内に備えたクジラヒゲを持つようになった。ヒゲクジラは栄養度の低い生物を食べるので、大型化したものが多い。地球史上最大のシロナガスクジラもヒゲクジラ亜目に属す。

1000万年から500万年前になると、現在のクジラ類の科が出現し、200万年前には現在のクジラが出揃った。200万年前の3回目の氷河期には陸上動物のマンモスやサーベルタイガーなど多くの種が絶滅したが、幸いにもクジラは陸上から移動性の海生動物へと進化したため、遊泳能力を発揮し、住みやすい場所へ移動して、氷河期を生き延びることができた。多くの種類があったが、長い年月の間に衰退し、現在は非常に少ない種類になっている。衰退しているものには、コクジラの仲間やマッコウクジラ類がある。現在、マイルカ類やシロナガスクジラの仲間は種類が増えている。

クジラの種類

ヒゲクジラの代表としてシロナガスクジラが知られている。一般には、25 m ぐらいであるが、最大は南極海で捕獲された 33 m、体重 170 t の雌である。雌は雄よりも 10％程度大きく、南半球に生息するものは北半球に比べて 5～10％程度大きい。このグループはセミクジラ科、コクジラ科、ナガスクジラ科の 3 科によって構成されている。それぞれ、3 属 3 種、1 属 1 種、2 属 6 種が知られている。鼻孔は左右にある。ナガスクジラ科は最も水生適応があるグループで、遊泳速度、摂餌生態も環境に適応している。

ハクジラ類は種類が多く、多様性に富んでいる。体長は 1.3 m 程度のイロワケイルカから 18 m（最大 19 m）にもなるマッコウクジラまでを含み、生息域も河川（湖沼）から外洋に至るまで広がっており、さらに繁殖生態や行動様式など多様である。一般に群れで暮らし、社会性が高いとされる。マッコウクジラ科には、体長 3.7 m のコマッコウ、2.7 m のオガワコマッコウのような小型のものもいる。ハクジラの半数を占めるのがマイルカ科で、水族館やドルフィンウオッチングのイルカはこの科に属している。

スウェーデンの博物学者リンネによる分類がなされた 1758 年までに、日本ではセミクジラ、コクジラ、シロナガスクジラ、ナガスクジラ、ニタリクジラ、ザトウクジラ、マッコウクジラ、アカボウクジラ、ツチクジラ、イッカク、オキゴンドウクジラ、コビレゴンドウクジラ、シャチ、スジイルカ、スナメリがクジラとして分類され、絵巻物などにそれぞれの形態と特徴が描かれている。

6 世紀に仏教が伝わり、歴代天皇が仏教に帰依すると、獣類を殺し、食べることが禁止された。特に信仰心の篤かった天武天皇は殺生、肉食を禁止する詔（みことのり）まで出した。クジラは魚類に分類され、食用とされていたので、猪の肉を「山鯨」と称して食べていた。イルカのことは「海豚」と呼んだ。

クジラの特徴、能力

古代ギリシアのアリストテレスはイルカが声を発することを知っていたようだ。また、第2次世界大戦中、アメリカは日本の潜水艦の襲来を警戒し、海岸線に水中マイクを設置し、音で潜水艦の接近を察知しようと考えた。設置してすぐに怪音をキャッチしたが、潜水艦は発見されず、怪音の発信源はクジラや魚から出る音であることが判明した。

クジラの声はホイッスル音と呼ばれ、人間の耳にはピーピーと甲高い口笛のように聞こえる。もうひとつ、クリック音と呼ばれる断続的なパルス音もあり、人間の耳には「カチカチ」とか「ギーギー」と聞こえる。ナガスクジラのホイッスル音は20ヘルツという低周波なので、500 km先まで伝わるといわれている。イルカの声は出っ張ったオデコから発振され、下顎の骨でキャッチされ、音響脂肪と呼ばれる脂肪組織を通して鼓膜に伝えられる。

マッコウクジラは1時間以上潜水できる能力を持っている。水深1000 m以上での水圧では、肺に酸素を蓄えておくことは難しいが、筋組織中に酸素を蓄えることができるミオグロビンという物質をたくさん持っているので、大丈夫なのである（ミオグロビンはひとつのポリペプチド鎖と1分子のヘムからなる。153個のアミノ酸残基からなり、分子量は約17800である。ヘモグロビンよりも酸素に対して親和性があるため、多くの酸素を取り込み、貯蔵することができる）。

鯨油はハクジラに代表されるマッコウクジラから採取されるマッコウ油とシロナガスクジラから取れるナガス油に大別される。マッコウ油はワックスやエステルを含むため、工業用途に、ナガス油は食用を含め多くの用途に利用されていた。灯火用燃料、石鹸の原料、農業用資材、機械用潤滑油、食用、マーガリンなど幅広く用いられ、1971年まで国際捕鯨委員会の捕獲枠は鯨油生産量を基準に制定されていた。クジラ漁は鯨油のために行われていたのである。マッコウクジラの頭部に詰まっている油脂は鯨蝋と呼ばれ、蝋燭や精密機械用潤滑油の原料となった。

ハクジラの口の中
（国立科学博物館）

鯨油を採油した後の皮下脂肪は「コロ」「煎皮（いりかわ）」と呼ばれる。大学院時代に大阪の長堀川近くの赤提灯で盃を傾けながら「関東煮（かんとだき）」（東京風の味の濃いおでん）の中の一品として食べたことを思い出す。「コロ」は東京のおでん屋では食べることはできないので、食文化の違いを感じた。

捕鯨が盛んだった時代の記録では、クジラの年齢は110歳というのが最高である。年齢の推定は耳垢による。ヒゲクジラの耳は外耳道すなわち体表近くでは閉じている。閉じた外耳道には垢が溜まる。冬に子作りに励む時、クジラは餌を食べないのでやせ細り、耳垢は油分が少なくなり、色も黒くなる。夏には餌をたくさん食べるので、耳垢は油分が多く、白い。こうしてできる耳垢の年輪で年齢が推定される。100歳で妊娠したシロナガスクジラの記録もある。

龍涎香（りゅうぜんこう）

龍涎香とはマッコウクジラの腸内から見つかる結石のことである。英語ではアンバーグリス（ambergris.「灰色の琥珀」の意）と呼ばれる。マッコウクジラから排泄され、海岸に漂着したり、海に浮かんでいたりすることもある。マッコウクジラは深海でイカやタコを食べるので、その硬い嘴（くちばし）が体内に残存し、それが消化分泌物で結石したものと考えられる。中国では、龍が深海で香の高い涎（よだれ）をたらし、それが固まったものと

龍涎香 4.95kg（高砂コレクション・ギャラリー、大田区蒲田）

されることから、この名称がついた。日本では沖縄の島々で採れ、江戸時代には「龍の糞」と呼ばれた。

龍涎香は『千一夜物語（アラビアンナイト）』の中にもしばしば出てくる。6〜7世紀にはアラビアで龍涎香が使用されていた。ビザンチン帝国の皇帝、中世ヨーロッパの王族、貴族などにも珍重され、貴重な香として様々な香水に使用されていた。

『中薬大辞典』によると、麝香（じゃこう）に似て、少量では動物の中枢神経系統に対して興奮作用があり、大量では抑制作用がある。摘出心臓に対しては強心作用があり、全動物に血圧下降を引き起こす。

かつてヨーロッパでは温和な乳香様のバルサム臭の香が媚薬として同じ重さの金と取り引きされるほどの価値があった。1948年頃に最も値段が上がり、金の8倍もしたという。動物性香料として麝香とともに香料中の至宝である。どのマッコウクジラにもあるのではないが、海岸に流れ着いたものが見つかる可能性はある。海岸で見慣れぬものを見つけたら、確認してみるとよいだろう。

18世紀、アメリカには何千隻と捕鯨船があったが、なかには龍涎香だけを狙う船もあった。龍涎香がどのくらい採れたのかはわからないが、それで長い航海の経費や乗組員の給料が支払われ、利益が出たという。しかし、クジラを捕らえて、腸内から直接、取り出されたものは黒色で、品質が劣る。体内から排泄されたりして、海上を長い間浮遊して黄金色を帯びたものが高級品とされる。

龍涎香の成分であるアンブレイン（Ambrein）やアンブロックス

(Ambrox) は酸化されると芳香を放つ。乾燥したものを微量、エタノールに浸して用いると、乳香に似た温和で高尚な香りとなる。アフリカ、インド、日本、スマトラ、ニュージーランド、ブラジルなどの洋上や海岸で多く発見されている。捕鯨が盛んであれば、マッコウクジラの腸から取り出す機会も多くなるので、日本や旧ソビエトで最も多く産出するようになった。マルコ・ポーロの『東方見聞録』にもスカイラ島（イエメン沖のソコトラ島）や、さらに南に 1600 km ほどの位置にあるマダガスカル島で大きなマッコウクジラが多数捕獲され、龍涎香がたくさん取れたと記載されている。

司馬遼太郎・陳舜臣両氏の『対談中国を考える』に龍涎香についての話がある。

> 後宮の女性たちの用品——紅とか、眉墨とか、龍涎香を集めるやつがおった。……しかし龍涎香は、いくら探してもないんですよ。あれは鯨の腹の中で異常発酵したものが、鯨が死んで流れたものなんですね。これのあるところを知っているのはポルトガル人なんですが、かれらはそのルートを教えなかったんですよ。宮中の御用達係にすればとにかくあちこち探さずにすむわけですから、ポルトガル人と結託する。ポルトガル人の方は龍涎香をコンスタントに供給するかわりに特典をくれということで、マカオの特別居住権を皇帝の許可もなく、その係のやつが勝手にやっているんですね。それで中国の現代の歴史家が、中国は阿片のために香港を失い、龍涎香のためにマカオを失ったというようなことを言うわけですよ。

クジラと海洋汚染

北海道の羅臼町でシャチが流氷で動けなくなったという話や、北海道の浜中町でシャチが浜に打ち上げられたという話があった。そのシャチの鳴く声が途絶えるまで、近くの海で他のシャチの声が聞こえてきたと地元の人はいう。ニュージーランドやカナダでも座礁したシャチから、その家族と思しきシャチが離れることなく、群れ全体がそばに寄り添っていたのが観察されている。家族を見捨てないのは、シャチの習性のようである。

9頭のシャチが一度に浜に打ち上げられて死んだ事件があった。2002年にはアメリカのワシントン州で打ち上げられたシャチの死骸から1000ppmという高濃度のPCBが検出された。1989年に北大西洋のサバを食べていたザトウクジラの群れで10頭以上が次々に死亡した。その原因は貝毒の食中毒として知られるドーモイ酸によるものであるといわれている。ドーモイ酸はムラサキガイを食べた人が死亡した事件でも検出されている。クジラやシャチが死ぬということは環境についての人間への警告と考えてよい。最近、クジラからPCBをはじめ、基準値を超える水銀やダイオキシンが検出されていることから、海洋汚染が進行していることがわかる。

日本におけるクジラの文化

筆者の子どもの頃、クジラが哺乳類であることは知られていたのだろうが、鯨肉は魚屋の店先に並んでいた。樋口清之『日本食物史』によると、縄文時代には動物性たんぱくとして、海棲哺乳類のアシカ、トド、オットセイ、ナガスクジラ、キバクジラが食べられていた。奈良時代、平安時代の食物誌『和名抄』や、室町、江戸時代の『本朝食鑑』などには、クジラが「勇魚（いさな）」として紹介されている。室町時代の調理本『四条流包丁書』ではコイよりも高く評価されている。天保5(1834) 年の『魚類精進献立早見帳』には塩蔵鯨肉と軟骨など50種類以上の水産物の記述がある。鯨肉の好みと料理は地域によって異なる。下関ではナガスクジラ類のヒゲクジラが最高とされ、南氷洋のミンククジラはヒゲクジラほど美味しくないと考えられている。宮城県石巻鮎川ではマッコウクジラの肉を食べるが、ゴンドウクジラは人気がない。和歌山県太地ではマッコウクジラよりヒゲクジラのエンバが好まれ、生でも食べる。

クジラは尻尾の肉（尾の身）が最高といわれている。晒鯨（さらしくじら）という尾に近い部分や皮のついた脂分の塩蔵したものを薄く切り、熱湯で脂身や塩分を抜き、冷水で晒し、酢味噌で食べるのも美味しい。大学院生時代、大阪で下宿をしていた頃、下宿のおばさんがよく出してくれた。地域によって鯨肉の利用法も異なる。千葉県安房地方和田では、江戸時代から鯨肉といえばツチクジラの肉片を秘伝のタレに漬けて天日で乾かしたもので、土地の人は他の種類の鯨肉は味が落ちるという。

松浦漬の缶詰（鯨の軟骨を酒粕に漬けたもの。昔に比べると、酒粕の量が多い）

現在、食用としてはベーコン、ハム、ソーセージ、スープの素、肝油、ホルモン剤など、日用品としては口紅、鯨油、香水などに用いられ、ひげは婦人用のコルセットやパラソルに用いられる。さらに、バイオリンの絃や釣竿の先など、日本ではクジラは捨てるところがないといわれるくらいに利用されてきた。

昭和40年代くらいまでは学校給食に鯨肉の料理がよく出たという。終戦からしばらくの間、クジラの肉は貴重なたんぱく源であった。団塊の世代前後やそれ以上の年齢の方には、懐かしい思い出であろう。終戦後、食糧欠乏により子どもの体位が低下したので、当時の文部・厚生・農林の3省は次官通達「学校給食実施の普及奨励について」で学校給食の方針を示した。昭和22年の政府配給学校給食用の鯨肉は1人あたり30gであった。昭和23年には全国600万人に対し、週2回以上300kcalの給食を実施した。当時のメニューは脱脂粉乳、トマトシチューなどであった。昭和27年の献立はコッペパン、脱脂粉乳、鯨肉の竜田揚げ、せん切りキャベツ、ジャムであった。鯨肉が戦後の栄養不足の子どもたちの体位向上に貢献したことは言うまでもない。

捕鯨に関しては、昭和20年小笠原近海での捕鯨許可、21年には南氷洋の捕鯨再開、27年、北洋母船式捕鯨が再開され鯨の捕獲量は順調に増えた。

クジラ供養

縄文時代のイルカの頭骨を放射線状に配置した北海道の東釧路遺跡

平戸市の最教寺の鯨塚

や、イルカの頭骨を並列配置した石川県真脇遺跡をみると、イルカに対して当時の人びとは宗教心を持っていたようである。捕鯨には危険が伴う。親子連れのクジラを捕獲する際、母親は命がけで子どもをかばう。また、捕獲したクジラのお腹の中から胎児が出たりする。生活のためにクジラを殺さなければならない漁師たちはクジラを憐み、たたりを恐れ、クジラに感謝する気持ちから供養をするようになった。

1654年、五島六島（長崎県小値賀町）の観音堂修築の際、施主の紀州突組主の藤松右衛門が記した文の中に「殺生は所業の中で最も重い罪行であるが、これを休止、廃業は難しい」という心情が述べられており、観音堂の修築も「いわば滅罪のために行われた」と書かれている。『西海鯨鯢記』（1720年）にも鯨肉や鯨油がもたらす効用とともに、「生き物の中で鯨ほど益するものはなく、捕鯨に優れた者は、裕福になり神社の運営を助けて神の威光を増し、仏閣を荘厳にして信心するものを増やし、国家の末長からん事を願う気持ちは間違いない」と記している。『漁村民族誌』は「鯨の皮の下にもう一枚薄い皮があるが、これは鯨の前世は僧侶だからであり、ゆえに鯨組はいくら栄えても殺生をするので、長く続いたためしがない」という伝承を伝えている。明治時代、生月島の銃殺捕鯨組関係者は平戸瀬戸に出漁する際に「ヨイヨイヨーイ、萩の見島のケーケーボウズのケーボウ、思い焦がれて背美となる」と歌った。クジラの前世は僧侶という俗信がある土地がいくつかある。

クジラ供養は中国地方、和歌山県太地、伊豆地方、房総地方、東北地方などに見られ、供養碑などがある。四国でも様々なクジラ供養が行われてきたが、最も注目すべきは愛媛県西予市の金剛寺にある「鯨位牌」である。天保8（1837）年の飢饉の際、大きなクジラが捕れて、住民が飢饉から救われたことに感謝して、当時は大名にしか与えられなかった院号や大居士がついた「鱗王院殿法界全果大居士」という戒名がクジラにつけられた。なぜクジラにこのような戒名がついたのか。そのクジラが揚がる1年前の1836年3月10日、当時の宇和島藩主伊達春山公の父、第6代伊達村壽（むらなが）公が亡くなり、「南昌院殿壽山紹慎大居士」という戒名が贈られた。クジラに畏れ多くも前年に亡くなった城主と同じように院殿、大居士をつけるということを領民がするはずはなく、子である春山公が領民の苦しみをみかねて、前年に亡くなった父がクジラになって転生し、領民を救ったのだと考えた末のことだったという。公儀の通達では、墓標石碑は台石とも四尺以下とし、院号、居士号を用いることを禁じている。戒名をつけたのは、金剛寺の住職の妙峰和尚であり、最上級の戒名は春山公がつけさせたものと考えられる。ちなみに院殿、大居士のついた戒名は徳川家康、勝海舟、吉田茂、黒澤明などの有名人に見られる。

全国のクジラ関連建造物として供養碑、墓、祈願碑、奉納物、記念碑や記念物は132か所が知られている。その幾つかの所在地は神社や寺である。

参考文献

辞典・事典など

ウイリアム・スミス編『聖書動物大事典』小森厚／藤本時男編訳、国書刊行会、2002 年
大槻文彦『新編　大言海』（合）冨山房、1982 年
旧約新約聖書大事典編集委員会『旧約新約聖書大事典』教文館、1995 年
上海科学技術出版社・小学館編『中薬大辞典』小学館、1998 年〔第一巻（狗肉）、第二巻（牛黄）、第四巻（龍歯）〕
新村出編『広辞苑』第 7 版、岩波書店、2018 年

一般

青木淳一／奥谷喬司／松浦啓一編著『虫の名、貝の名、魚の名――和名にまつわる話題』東海大学出版会、2002 年
赤羽正春『熊神伝説』国書刊行会、2020 年
秋道智弥・小松和彦・中村康夫『水と文化――人と水』勉誠出版、2010 年
阿刀田高『コーランを知っていますか』新潮社、2006 年
アルマン・マリー・ルロワ『アリストテレス　生物学の創造』（上・下）森夏樹訳、みすず書房、2019 年
アンドリュー・ロウラー『ニワトリ――人類を変えた大いなる鳥』熊井ひろ美訳、インターシフト、2016 年
石島芳郎『十二支の動物たち』東京農業大学出版会、2006 年
石田友雄『聖書を読みとく』草思社、2004 年
『イソップ寓話集』中務哲郎訳、岩波書店、2002 年
井田徹治『霊長類――消えゆく森の番人』岩波書店、2017 年
一戸良行『世紀を超えて広がる「毒」――気の毒・液の毒・固の毒』研成社、2001 年
いのうえせつこ『ウサギと化学兵器』花伝社、2020 年
今泉忠明『イヌはそのときなぜ片足をあげるのか』TOTO 出版、1992 年
今泉忠明『野生のネコの百科』データハウス、2004 年
今泉忠明『イリオモテヤマネコの百科』データハウス、2004 年
今泉忠明監修（丸山貴史・文）『おもしろい！進化のふしぎ　ざんねんないきもの事典』高橋書店、2016 年
上杉千郷『日本全国獅子・狛犬ものがたり』光祥出版、2008 年
上田正昭他『御柱祭と諏訪大社』筑摩書房、1987 年
碓井益雄『蛙』法政大学出版局、1989 年
梅谷献二『虫を食べる文化誌』創森社、2004 年
エティエンヌ・ソレル『乗馬の歴史――起源と馬術論の変遷』吉川晶造／鎌田博夫訳、恒星社厚生閣、2005 年
NHK「美の壺」制作班編『藍染』NHK 出版、2007 年
NHK「美の壺」制作班編『鶏――美の壺』NHK 出版、2009 年
NHK「美の壺」制作班編『香道具』NHK 出版、2010 年
エリック・シャリーン『図説世界史を変えた 50 の動物』甲斐理恵子訳、原書房、2012 年
遠藤ケイ『蓼食う人々』山と渓谷社、2020 年
大垣さなゑ『ひつじ』まろうど社、1991 年

大隅清治『クジラと日本人』岩波書店、2003 年
大田眞也『スズメ百態面白帳』葦書房、2000 年
大田眞也『スズメはなぜ人里が好きなのか』弦書房、2010 年
大田眞也『田んぼは野鳥の楽園だ』弦書房、2012 年
大田眞也『ハトと日本人』弦書房、2018 年
岡本かの子『食魔——岡本かの子食文学傑作選』大久保喬樹編、講談社、2009 年
荻須昭大『香の本』雄山閣、2016 年
荻野みちる『クジラの死体はかく語る』講談社、2005 年
奥谷喬司『日本の貝 1』学習研究社、2006 年
尾崎佐永子『平安時代の薫香——香り文化の源流を王朝に求めて』フレグランスジャーナル社、2013 年
小原秀雄／林壽郎／柴田敏隆他『ツルはなぜ一本足で眠るのか——適応の動物誌』草思社、1988 年
オフィス 303 編、青山由紀監修『伝統工芸の良さを伝えよう——教科書から広げる学習　よそおい　織物・染色ほか』汐文社、2020 年
海部健三『わたしのウナギ研究』さ・え・ら書房、2013 年
梶田昭『医学の歴史』講談社、2003 年
片平孝『サハラ砂漠　塩の道をゆく』集英社、2017 年
加藤廸男編『十二支（えと）の動物たちの生き方事典』日本地域社会研究所、2012 年
鎌倉豊『自然の手帖シリーズ　クジラ——海を泳ぐ頭脳』立風書房、1994 年
亀井節夫『日本に象がいたころ』岩波書店、1990 年
唐沢孝一『校庭の野鳥』全国農村教育協会、1997 年
カール・H・アーンスト／ジョージ・R・ズック『最新ヘビ学入門』岩村恵子訳、平凡社、1999 年
ガンダス・サビッツ『カラスの文化史』松原始監修、瀧下哉代訳、エクスナレッジ、2018 年
木川雅治編『日本のネズミ——多様性と進化』東京大学出版会、2016 年
北原正宣『ネズミ——けものの中の超繁栄者』自由国民社、1986 年
木村毅編『明治文化全集、別巻　明治事物起原』日本評論社、1979 年
木村真冬／有友愛子／こざきゆう『うそでしょ⁉マジです‼　たべものびっくり事典』ポプラ社、2021 年
木村光雄監修、三木産業技術室編『藍染の歴史と科学』（ポピュラーサイエンス）裳華房、1992 年
木谷美咲／内山昭一『人生が変わる！特選　昆虫料理 50』山と渓谷社、2014 年
キャサリン・M・ロジャーズ『猫の世界史』渡辺智訳、エクスナレッジ、2018 年
京都大学霊長類研究所編『霊長類進化の科学』京都大学学術出版会、2007 年
京都大学霊長類研究所編著『新しい霊長類学——人を深く知るための 100 問 100 答』講談社、2009 年
クレア・ベサント『ネコ学入門』三木直子訳、築地書館、2014 年
黒木真理『ウナギの博物誌——謎多き生物の生態から文化まで』化学同人、2012 年
黒田弘行『アフリカの野生動物誌』労働旬報社、1997 年
小泉武夫『奇食珍食』中央公論社、1987 年
小泉武夫『猟師の肉は腐らない』新潮社、2014 年
日本モンキーセンター編『霊長類図鑑——サルを知ることはヒトを知ること』京都通信社、2018 年
小島孝夫編『クジラと日本人の物語——沿岸捕鯨再考』東京書店、2009 年
小山鉄郎『白川静さんに学ぶ漢字は怖い』新潮文庫、新潮社、2007 年
小松和彦『「伝説」はなぜ生まれたか』角川学芸出版、2013 年

小森厚『聖書の中の動物たち』日本基督教団出版局、1992年
坂本太郎／家永三郎／井上光貞／大野晋校注『日本書紀上』岩波書店、1993年
櫻井芳昭『牛車』法政大学出版局、2012年
佐藤廸男編『十二支の動物たちの生き方事典』日本地域社会研究所、2012年
山階鳥類研究所編『鳥と人間』NHK出版、2006年
椎名誠『奇食珍食糞便録』集英社、2015年
塩見一仁『狛犬誕生――神獣のルーツをたどる』澪標、2014年
篠原かをり『ネズミのおしえ――ネズミを学ぶと人間がわかる！』徳間書店、2020年
司馬遼太郎／陳舜臣『対談　中国を考える』文芸春秋、2013年
笑福亭猿笑『くじら談義「鯨は身を助ける」』ビジネス・フォーラム、1993年
ジョン・マーズラフ／トニー・エンジェル『世界一賢い鳥、カラスの科学』東郷えりか訳、河出書房新社、2013年
信州馬事研究会編『信州馬の歴史』信濃毎日新聞社、1988年
杉山二郎／山崎幹夫／坂口昌明『真珠の文化史』学生社、1990年
鈴木景二『古代交通研究』第8号、八木書店、1998年
スティーブン・ブディアンスキー『犬の科学――本当の性格・行動・歴史を知る』渡植貞一郎訳、築地書館、2004年
関啓子『トラ学のすすめ――アムールトラが教える地球環境の危機』三冬社、2018年
F. E. ゾイナー『家畜の歴史』国分真一／木村伸義訳、法政大学出版局、1983年
高岡一弥『日本犬』ピエ・ブックス、2005年
高重博／武井哲史『日本の貝　629種』誠文堂新光社、2019年
高瀬恒徳『旧約詩編の黙想』いのちのことば社、1988年
高野伸二編『日本の野鳥』山と渓谷社、1990年
高橋知義／堀内昭『ステロイドの化学』研成社、2010年
高村博正／篠田知和基『カナダのむかし話』偕成社、1991年
竹内謙太郎著、竹内淑子・写真『私たちと礼拝』聖公会出版、2003年
竹内淳子『藍――風土が生んだ色』（ものと人間の文化史65）法政大学出版局、1991年
竹内淳子『藍 II』法政大学出版局、1999年
竹内淳子『ものと人間の文化史――紫』法政大学出版局、2009年
田崎眞也『うなぎでワインが飲めますか？』角川書店、2006年
辰宮太一『関東の聖地と神社』JTBパブリッシング、2013年
田中正三／波多野博行「真珠の化学」『水産増殖』Vol. 3(4)、1957年、38-45頁
田部隆幸「三足蟾蜍（蛙）の源流を旅して」『かえる通信』No. 104, 5.
田部隆幸「李朝民画に描かれた蛙」『東京民藝たより』第71号、2011年
田宮徹「蛇毒神経毒遺伝子とその発現産物」J. Mass Spectrom. Soc. Jpn., 51, 2003年
田村悦臣『コーヒーと健康』全日本コーヒー協会、2019年
團伊玖磨『続々パイプのけむり』朝日新聞社、1968年
Ch・チメグバータル監修『モンゴルのむかし話』籾山素子訳、PHP研究所、2009年
塚原直樹『カラスをだます』NHK出版、2021年
津田恒之『牛と日本人――牛の文化史の試み』東北大学出版会、2001年
ディオスコリデス『ディオスコリデスの薬物誌』鷲谷いづみ訳、小川鼎三ほか編、エンタープライズ、1983年
ディビッド・ウォルトナー＝テムズ『昆虫食と文明――昆虫の新たな役割を考える』片岡夏美訳、築地書館、2019年
デズモンド・モリス『サル――その歴史・文化・生態』伊達淳訳、白水社、2015年
伝統的工芸品産業振興協会監修『調べてみよう！日本の伝統工芸のみりょく！衣にかかわる伝統工芸①』ポプラ社、2020年

戸川幸夫『イヌ・ネコ・ネズミ――彼らはヒトとどう暮らしたか』中央公論社、1991年
外山晴彦『神社ウォッチング』東京書籍、2000年
中島路可『聖書の中の科学』裳華房、1999年
中田敬三『長寿県の知られざる食文化考――なんでも食べるゾ信州人』郷土出版社、2002年
中村生雄『日本人の宗教と動物観――殺生と肉食』吉川弘文館、2010年
中村元編著『仏教動物散策』東京書籍、1988年
中村浩『動物名の由来』東京書籍、1983年
仲谷一宏『サメのおちんちんはふたつ』(ふしぎなサメの世界)築地書館、2003年
中村圭一『ならまち糞虫館』ならまち糞虫館連絡事務所、2018年
那須どうぶつ王国/神戸どうぶつ王国『砂漠の天使スナネコ』学研プラス、2021年
奈良の鹿愛護会監修『奈良の鹿――「鹿の国」の初めての本』京阪奈情報教育出版、2010年
西燉『砂漠の果ての楼蘭――ラクダと歩いた750キロ』朝日ソノラマ、1997年
西川文二『子犬の育て方・しつけ』新星出版社、2013年
仁科邦男『犬の伊勢参り』平凡社、2013年
日経サイエンス編集部編『食と健康』(別冊日経サイエンス237)日経サイエンス、2020年
日本藍染文化協会編『日本の藍――染織の美と伝統』日本放送協会、1994年
ニャンコ友の会『ネコの気持ち』PHP研究所、2010年
日本化学会編『生物毒の世界』大日本図書、1998年
宮沢正義『思い出のツキノワグマ――家族になった10頭のクマたち』日本熊森協会企画、ネクストリブロプラザ、2006年
布目順郎『倭人の絹――弥生時代の織物文化』小学館、1995年
ネイチャー・プロ編集室編『クジラの謎・イルカの秘密100問100答』宮崎信之監修、河出書房新社、1998年
野中健一『虫食む人々の暮らし』日本放送出版協会、2007年
浜田義一郎『江戸たべもの歳時記』中公文庫、1977年
林丈二『猫やネコ』リヨン社、2008年
岡本新『アニマルサイエンス　ニワトリの動物学』林良博/佐藤英明/真鍋昇編、東京大学出版会、2019年
M. G. ハラセウィッチ/ファビオ・モレゾーン『世界の貝大図鑑――形態・生態・分布』平野弥生訳、柊風舎、2017年
パトリック・スヴェンソン『ウナギが故郷に帰るとき』大沢章子訳、新潮社、2021年
パメラ・S．ターナー『道具を使うカラスの物語――生物界随一の頭脳をもつカレドニアガラス』須部宗生訳、杉田昭栄監訳、緑書房、2018年
樋口清之『日本食物史――食生活の歴史』柴田書店、1994年
ピーター・ミルワード『聖書の動物事典』中山理訳、大修館書店、1992年
福井栄一『イノシシは転ばない――「猪突猛進」の文化史』技報堂出版、2006年
福井貞子『藍』京都書院、1991年
Fukuyama, K., Kakio, S., Nakazawa, Y., Kobata, K., Funakoshi-Tago, M., Suzuki, T., Tamura, H., "Roasted Coffee Reduces b-Amiloid Production by Increasing Proteasomal b-Secretase Degradation in Human Neuroblastoma SH-SY5Y Cells", Molecular Nutrition and Food Research, 62 (21), 1800238 (2018).
藤倉郁子『狛犬の歴史』岩波出版サービスセンター、2000年
フロリアン・ヴェルナー『牛の文化史』臼井隆一郎訳、東洋書林、2011年
防鼠手引書作成検討委員会編『飲食店における「ねずみ駆除」の手引き』ねずみ駆除協議会、2001年
防鼠手引書検討委員会編『安心の《医・食・住》環境づくりのための「ネズミ駆除」の手引き』ねずみ駆除協議会、1998年

細川高雄『鯨塚からみえてくる日本人の心II――クジラの記憶をたどって西海域へ』農林統計出版、2012年
本間雅彦『牛のきた道――地名が語る和牛の足跡』未来社、1994年
堀内昭『聖書のかがく散歩』聖公会出版、2012年
堀内昭／高橋知義『動物よもやま話――キリスト教、仏教、神道をめぐって』聖公会出版、2015年
堀内昭「あいの生成・あいは壊れやすい・あいをもってコンプレックスを乗り越えよう」『立教』第143号、1992年
堀内昭「有機金属錯体、金属塩を利用する合成反応から生体触媒に至るまで」『月刊バイオインダストリー』Vol. 23（4）、2006年、37-47頁
前島幹雄『サハラ横断砂の巡礼――ラクダと歩いた487日』彩流社、1989年
真壁延子『日本の犬・歴史散歩』文芸社、2001年
増井光子『野生動物に会いたくて』八坂書房、1996年
増田隆一編著『ヒグマ学への招待――自然と文化で考える』北海道大学出版会、2020年
松井孝爾『カエルの不思議発見――四六のガマの科学』講談社、1999年
松原始『にっぽんのカラス』ポンプラボ編、カンゼン、2018年
松原始『カラスの教科書』雷鳥社、2013年
三木産業編『藍染の歴史と科学』ポピュラーサイエンス、木村光雄監修、裳華房、1992年6
南方熊楠『十二支考　蛇に関する民族と伝説』青空文庫
南方熊楠『十二支考』岩波書店、1994年
三宅恒方『食用及び薬用昆虫に関する調査』農事試験場特別報告、31巻、1919年、1-203頁
宮沢正義『ツキノワグマと暮らして』筑摩書房、1989年
宮沢正義『家族になった10頭のクマ』企画・日本熊森協会、角川学芸出版、2010年
宮脇和人・細川隆雄『鯨塚からみえてくる日本人の心――豊後水道海域の記憶をたどって』農林統計出版、2008年
武藤真『猫は三年の恩を三日で忘れるのは本当か？――ネコのオモシロことわざ学』PHP研究所、1994年
村井吉敬／内海愛子／飯笹佐代子編著『海峡を越える人びと――真珠とナマコとアラフラ海』2016年
百瀬今朝雄／百瀬美津『勧学院の雀』岩波書店、2002年
R. & D. モリス『人間とへび』小原秀雄監修、藤野邦夫訳、平凡社、2006年
矢数道明『漢方処方解説』創元社、1981年
安田喜憲『蛇と十字架――東西の風土と宗教』人文書院、1994年
安永浩「小川島漁場を主題とする二つの捕鯨図――「肥前国小川島捕鯨絵図」と「小川島捕鯨図屏風」」『佐賀県立名護屋博物館研究紀要』15集、2009年
柳田国男『日本の昔話』新潮社、1983年
山川菊栄『女二代の記』岩波書店、2014年
山形孝夫『治癒神イエスの誕生』筑摩書房、2010年
山崎晃司『ツキノワグマ――すぐそこにいる野生動物』東京大学出版会、2017年
山崎青樹『新装版　草木染　染料植物図鑑1――基本の染料植物120』美術出版社、2012年
山崎光夫『日本の名薬』東洋経済新報社、2000年
山田慶兒編『物のイメージ・本草と博物学への招待』朝日新聞社、1994年
山田真裕『香木三昧――大自然の叡智にあそぶ』淡交社、2019年
矢部辰男『これだけは知っておきたい　日本の家ねずみ問題』知人書館、2008年
山中茉莉『淡水真珠』八坂書房、2003年
横山貞裕『騎馬の歴史』講談社、1971年
吉岡幸雄『日本の藍――ジャパン・ブルー』（京都書院アーツコレクション8　染織3）京都書

院、1997 年
吉岡幸雄『吉岡幸雄の色　百話　男達の色彩』世界文化社、2020 年
吉野裕子『蛇――日本の蛇信仰』法政大学出版局、1979 年（講談社学術文庫、1999 年）
吉原均／山崎和樹／新居修／川人美洋子／椿覚郎／宇山孝人／川西和男『藍』（地域資源を活かす生活工芸双書）農山漁村文化協会、2019 年
リチャード・C・フランシス『家畜化という進化――人間はいかに動物を変えたか』西尾香苗訳、白揚社、2019 年
J. H. リンスホーテン『東方案内記』岩生成一／渋沢元則／中村孝志訳、岩波書店、1968 年
ルーク・ハンター『野生ネコの教科書』山上佳子訳、エクスナッジ、2018 年
S・レザーウッド、R/リーヴズ『クジラ・イルカハンドブック』吉岡基／光明義文／天羽綾郁共訳、平凡社、1996 年

新聞・雑誌の記事

「特集 1 養殖技術開発の最前線――世界初、ウナギの完全養殖達成」「特集 2 新日本の郷土食――地産地消の伝承料理　全国味噌汁カタログ」『aff（あふ）』農林水産省、2013 年 3 月号
K. ウォン「米国で大発生　17 ゼミの生存戦略」『日経サイエンス』2021 年 8 月 1 日
丸山裕美子「古代の高額輸入薬」朝日新聞 2016 年 5 月 28 日
細川治子「島の猫増えすぎた　全 200 匹不妊手術へ」朝日新聞 2016 年 5 月 28 日夕刊
「米国「17 年ゼミ」狂騒曲――大量発生……食材に使い人気沸騰」朝日新聞 2021 年 6 月 26 日夕刊
「コンクパール？生産、特徴、取り扱い、歴史」（真珠新聞第 3 号）伊勢新聞社
「愛される「サメ食」文化」大人の休日倶楽部 2020 年 12 月号、東日本旅客鉄道
「幸せ呼ぶバナナウナギ釣れた！ 10 万匹に 1 匹、茂原・一宮川で捕獲　睦沢の男性「金運が上がればうれしい」」千葉日報 2020 年 7 月 21 日
「いまどき関西――全 1200 頭奈良公園のシカのフン、誰が片付け？」日本経済新聞 2013 年 6 月 12 日夕刊（大阪）
「呼子支えた鯨王」日本経済新聞 2014 年 4 月 30 日夕刊
「クジラ探しに海に繰り出せ」日本経済新聞 2014 年 6 月 7 日夕刊
「ウナギの頭、大阪ではなぜ食べる（謎解きクルーズ）――食材無駄なく始末の精神 1 匹丸ごと焼く慣習」日本経済新聞 2014 年 7 月 2 日
「捨て猫に拾う仏あり――猫寺ののんびり 52 匹」日本経済新聞 2014 年 7 月 1 日夕刊
「老いた愛犬　介護に限界」日本経済新聞 2020 年 2 月 26 日夕刊
出久根達郎「「猫の稀覯本（きこうぼん）」養蚕指導者が著した初の百科」日本経済新聞 2020 年 3 月 14 日
舩場玲二「海と水辺の散歩――震災被災地の生き物たち、力強さ津波にも負けず」日本経済新聞 2020 年 4 月 25 日
森橋律夫「白蛇の守りは人と共に――山口・岩国に生きる神　激減の危機から救う」日本経済新聞 2020 年 4 月 8 日（文化）
佐々木たくみ「世界とつながる鯨時代をつなぐ」日本経済新聞 2020 年 4 月 26 日
「南極付近の島でカエル化石発見」日本経済新聞 2020 年 5 月 8 日
今泉マユ子「時短家事　せんべいを普段の料理に　香ばしさがアクセント」日本経済新聞 2020 年 5 月 12 日夕刊
前野浩太郎「バッタ大量発生　食糧危機の恐れ――ケニアなど被害深刻」日本経済新聞 2020 年 5 月 18 日
「「猫島」の 100 匹　図鑑でずらり」日本経済新聞 2020 年 5 月 18 日夕刊
田村峻久「トレンド　昆虫食　身近なメニューに」日本経済新聞 2020 年 6 月 22 日夕刊
「タイ産ココナツ、不買広がる「猿使い収穫」欧米で批判」日本経済新聞 2010 年 8 月 5 日
原口美智代「ニャンとか続く「ねこ新聞」」日本経済新聞 2020 年 9 月 21 日

「奈良のシカ公園離れ山里へ——観光客減り　餌もらえず」日本経済新聞 2020 年 10 月 21 日
「アムールトラ、野生に帰る——ロシア、ゴミ捨て場で保護」日本経済新聞 2021 年 1 月 27 日夕刊
「ウナギの稚魚、今年も豊漁——前年比 4 割安、7 年ぶり水準」日本経済新聞 2021 年 2 月 4 日
「クジラ類の耳骨　陸上動物と共通」日本経済新聞 2021 年 2 月 22 日夕刊
大久保潤「昆虫食　若者こそ関心」日本経済新聞 2021 年 4 月 16 日夕刊
岸本まりみ「コオロギ農園で村おこし」日本経済新聞 2021 年 4 月 21 日夕刊
「昆虫食の抵抗感和らげる——高崎経済大・環境データサイエンス研究室」日本経済新聞 2021 年 7 月 7 日
「ツシマヤマネコ絶滅危機」讀賣新聞 2013 年 9 月 20 日
「うなぎ今夏は、値頃期待」讀賣新聞 2014 年 3 月 1 日夕刊
「南極調査捕鯨認めず」讀賣新聞 2014 年 4 月 1 日
「ニホンウナギ絶滅危惧種」讀賣新聞 2014 年 6 月 12 日夕刊
「春秋」日本経済新聞 2015 年 1 月 20 日
中村直人「ウサギ長い耳で見守る」讀賣新聞 2020 年 3 月 18 日
「気仙沼市の橋　暮らしを支えるアーチ——特産フカヒレ丼が人気」讀賣新聞 2020 年 4 月 19 日
「根こそぎ　バッタ大群　途上国むしばむ」讀賣新聞 2020 年 4 月 24 日
「コロナ後手頃な値段で　うなぎ登り　稚魚豊漁」讀賣新聞 2020 年 4 月 28 日夕刊
「土用のウナギちょっとお安く」讀賣新聞 2020 年 7 月 16 日夕刊
「編集手帳」讀賣新聞 2020 年 7 月 20 日
「よみうり寸評」讀賣新聞 2020 年 7 月 28 日夕刊
「カラス語使い檻に誘導・捕獲」讀賣新聞 2020 年 8 月 1 日夕刊
「コオロギコーヒー深いコク」讀賣新聞 2020 年 9 月 19 日夕刊（奈良県版）
渡辺博史「食料難深刻化——農業開発寡占防ぐ必要（地球を読む）」讀賣新聞 2020 年 9 月 21 日
松本由香「アオバト飛来地——海水飲む鳥と幸福な関係」讀賣新聞 2020 年 9 月 27 日
「冬に備えエサ集め」讀賣新聞 2020 年 10 月 6 日夕刊
「ペットらいふ」讀賣新聞 2021 年 1 月 25 日夕刊
「猫にマタタビ　蚊よけに効果」讀賣新聞 2021 年 1 月 25 日夕刊
中村宗充「昆虫食　戦時中の記憶」讀賣新聞 2021 年 1 月 30 日
「クマ対策先手　昨年度人身被害 10 年で最多　餌ドローンで把握・地形に応じ訓練」讀賣新聞 2021 年 5 月 22 日夕刊
「コロナ重症ゴリラ　回復」讀賣新聞 2021 年 1 月 27 日
「「猿団子」順位の高いオスほど内側の暖かい位置に……京大霊長類研」讀賣新聞オンライン版、2021 年 2 月 5 日
「ボスザル　寒さ知らず——猿団子　内側陣取る」讀賣新聞 2021 年 2 月 8 日夕刊
「シカ・イノシシ肉　愛称は？——農水省ジビエ拡大へ選考中」讀賣新聞 2021 年 1 月 27 日
富永健太郎「ムシろうまい」讀賣新聞 2021 年 2 月 14 日
中村直人「猫に「思い出」「推理能力」？」讀賣新聞 2021 年 3 月 18 日
「ボルネオ島の小型カエル　2 種が新種と判明」讀賣新聞 2021 年 10 月 7 日夕刊
「知床のヒグマ　セミ幼虫常食——エゾシカ増え、草食べられず」讀賣新聞 2021 年 11 月 5 日
「編集手帳」讀賣新聞 2021 年 11 月 5 日

ウェブサイト

神戸和麿「月の兎」「生活の中の仏教用語 221」大谷大学 HP https://www.otani.ac.jp/yomu_page/b_yougo/nab3mq0000000ra1.html （アクセス日 2022 年 12 月 28 日）

京都国立博物館工芸室・河上「皇帝の龍」（1998年2月14日）京都国立博物館HP https://www.kyohaku.go.jp/jp/learn/home/dictio/senshoku/48koutei/ （アクセス日2022年12月28日）
科学技術ニュース「中国科学院、600万年前のウマの祖先の化石発見」（2015年10月14日）国立研究開発法人科学技術振興機構HP https://spc.jst.go.jp/news/151002/topic_3_03.html （アクセス日2022年12月28日）
駅義則「なぜ飼い犬が減り、飼い猫が増えているのか」東洋経済ONLINE（2015年11月18日）https://toyokeizai.net/articles/-/93027 （アクセス日2022年12月28日）
駅義則「飼い猫も減少、僅差で飼い犬との逆転ならず」東洋経済ONLINE（2016年1月9日）https://toyokeizai.net/articles/-/99906 （アクセス日2022年12月28日）
机美鈴「ペット数、猫が犬を初めて逆転　飼い主の数は犬が多数」朝日新聞デジタル（2017年12月22日、公開終了）
鎌倉市中央図書館(2310107)「竜の指の数の意味を知りたい。日本と中国で違うのか？」レファレンス協同データベース（2018年4月7日更新）https://crd.ndl.go.jp/reference/modules/d3ndlcrdentry/index.php?page=ref_view&id=1000159782 （アクセス日2022年12月28日）
AFP BB News「中国の野生馬、世界の4分の1に相当　新疆、甘粛などに515頭」AFP通信社、（2018年11月20日）https://www.afpbb.com/articles/-/3197552 （アクセス日2022年12月28日）
一般社団法人ペットフード協会「2019年（令和元年）全国犬猫飼育実体調査結果」（2019年12月23日）https://petfood.or.jp/topics/img/191223.pdf （アクセス日2022年12月28日）
「地産地消の伝承料理 全国味噌汁カタログ（特集2　新・日本の郷土食2）」農林水産省HP https://www.maff.go.jp/j/pr/aff/1303/spe2_02.html （アクセス日2022年12月28日）
「五勝手の鮫踊り」江差町HP　https://www.hokkaido-esashi.jp/modules/towninfo/content0104.html （アクセス日2022年12月28日）

聖書索引

〈旧約聖書〉

〈旧約聖書続編〉

〈新約聖書〉

あとがき

定年5年後の2012年秋、キリスト教の大学に40年も勤務したのだから、せめて聖書のかがくに関する事項をまとめて1冊の本に出来たらと考え、聖公会出版から上梓したのが『聖書のかがく散歩』である。続いて2015年に、友人高橋知義氏との共著『動物よもやま話——キリスト教、仏教、神道をめぐって』を同出版社から上梓した。出版後、内容に関して多くの方々からご意見をいただいた。それまでは専門の英語の化学論文以外、ほとんど日本語で文章を書く機会に恵まれなかったので、その難しさを学んだ次第である。

さらに2019年、教文館から『聖書の植物よもやま話』を出版した。聖公会出版から出した二書から植物の話を抜き出し、まとめ直そうと思い立ったのは、その前年、2018年『聖書　聖書協会共同訳』が刊行されたことが大きい。植物や動物に関する新しい研究が聖書の翻訳に反映されたからだ。

そして、動物についても「植物編」に続き、『聖書の動物よもやま話』として、先の共著『動物よもやま話——キリスト教、仏教、神道』から、筆者の分担した項目について内容をさらに充実させ、より聖書に親しみやすい本に改訂したいと考えるようになった。

しかし2019年12月初旬、中国の武漢市で見つかった新型コロナウイルス感染症（COVID-19）が世界中にまん延し、日本でも外出自粛するようにとのお触れが出たため、筆者も巣ごもり生活に入った。当初は、街の図書館も休館となり、調べものをするのも不自由をしたが、インターネットを活用して図書館で本を取り寄せることが可能になった。この4冊目では、コロナ禍で出版社の方とリモート会議など新しい体験もあった。一方で、写真撮影のための外出が、上野動物園、多摩動物公園、野毛山動物園、葛西水族館、品川水族館、日光東照宮、奈良の糞虫資料館等、比較的近隣に制限されてしまったことは残念である。

本書執筆中に高校時代からの友人坂倉敏氏から「君は和歌山の出身だったと聞いていたが、南方熊楠氏のことを知っているか」と聞かれ、

「名前を聞いたことはあるが……」と答えたところ、早速、南方熊楠氏に関する本が送られてきた。

熊楠氏といえば昭和天皇に1929年6月にご進講された際、キャラメルの空き箱に粘菌の試料を入れて献上された話も有名である。さらに英国留学中Nature誌に単著で、51編の論文を投稿したことも驚きである。『南方熊楠大事典』を受け取ったので熱中して読んだところ、人名録の項に熊楠氏と妻木直良氏（龍谷大学（前佛教大学）教授・湯浅町本勝寺住職）と旧交があったと記述されている。実は、妻木直良氏のお孫さんにあたる尚武氏（元湯浅町長・元本勝寺住職）とは大阪府立大学（現大阪公立大学）大学院時代、同じ研究室に在籍した間柄。熊楠氏の書籍が結ぶ縁で半世紀ぶりに連絡を取り、旧交を温めることが出来た。

また、本書は多くの方々のご協力で出来上がった。カエルや三猿等でいろいろとご助言いただいた田部隆幸氏（大森郷土史家・焼絵研究家）や、ヒキガエルの写真を提供いただいた斎藤哲氏、インドのウシとの写真の西田直人氏、広島の原爆の火を潜りぬけた狛犬の撮影をご許可いただいた内村亨氏の各氏には、感謝の意を表する次第である。さらに龍涎香の写真撮影の許可をいただいた蒲田の高砂コレクション・ギャラリーにも感謝である。

教文館代表取締役渡部満氏には出版のご許可をいただいた。さらに出版部の倉澤智子氏には本文の内容や写真等に貴重な意見をいただいたことに感謝する次第である。

2022年クリスマス

堀内　昭

《著者紹介》

堀内　昭（ほりうち　あきら）C. Akira Horiuchi

1964年立教大学理学部化学科卒業、1967年大阪府立大学（現大阪公立大学）大学院工学研究科修士課程化学工学専攻修了。理学博士（立教大学、1972年）。立教大学理学部助手、講師、助教授を経て、1990年立教大学理学部教授（専門は有機化学・環境化学など）。現在、立教大学名誉教授。認定NPO法人「ぶどうのいえ」理事長（2001-2016年。「ぶどうのいえ」は難病とたたかう子どもと家族のための滞在施設）。

著書・訳書　*Encyclopedia of Reagents for Organic Synthesis*, Vol. 4, John & Wiley Sons Ltd., 1995（共著）、*CRC Handbook of Organic Photochemistry & Photobiology*, 2nd Edition., CRC Press LLC, 2003（共著）、*Practical Methods in Biocatalysis and Biotransformation*, VCH−Wiley, 2009（共著）、『化合物辞典』（共著、朝倉書店、1997年）、『ステロイドの化学』（共著、研成社、2010年）、『聖書のかがく散歩』（単著、聖公会出版、2012年）、『動物よもやま話――キリスト教、仏教、神道をめぐって』（共著、聖公会出版、2015年）、『聖書の植物よもやま話』（教文館、2019年）ほか、総説・オリジナル論文110編余。ほか、R. J. ウーレット『ウーレット有機化学』（共訳、化学同人，2002）。

聖書の動物よもやま話

2023年1月30日　初版発行

著　者　堀内　昭
発行者　渡部　満
発行所　株式会社　教文館
〒104-0061 東京都中央区銀座4-5-1
電話 03(3561)5549　FAX 03(5250)5107
URL　http://www.kyobunkwan.co.jp/publishing/
印刷所　モリモト印刷株式会社

配給元　日キ販　〒162-0814 東京都新宿区新小川町9-1
電話 03(3260)5670　FAX 03(3260)5637

ISBN 978-4-7642-7465-5　Printed in Japan

教文館の本

堀内　昭

聖書の植物よもやま話

A 5 判 260 頁 + 口絵 6 頁 1,800 円

聖書に出てくる 45 種類の植物を科学者の視点で紹介する楽しいエッセイ。植生、薬効、暮らしの中での使い方のほか、キリスト教・仏教・神道での文化的な意味まで、はばひろく語る。「聖書　聖書協会共同訳」をふくむ訳語の変遷もわかる最新版。この 1 冊で聖書の植物雑学博士になれる⁉

P. フランス＝文　平松良夫＝訳
E. & D. ホスキング＝写真

カラー版 聖書動物事典

A 4 変型判 142 頁 5,500 円

英国の著名なジャーナリストの手になる『聖書動物事典』。現地取材による写真が豊富に掲載。聖書の動物がユダヤ教や西欧の文学でどのように描かれてきたかまで辿る。聖書の世界が身近になる事典。

北野佐久子

ハーブ祝祭暦　暮らしを彩る四季のハーバル

四六判 242 頁 1,800 円

クリスマスやイースター、結婚式など、祝祭の日に欠かせない食べ物や飾り。それらに使われるハーブから、欧州の人々がめぐり来る四季をいかに楽しみ味わってきたかを、ハーブとお菓子の研究家が、写真と図版を交えて紹介する。

廣部千恵子　横山 匡＝写真

新聖書植物図鑑

B 5 判 168 頁 4,500 円

10 年に及ぶ著者の現地イスラエルでのフィールド調査と最新の研究結果を踏まえてわかりやすく解説。聖書に出てくるすべての植物を網羅し、ヘブライ語聖書・ギリシア語聖書の原語も明記。カラー写真 180 点収録、関連する植物約 230 種にも言及した、聖書植物図鑑の決定版！

上記は本体価格（税抜）です。